IFAM Institut für angewandte Marketing-Wissenschaften BDU
Die 99 besten Checklisten für Ihre Werbung

IFAM Institut für angewandte Marketing-Wissenschaften BDU

Die 99 besten Checklisten für Ihre Werbung

verlag moderne industrie

Die Deutsche Bibliothek – CIP-Einheitsaufnahme

Die **99 besten Checklisten für Ihre Werbung** / IFAM, Institut für angewandte Marketing-Wissenschaften BDU (Hrsg.). –
Landsberg/Lech : mi, Verl. Moderne Industrie, 1997
ISBN 3-478-23880-3
NE: Institut für angewandte Marketing-Wissenschaften <Düsseldorf>;
Die neunundneunzig besten Checklisten für Ihre Werbung

© 1997 verlag moderne industrie, 86895 Landsberg/Lech
internet: http://www.mi-verlag.de

Alle Rechte, insbesondere das Recht der Vervielfältigung und Verbreitung sowie der Übersetzung, vorbehalten. Kein Teil des Werkes darf in irgendeiner Form (durch Fotokopie, Mikrofilm oder ein anderes Verfahren) ohne schriftliche Genehmigung des Verlages reproduziert oder unter Verwendung elektronischer Systeme gespeichert, verarbeitet, vervielfältigt oder verbreitet werden.
Satz: abc Satz Bild Grafik, Buchloe
Druck: Himmer, Augsburg
Bindearbeiten: Thomas, Augsburg
Printed in Germany 230880/049701
ISBN 3-478-23880-3

Inhaltsverzeichnis

	Auf ein Wort **Zur Sprachregelung**	11
1	*Checkliste*: Erstellung von Checklisten	14
I.	**Werbung im Marketing-Mix**	
	1. Definition der Werbung	15
	2. Eingliederung der Werbepolitik in das Marketing-Mix	15
	3. Marketing-Konzeption und Werbeplanung	16
	4. Erläuterungen zu den vier Marketing-Detail-Checklisten	17
	5. Zur Erinnerung	19
2	*Checkliste*: Polaritätenprofil bisheriger Marketing-Aktivitäten im Wettbewerbsvergleich	20
3	*Checkliste*: Informative Grundlagen für die produktbezogene Marketing-Konzeption	28
4	*Checkliste*: Produktbezogene Marketing-Konzeption (Standardschema)	32
5	*Checkliste*: Produktbezogene Marketing-Konzeption im Überblick	40
II.	**Budgetierung und Timing**	
	1. Budgetierung	43
	2. Timing	43
6	*Checkliste*: Budgetentwicklung	45
7	*Checkliste*: Timing	47
8	*Checkliste*: Formblatt Budgetkontrolle	52
9	*Checkliste*: Formblatt Timing	54
III.	**Werbestrategie und -planung**	
	1. Strategische und operative Entscheidungen	55
	2. Werbung als holistisches Prinzip	55
	3. Absatzpolitische Aktionsparameter	56
	4. Chancen und Potentiale der Werbung	56
10	*Checkliste*: Werbeorganisation	58
11	*Checkliste*: Strategie Werbeobjekte	60
12	*Checkliste*: Strategie Werbeziele (kurz- bis langfristig)	61
13	*Checkliste*: Strategie Verkaufsförderungsziele	64
14	*Checkliste*: Strategie Werbesubjekte	65
15	*Checkliste*: Strategie Timing	66
16	*Checkliste*: Strategie Kooperation	67
17	*Checkliste*: Positionierung und Wirkungsmodelle	68
18	*Checkliste*: Argumentationsvorgaben	70
19	*Checkliste*: Werbestil	71
20	*Checkliste*: Werbe-Briefing	72

21	*Checkliste*: Informationsquellen	78
22	*Checkliste*: Strategie- und Konzeptbeurteilung	80

IV. Werbepsychologie/-moral/-recht

	1. Werbepsychologie	83
	2. Werbemoral	83
	3. Werberecht	83
23	*Checkliste*: Aspekte der Werbepsychologie	85
24	*Checkliste*: Psychologische Bedingungen wirksamer Werbung	88
25	*Checkliste*: Farbassoziationen	92
26	*Checkliste*: Farben und Zielgruppen	97
27	*Checkliste*: Farbschriften und Hintergrund	98
28	*Checkliste*: Farben und Medien	100
29	*Checkliste*: Farben in Verkaufsräumen	104
30	*Checkliste*: Farbenblindheit	106
31	*Checkliste*: Aspekte zur Werbemoral	109
32	*Checkliste*: Aspekte des Werbe- und Wettbewerbsrechts	114

V. Ideen/Kreation

	1. Was ist Kreativität eigentlich?	121
	2. Was ist das Gegenteil von Kreativität?	122
33	*Checkliste*: Textargumentarium	125
34	*Checkliste*: Ideensystematik zur Visualisierung	129
35	*Checkliste*: Aktionsmaterialien-Ideen	135
36	*Checkliste*: Generelle Ideenproduktion nach Alex Osborn	151
37	*Checkliste*: Kreative Ideenfindungsmethoden	155

VI. Textliche und bildliche Umsetzung

	1. Massenkommunikation	159
	2. Veränderte Rahmenbedingungen	159
	3. Es gibt keine Regeln	160
38	*Checkliste*: Konzeptionelle Vorüberlegungen zum Text	161
39	*Checkliste*: Textaufbau	163
40	*Checkliste*: Textstil	166
41	*Checkliste*: Konzeptionelle Vorüberlegungen zum Bild	172
42	*Checkliste*: Gesamtstruktur und Bildumsetzung	175
43	*Checkliste*: Typographie	180

VII. Non-Live-Kommunikation
  1. Medien in der Non-Live-Kommunikation 185
  2. Medienauswahl und Budget 186

44	*Checkliste*: Mediaplanung	187
45	*Checkliste*: Fernsehspot/Film/Video	193
46	*Checkliste*: Funkspots	198
47	*Checkliste*: Funkspot: Geräusche/Musik	200
48	*Checkliste*: Online	203
49	*Checkliste*: Erstellung einer Home-Page	207
50	*Checkliste*: Anzeige	212
51	*Checkliste*: Coupon-Anzeige	217
52	*Checkliste*: Plakat	225
53	*Checkliste*: Konzeption Direktwerbung	227
54	*Checkliste*: Zielgruppen/Adressen Direktwerbung	229
55	*Checkliste*: Text- und Gestaltungskriterien Direktwerbung	231
56	*Checkliste*: Ablaufplanung Direktwerbung	238
57	*Checkliste*: Rücklaufbearbeitung Direktwerbung	239
58	*Checkliste*: Bus Reeds „Zehn Gebote" der Direktwerbung	240
59	*Checkliste*: Paul Bringes „Zehn Gebote" der Direktwerbung	241
60	*Checkliste*: G. J. Summers „Zehn Gebote" des Werbetextens	243
61	*Checkliste*: Telefax-Werbung	245
62	*Checkliste*: Außendienst-Informationsfolder	246
63	*Checkliste*: Außendienst-Newsletter	251
64	*Checkliste*: Katalog/Prospekt/Broschüre	253
65	*Checkliste*: Werbeartikelplanung	260
66	*Checkliste*: Tragetaschen	264
67	*Checkliste*: Verpackung/Packung	267
68	*Checkliste*: Generelle PR-Aktionen und -Mittel im Werbeumfeld	275

VIII. Live-Kommunikation
  1. Der neue Begriff „Live-Kommunikation" 277
  2. Gratifications-Management in der Kommunikation 278
  3. Erlebnismethoden präzise unterscheiden 279

69	*Checkliste*: Typologie der Beziehungs-/Gratifications-Attraktoren	280
70	*Checkliste*: 10 Regeln der erfolgreichen Live-Kommunikation	282
71	*Checkliste*: Außendienstkonferenzen/-tagungen	285
72	*Checkliste*: Messen	291
73	*Checkliste*: Pressekonferenz	305
74	*Checkliste*: Handels-/Kundenkonferenzen/-touren	307

IX. Sozial akzeptierte Werbung

1. Die Werbung ist mit vielen ihrer Techniken ausgereizt ... 311
2. Die Ausreizung der Werbemethoden führte auch zu menschenschädigenden Entwicklungen ... 311
3. Die offiziellen „Werbekümmerer" sind meist nur Verhinderer ... 312
4. Werbung muß Basis-Sozialqualitäten beinhalten ... 312
5. Werbung sollte nicht „nur verhindern", sondern entwickeln ... 313
6. „Social Advertising Quality" (SAQ) kann der erste Maßstab sein ... 313
7. Das Beurteilungsverfahren als Gruppenergebnis ... 314
8. Ein systemverändernder Vorschlag der Budgetierung ... 314

75 *Checkliste*: SAQ: Social Advertising Quality ... 316

X. Produktion

76 *Checkliste*: DTP-Satz/Reinzeichnung ... 322
77 *Checkliste*: Layout-/Reinzeichnungskontrolle ... 324
78 *Checkliste*: Lithographie ... 328
79 *Checkliste*: Drucksache ... 332
80 *Checkliste*: Film, Fernsehspot, Video ... 334
81 *Checkliste*: Funkspot ... 338
82 *Checkliste*: Plakatanschlag ... 341
83 *Checkliste*: Verkehrsmittelwerbung ... 346
84 *Checkliste*: Allgemeine Grundsätze für die Mediaschaltung ... 348
85 *Checkliste*: Ablaufplanung Mediaschaltung ... 352
86 *Checkliste*: Beilegen/Beiheften/Beikleben von Prospekten ... 354
87 *Checkliste*: Beikleben von Warenproben ... 357
88 *Checkliste*: Beikleben von Postkarten ... 359

XI. Werbekonzept-Test

1. Tips & Tricks: Tests ... 361
2. Praxisgerechter Directmail-Test ... 361

89 *Checkliste*: Werbekonzept-Test ... 363
90 *Checkliste*: Werbekonzept-Testmethoden ... 365
91 *Checkliste*: Grundlegende Voraussetzungen für den Directmail-Test ... 368
92 *Checkliste*: Einfacher Directmail-Test (Split-Run-Test) ... 371

XII. Werbeerfolgskontrolle

93 *Checkliste*: Werbeerfolg ... 386
94 *Checkliste*: Methoden zur Messung des Werbeerfolgs ... 389

XIII. Interne und externe Organisation

95 *Checkliste*: Make or Buy ... 398

96	*Checkliste*: Muster Stellenbeschreibung Werbeleiter	404
97	*Checkliste*: Agentur- und Beraterauswahl	410
98	*Checkliste*: Muster Agenturvertrag	412
99	*Checkliste*: Muster Allgemeine Geschäftsbedingungen	421

XIV. Literatur- und Quellenverzeichnis 427

Auf ein Wort

Zur Sprachregelung

Werbung dient der Unternehmenssicherung. Die Betriebswirtschaft „spaltet" sich in zwei verschiedene Betrachtungsweisen:

☐ einerseits in die Methoden der Kostenverbesserung, der Sanierung, der schlanken Organisation. Hier steht im Vordergrund, den Unternehmensoutput so kostengünstig wie möglich zu erstellen. Als „Gegenpol" benötigen wir darum

☐ andererseits die Methoden, die die Märkte entwickeln und machen. Das sind die Werbung (eingebettet ins Marketing) sowie der Vertrieb/Verkauf. Kein Produkt, keine Dienstleistung der Welt kann sich in den heutigen Märkten hochgradiger Substitutionsgefahr, der Übersättigung ohne Werbung durchsetzen geschweige denn Märkte entwickeln.

Werbung dient der Unternehmenssicherung jedoch nur, wenn diese Werbung geplant ist, wenn sie optimiert wurde, wenn sie nicht ausschließlich den Höhenflügen kreativer Spekulationen überlassen wurde. Werbung ist zusammengesetzt aus Werbewissen und -theorie, aus empirischer Erfahrung, Kreativität und harter Umsetzungsarbeit – all das oft unter Zeitdruck.

Werbung ist heute nicht mehr isoliert zu sehen. Werbung braucht das Rückgrat des fundierten Marketing, um von spontanen Erfolgen unabhängig zu werden.

Aus diesen Gründen entstanden die Checklisten in der Werbung. Gerade in unserer aktiven „Markt-Zeit" ist es nicht mehr möglich, fehlende Werbeplanung und -konzeption sowie fehlende fundierte Kreativität durch erhöhten Werbemitteleinsatz zu kompensieren. Eine umfassende Werbekonzeptionsentwicklung auf der Basis von fundiertem, wissenschaftlich abgesichertem Wissen ist zwingend notwendig.

Sie finden darum in diesem Buch kaum theoretische Überlegungen, sondern nahezu ausschließlich deutliche Arbeitsfragen und -hinweise. Darum ist dieses Buch kein „Lesebuch", sondern ein Arbeitsbuch für konkrete Arbeitsfragestellungen in Ihrem Hause.

Es ist nicht mehr die „Werbe-Frau" oder der „Werbe-Mann" alleine, die heute Werbung „machen" können. Werbung muß heute durch die Marketing-Leitung initiiert und kontrolliert werden. Und: Aus dieser starken organisatorischen Stellung heraus kann mit Werbeleitern und -spezialisten, mit Produktmanagern und guten Werbeberatern/-agenturen eine Projektgruppe entstehen, die anhand der vorliegenden Checklisten – auf Ihre hausspezifischen Belange adaptiert – Werbung erfolgreich umsetzt. Werbung ist somit nicht nur eine Sozialtechnik nach außen, sondern sogar nach innen.

Was sollen die vorliegenden Checklisten überhaupt leisten? Einige meinen ja, daß die Checkliste aus der Pilotensprache kommt und den Piloten von „energiezehrender Gehirnmarter" entlasten sollte. Damit der Pilot vor dem Start nichts vergißt, arbeitet er eine Checkliste durch – oder besser „ab". Hier ist die Checkliste also eine Abstreichliste, um eine genau festgelegte und mehrfach überprüfte Reihenfolge von Aktivitäten einzuhalten und abgesichertes Wissen erneut abzusichern. Das ist jedoch nur (!) eine Checkliste, also eine, die keine eigene Zusatzarbeit erfordert. Wir bezeichnen daher solche Checklisten mehr als „Wegbereiter". Diese Checklisten geben Meilensteine wieder.

Viel Wert haben wir darauf gelegt, daß Sie selber zum Denken, zum Adaptieren, Neufassen und Formulieren angeregt werden. So haben wir vornehmlich Checklisten der zwei-

Auf ein Wort

ten Organisationsgeneration aufgenommen. Die Checklisten der ersten Generation versuchen, den kompletten Ablauf einer Planung zu erfassen und sind damit den Piloten-Abstreichlisten sehr ähnlich. In diesen Checklisten müssen Sie unbedingt jeden Punkt abarbeiten.

Diese Art von Checklisten, die wir auch noch von Netzplänen kennen, haben sich in der Werbung in der Vergangenheit kaum bewährt, da sich die Tagessituation, der Markt und der Wettbewerb immer wieder neu und anders darstellen. Entweder sind solche kompletten Checklisten zu umfangreich (Sie benötigen nicht alles für Ihren spezifischen Fall) oder sie haben Lücken. Die modernen Checklisten der zweiten Generation stellen dagegen Fragen nach „Flaschenhälsen" oder Generalaspekten zu einer spezifischen Aufgabenstellung.

Also haben wir Checklisten entwickelt, die Sie zu eigenen Überlegungen in komplexen Strukturen animieren sollen. Diese Checklisten geben Fragen oder Antworten, um Ihnen wiederum Fragen zuzuspielen. Sie sollen Ihnen helfen, möglichst breit das Thema anzufassen, es tief abzuhandeln und dabei dann nichts zu vergessen.

Aus diesen Gründen finden Sie über alle 99 Checklisten immer wieder scheinbare „Doppelungen" (didaktische Schleifen) eingestreut. Das ist gewollt. Wir gehen nicht davon aus, daß jede Checkliste bei der Entwicklung einer Kampagne durchgearbeitet wird. Sie werden vielmehr nach Ihren Belangen diejenigen heraussuchen, verändern und neue hinzufügen, die für Ihre spezifische Aufgabenstellung notwendig sind. Um jetzt nicht einen wichtigen Aspekt zu „verlieren", haben wir ihn manchmal in zwei oder drei Checklisten eingefügt.

Wir wollen Sie zusätzlich unbedingt animieren, die vorliegenden Checklisten auf Ihre Belange hin zu erweitern. Und wir wollen Sie animieren, eigene weitere Checklisten zu erstellen. Aus diesem Grunde finden Sie als erste Checkliste eine Checkliste zur Erstellung von Checklisten. Nutzen Sie diese unbedingt!

Wir selbst haben auf bewährte (z.T. vergriffene) Checklisten aus dem eigenen Hause zurückgegriffen, diese durch Erkenntnisse von Vorpublikationen, empirischen Arbeiten und wissenschaftlichen Studien ergänzt. Die Inhalte sind durch die Zusammenarbeit mit Industrie- und Dienstleistungsunternehmen und Beratungsmandanten in der Praxis erprobt und erhärtet.

Ein erfahrenes Team hat diese Checklisten für Sie zusammengestellt: Es sind dies Marion Bassfeld, Dagmar Domke, Nina Gosejacob, Helmut Hartmann, Michael Nasaroff, Sabrina Pölking, Alexandra Schmenger, Timo Sieg, Claus Steffen (Layout), Vivian Stürmann, Klaus Weiss sowie federführend Helma Richter-Sjöö und Malte W. Wilkes. Nicht zuletzt möchte der Herausgeber auch dem Verlag, besonders der Produktmanagerin Marketing Andrea Zetzsche, für die konstruktive Zusammenarbeit danken.

Es wird trotz aller Sorgfalt nicht zu verhindern sein, daß Sie bei der Durcharbeit Fragen, Anregungen und Kritik haben werden. Möglicherweise suchen Sie aber auch einen Tip: einen spezialisierten Rechtsanwalt für Wettbewerbsrecht, einen Unternehmensberater oder eine Agentur. Vielleicht haben Sie aber auch spezifische Fachfragen. Wir sind Ihnen immer mit unserer speziellen Erfahrung in den Gebieten Marketing und Werbung (sowie Vertrieb und Management) behilflich. Wir werden Ihnen gerne unsere Erfahrungen direkt und

Auf ein Wort

persönlich weitergeben. Jede Art von Frage sollten Sie uns also durchaus vorlegen. Wir werden dann sehen, was wir daraus machen können. Sie erreichen uns unter *IFAM Institut für angewandte Marketing-Wissenschaften BDU, Kaiser-Wilhelm-Ring 43, D-40545 Düsseldorf. Tel.: 02 11/55 98 60, Fax: 02 11/57 50 43.*

Mit herzlichen Grüßen
aus Düsseldorf
Ihr IFAM Institut (Hrsg.)
Helma Richter-Sjöö & Malte W. Wilkes

PS: Natürlich ist der Leser aufgefordert, aufmerksam zu lesen. Er sei gleichzeitig gebeten, trotz oder gerade wegen dieses komplizierten und sich schnell wandelnden Themas die manchmal notwendige und hoffentlich freundliche Nachsicht mit dem Herausgeber und den Mitstreitern zu üben. Anregungen für weitere Auflagen nehmen wir ebenfalls gerne entgegen. Unter der o.a. Adresse können Sie uns jederzeit erreichen …

Zur Sprachregelung

1 *Checkliste*
Erstellung von Checklisten

	entfällt	verfolgen	Anmerkungen/Daten/Hinweise
1. Checkliste mit W-Fragen			
☐ Was (Angaben)			
☐ Wer (Personen)			
☐ Wie (Verfahren)			
☐ Wann (Dauer, Zeitpunkt)			
☐ Wo (Ort)			
☐ Womit (Sachmittel)			
☐ Woher (Bezug)			
☐ Wohin (spätere Verwendung)			
2. Checkliste nach Prüfpunkten			
☐ Aktualität			
☐ Aufwand			
☐ Durchsetzbarkeit			
☐ Einfachheit			
☐ Engpaß			
☐ Flexibilität			
☐ Funktionsfähigkeit			
☐ Genauigkeit			
☐ Nutzen			
☐ Ordnung			
☐ Realistik			
☐ Sicherheit			
☐ Systemdenken			
☐ Überprüfbarkeit			
☐ Vollständigkeit			
☐ Wirtschaftlichkeit			
☐ Widerspruchsfreiheit			
☐ Zukunftsentwicklung			

I. Werbung im Marketing-Mix

1. Definition der Werbung

In der Literatur wird der Begriff der Werbung häufig unterschiedlich definiert. Dies liegt an den vielen verschiedenen Erscheinungsformen und an der Komplexität des Themas. So schreibt z.B. *Behrens: "Werbung ist die absichtliche und zwangfreie Form der Beeinflussung, welche Menschen zur Erfüllung der Werbeziele veranlassen soll."*

Wir möchten dies noch etwas erweitern, besonders deshalb, weil wir den Begriff der Werbepolitik in das Marketing-Mix integrieren. Werbung hat für uns daher die folgende Definition:

"Werbung ist die planmäßige Beeinflussung der effektiven oder potentiellen Zielgruppe durch Vermittlung einer Botschaft hinsichtlich eines anvisierten Verhaltens, wobei versucht wird, die Zielperson durch Kommunikation zur Verhaltensänderung zu führen."

Das Werbeziel kann bei unserer Definition sehr unterschiedlich sein. So soll die angesprochene Verhaltensänderung in den meisten Fällen bewirken, daß die Zielperson den beworbenen Gegenstand (Produkt, Dienstleistung, Idee etc.) kauft.

Allerdings läßt sich Werbung natürlich auch für Non-Profit-Unternehmen einsetzen, zum Beispiel für die Kirche oder für entsprechende Spendenaktionen. Die gewünschte Verhaltensänderung kann sich ebenfalls auf Meinungen beziehen, die einem Unternehmen entgegengebracht werden. In diesem Fall wird das Image und nicht das Produkt des Unternehmens zur Botschaft (z.B. *Opel:* „What a wonderful world" – Kampagne 1993 oder *Ford:* „Ford, die tun was" – Kampagne 1994).

2. Eingliederung der Werbepolitik in das Marketing-Mix

Wie schon im Bereich der Werbung gibt es auch im übergelagerten Marketing verschiedene Ansätze von Definitionen. Wir bilden hier wieder eine eigenständige, die einige andere zusammenfaßt:

„Marketing ist eine unternehmerische Grundhaltung, die sämtliche Unternehmensdisziplinen auf die Bedürfnisse des potentiellen Abnehmers ausrichtet und durch die die unternehmerische Leistung als Nutzenstiftung mittels Marketing-Techniken angeboten wird."

Aus dem Gesamtbereich der Unternehmensdisziplinen werden im folgenden nur noch die absatzrelevanten Funktionen betrachtet.

Produkt- bzw. Sortimentspolitik

Alle Maßnahmen und Entscheidungen, die mit dem Produkt bzw. Sortiment zusammenhängen, um bei den Käufern eine positive Beurteilung zu erzielen; z.B. Produktgestaltung, Verpackung, Namens-/Markengebung, Qualität des Produktes, Garantieleistungen etc.

Preispolitik und Rabattpolitik (Kontrahierungspolitik)

Alle Maßnahmen und Entscheidungen, die mit dem zu zahlenden Betrag beim Kauf des Gutes in Zusammenhang stehen; z.B. Hoch- bzw. Niedrigpreisstrategien, Skonti, Boni, Rabatte, Finanzierungen, Leasing etc.

Kommunikationspolitik

Alle Maßnahmen und Entscheidungen, die die direkte oder indirekte Kommunikation zwischen dem Anbieter und dem Abnehmer fördern oder herstellen. Die Instrumente hier sind die Werbung, die Verkaufsförderung, die Öffentlichkeitsarbeit, der persönliche Verkauf, Messen und Veranstaltungen. Auch das Sponsoring wird häufig zu diesem Bereich gezählt.

Distributionspolitik

Alle Maßnahmen und Entscheidungen, die mit dem Weg des Gutes vom Hersteller zum Abnehmer in Zusammenhang stehen; z.B. direkte oder indirekte Vertriebswege, Transportverfahren, Lagerhaltung etc.

Markt- und Marketing-Forschung

Alle Maßnahmen und Entscheidungen, die mit der Informations- und Erkenntnisforschung in bezug auf Markt und Wettbewerb sowie mit den Marketing-Instrumenten in Zusammenhang stehen; z.B. Primär- und Sekundärforschung über Branchen und Verbraucherverhalten, Preisforschung durch Conjoint Measurement, Anzeigenforschung, Werbewirkungsforschung, Medienforschung.

Die Kombination der einzelnen marketingpolitischen Instrumente nennt man das Marketing-Mix.

3. Marketing-Konzeption und Werbeplanung

Eine Konzeption ist die Sammlung von Entscheidungen, die zu einem vorgegebenen Ziel führen sollen. Daher richtet sich die Marketing-Konzeption nach den festgelegten Unternehmenszielen (z.B. Unternehmenssicherung, Gewinnmaximierung o.ä.). Sie bedient sich der marketingpolitischen Instrumente und setzt diese zielgerichtet ein. Auf diese Weise entstehen Marketing-Ziele (z.B. Gewinnung neuer Kunden, Erhöhung des Bekanntheitsgrades).

Die Möglichkeiten der Zielerreichung sind u.U. sehr verschieden. Daher leiten sich aus den Marketing-Zielen die Werbeziele ab (z.B. Informationen zu Produkt A, Aufmerksamkeitserregung etc.). In der Werbeplanung versucht man nun, diese bestmöglich zu erreichen.

Wichtig ist, daß man bei einer Konzeption immer die Operationalität der Ziele und Maßnahmen im Auge behält. Dabei müssen alle Unternehmensdisziplinen beachtet werden. Es nützt schließlich nichts, wenn man eine bundesweite Werbekampagne plant, obwohl die Vertriebswege regional begrenzt sind.

Wie die Marketing-Konzeption mit der Werbeplanung in Zusammenhang steht, läßt sich am besten anhand eines Beispiels erläutern:

Nehmen wir ein Unternehmen, das sich als oberstes Ziel die Unternehmenssicherung gesetzt hat. Dieses Ziel kann die Unternehmung durch verschiedene Wege erreichen, z.B.

☐ Einführung neuer Produktionsverfahren
☐ Neueinstellung von Facharbeitern
☐ Erhöhung von Stammkapital
☐ Langfristige Lieferverträge mit A-Kunden über Jahre hinweg

Auch im marketingpolitischen Bereich kann es verschiedene Möglichkeiten der Zielerreichung geben, z.B.

- ☐ Produktneuentwicklung
- ☐ Senkung des Verkaufspreises
- ☐ Erhöhung des Bekanntheitsgrades
- ☐ Schaffung neuer Vertriebswege

Welche Maßnahmen nun im Marketing ergriffen werden, legt die Marketing-Konzeption fest. Hier wird in unserem Fall die Steigerung des Bekanntheitsgrades als Marketing-Ziel genannt. Jetzt stellt sich die Frage, wie das erreicht wird. Z. B. durch

- ☐ gesteigerten Werbedruck
- ☐ eine auffallende Kampagne
- ☐ schöne Werbegeschenke

Die Möglichkeiten sind hier wieder zahlreich. Und so entsteht die Werbeplanung.

Diese Kette der Zusammenhänge zeigt sehr deutlich, an welcher Stelle man bei der Werbeplanung anfangen muß. Zunächst wird also eine Marketing-Konzeption anhand der nachfolgenden Checkliste erstellt.

4. Erläuterungen zu den vier Marketing-Detail-Checklisten

Für die Erstellung und Präsentation einer ausführlichen Marketing-Konzeption benötigen wir vier Checklisten:

Polaritätenprofil bisheriger Marketing-Aktivitäten im Wettbewerbsvergleich (Checkliste 2)

Auf diesen Seiten wird die Grundlage für die später folgende Marketing-Konzeption erarbeitet. Es soll versucht werden, neben den dokumentierten Werten, über die ein Unternehmen verfügt, auch Erfahrungen und subjektive Meinungen zu den Produkten zuzulassen:

- ☐ Es wird zunächst ein Polaritätenprofil für das eigene Produkt entwickelt.
- ☐ Im Anschluß wird dann ein Profil für das Konkurrenzprodukt erstellt.
- ☐ Danach lassen sich ganz einfach Unterschiede und Gemeinsamkeiten zwischen den beiden Anbietern ablesen.

Anhand eines Beispiels läßt es sich kurz erklären:

- ☐ Fast immer hat es sich bewährt, das eigene Produkt, die eigene Dienstleistung oder Idee auf die 0-Linie zu setzen. Sie bewerten jetzt nur noch die einzelnen Wettbewerber (maximal drei) im Vergleich zu Ihrem eigenen Produkt.
- ☐ Hat der Wettbewerber ein Produkt, das sehr eigenständig und damit kaum substitutionsgefährdet ist, so wird dieses in Verhältnis zu unserem eigenen in der entsprechenden Zeile mit einer +3 bewertet. Möglicherweise ist die Wettbewerbsverpackung nicht gerade regalgerecht, so gibt es bei dem entsprechenden Checkpunkt in der -3-Spalte ein Kreuz. Kann man bei einer Aussage nur einen neutralen Wert angeben („ist genauso gut oder schlecht wie unser eigenes Produkt"), so steht hierfür die 0-Reihe.
- ☐ Diese unterschiedlichen Kreuze werden anschließend mit einer Linie verbunden. So entsteht ein Polaritätenprofil. Wenn dann zwei Profillinien aufgezeichnet sind, kann ganz einfach abgelesen werden, an welcher Stelle der Konkurrent Vorteile bzw. Nachteile hat.
- ☐ Bewerten Sie die gefundenen und verifizierten (!) Aspekte, nachdem Sie ein Ranking nach der Bedeutsamkeit aus der Sicht

der Kunden aufgestellt haben, hinsichtlich folgender drei Kriterien:

- Ist das Problem aus der Sicht des Marktes für den Markt essentiell? Wir hatten z.B. einmal das Problem, daß das Produkt in kein Regal paßte. Ein anderes Mal fanden wir, daß ein Produkt, weil es leicht entflammbar war, nicht mit der normalen Post versandt werden durfte. Diese Probleme müssen Sie immer und als erstes lösen, denn Sie verschwinden sonst vom Markt.
- Welches sind unsere positiven Positionen? Lassen sich diese weiter aufbauen?
- Welches sind unsere negativen Positionen? Wenn wir noch Ressourcen haben, so sollten wir hier etliche abbauen.

Aufgrund dieser Basiserkenntnis erstellen Sie dann die Marketing-Konzeption, indem Sie berücksichtigen, in welchen Bereichen Sie aktiv sein müssen.

▽ Doch Vorsicht: Nehmen Sie die Checkpunkte nicht, wie sie sind, sondern formulieren Sie Fragen! Sie sollten sogar überlegen, ob Sie unter unserem Stichpunkt nicht weitere Fragen als Ergänzung aufnehmen. So hieße die entsprechende Frage bei dem Stichwort „Agentur" z.B.: „Ist unsere Agentur besser als die des Mitbewerbers?" oder „Versteht unsere Agentur mehr von der Branche als die andere?" Die Begriffe in Klammern hinter dem Stichwort dienen bei der Fragesuche als Hilfestellung und geben an, was +3 bzw. -3 sein könnte.

Informative Grundlagen für die produktbezogene Marketing-Konzeption (Checkliste 3)

Neben dem Polaritätenprofil, das sich nur auf den Wettbewerb bezieht, bilden noch weitere Informationen die Basis für die Marketing-Konzeption. Diese Checkliste dient dazu, auch die Informationen der Ist-Situation zusammenzutragen.

Unter dem Punkt „Bisherige Entwicklung" sollen nur Tabellen und Grafiken aufgenommen werden. Geben Sie hier keine großen Kommentare ab, da die Konzeption sonst zu umfangreich wird.

Im Punkt „Kurzkommentierung..." der Checkliste werden die Stärken und Schwächen des Wettbewerbsvergleichs abgefragt. Hier kann man ganz schnell die Ergebnisse des Polaritätenprofils zu Rate ziehen und sowohl verbal als auch datenmäßig ausarbeiten. Diese Detailcheckliste ist eine reine Ergebnispräsentation aus den bisherigen Checklisten und dient weniger zur Planung als zur Verdichtung.

Produktbezogene Marketing-Konzeption (Standardschema, Checkliste 4)

Dies ist nun das Kernpapier für eine strukturierte Marketing-Konzeption. Im ersten Abschnitt wird die Ist-Situation eindeutig, aber kurz erklärt. Im zweiten Abschnitt werden die Hauptprobleme des Produktes genannt.

▽ Vorsicht: Dazu zählen nur die Schwierigkeiten, die nicht innerhalb eines Jahres zu lösen sind. Hierhin gehören also nur dann z.B. „überhöhte Kosten in der Herstellung", wenn diese nicht innerhalb eines Jahres – des Planjahres – abgebaut werden können. Der Aspekt „schlechte Werbeaussagen" zum Beispiel gehört nicht zu diesem Punkt, da diese ja innerhalb des Planjahres geändert werden können.

**Produktbezogene
Marketing-Konzeption im Überblick
(Checkliste 5)**

Die Basis für eine gelungene Präsentation der Marketing-Konzeption bilden Tabellen, die den Vorgesetzten/Kollegen schnell einen Überblick verschaffen können.

5. Zur Erinnerung

Vergessen Sie auf keinen Fall, daß jeder Plan, ob Finanz- oder Werbeplan, immer den gleichen Aufbau haben muß, um folgegültig zu sein:

- ☐ Lage/Ist-Beurteilung
- ☐ Ziel(e)
- ☐ Maßnahmen
- ☐ Budget

Manchmal erscheinen die Fragen oder Checkpunkte so, als würden sie Teile aus vorhergehenden Papieren (Teil-Checklisten) wiederholen. Das ist gewollt. Denn erstens wird man sich über didaktische Schleifen seiner Analysen immer sicherer, und zweitens wurde der Aufbau so gewählt, daß man bei Präsentationen gegenüber Mitarbeitern und Vorgesetzten nicht immer alles übergeben muß. Einige Checklisten haben somit auch „Verdichtungen" der Themen in sich. Die letzte Checkliste dieses Kapitels ist ein Formular, das ausschließlich (!) zu Präsentationszwecken und zum Überblick dient.

▽ Bedenken Sie: Eine Maßnahme ist nur dann vollständig definiert, wenn sie folgende Aussagen hat:

- ☐ Die Tätigkeit muß klar definiert und beschrieben sein.
- ☐ Der Termin muß eindeutig feststehen.
- ☐ Die Verantwortlichen (nicht die Durchführer) müssen genannt und verpflichtet sein.
- ☐ Das Budget/die Geldmittel und evtl. weitere Ressourcen sind bestimmt.

Erst wenn Sie Maßnahmen so definieren und in Spalten nebeneinander bringen, sind sie kontrollierbar.

2 Checkliste

Polaritätenprofil bisheriger Marketing-Aktivitäten im Wettbewerbsvergleich

	+3	+2	+1	0	-1	-2	-3	Bemerkungen

Produktpolitik

Produkt

1. Produktidee (innovativ – alt)
2. Marktstellung (eigenständig – substituierbar)
3. Abhängigkeit von Komplementärgütern (hoch – niedrig)
4. Verwendungsbereiche (viele – einer)
5. Qualität (hoch – niedrig)
6. Umweltfreundlichkeit (hoch – niedrig)
7. Haltbarkeit (lang – kurz)
8. Formel, Konsistenz, Zusammensetzung (gut – schlecht)
9. Handling (einfach – kompliziert)
10. Produktimage (positiv – negativ)
11. Sonderausstattung (viel – wenig)
12. Abstimmung zum übrigen Marketing-Mix (hoch – keine)

Sortiment

1. Sortimentsbreite (breit – eng)
   - ☐ Handel
   - ☐ Verbraucher
2. Sortimentstiefe (tief – flach)
   - ☐ Handel
   - ☐ Verbraucher

Checkliste 2

Polaritätenprofil bisheriger Marketing-Aktivitäten im Wettbewerbsvergleich

	+3	+2	+1	0	-1	-2	-3	*Bemerkungen*

3. Vollständigkeit (vollständig – lückenhaft)
4. Erkennbarkeit als Sortiment (hoch – keine)
5. Sortimentsimage (positiv – negativ)
6. Sonderausstattung (viel – wenig)
7. Abstimmung zum übrigen Marketing-Mix (hoch – keine)

Verpackung

1. Transport-/Lagergerechtigkeit (hoch – niedrig)
2. Regalgerechtigkeit/Displaystärke (hoch – niedrig)
3. Verbraucherfreundlichkeit (hoch – niedrig)
4. Umweltfreundlichkeit (hoch – niedrig)
5. Subjektiver Eindruck (hochwertig – billig)
6. Abstimmung zum übrigen Marketing-Mix (hoch – keine)

Markierung

1. Markenname (eingeführt – unbekannt)
2. Markenzeichen (eingeführt – unbekannt)
3. Markenfarbe (eingeführt – unbekannt)

I. Werbung im Marketing-Mix

2 Checkliste

Polaritätenprofil bisheriger Marketing-Aktivitäten im Wettbewerbsvergleich

	+3	+2	+1	0	-1	-2	-3	Bemerkungen

4. Markenform (eingeführt – unbekannt)
5. Abstimmung zum übrigen Marketing-Mix (hoch – keine)

Sonstiges

1. Kundendienst (gut – schlecht)
2. Garantieleistungen (umfangreich – wenig)
3. Abstimmung zum übrigen Marketing-Mix (hoch – keine)

Preis- bzw. Rabattpolitik
Preispolitik

1. Preisniveau für Zielgruppe (angepaßt – unangepaßt)
2. Preisempfehlungen (eingehalten – nicht eingehalten)
3. Aktionspreise (häufig – nie)
4. Einführungspreis (hoch – niedrig)
5. Preisentwicklung (angemessen – unangemessen)
6. Preisdifferenzierung (differenziert – undifferenziert)
   ☐ nach Sortimentsteilen
   ☐ nach Regionen
   ☐ nach Abnehmergruppen
   ☐ zeitlich
7. Abstimmung zum übrigen Marketing-Mix (hoch – keine)

Checkliste **2**

Polaritätenprofil bisheriger Marketing-Aktivitäten im Wettbewerbsvergleich

	+3	+2	+1	0	-1	-2	-3	*Bemerkungen*

Rabattpolitik

1. Konditionsniveau (hoch – niedrig)
2. Rabattdifferenzierung (differenziert – undifferenziert)
   - ☐ nach Vertriebswegen
   - ☐ nach Abnehmerkategorien
   - ☐ nach Regionen
3. Sonderkonditionen (häufig – nie)
4. Mengenrabatte (hoch – keine)
5. Boni (hoch – keine)
6. Skonti (hoch – keine)
7. Valuten (hoch – keine)
8. Rabattrunden (häufig – nie)
9. Naturalrabatte (häufig – nie)
10. Zugaben (hochwertig – keine)
11. Abstimmung zum übrigen Marketing-Mix (hoch – keine)

Sonstiges

1. Finanzierungsangebote (viele – keine)
2. Leasingangebote (viele – keine)
3. Factoringangebote (viele – keine)
4. Abstimmung zum übrigen Marketing-Mix (hoch – keine)

I. Werbung im Marketing-Mix

2 Checkliste
Polaritätenprofil bisheriger Marketing-Aktivitäten im Wettbewerbsvergleich

	+3	+2	+1	0	-1	-2	-3	Bemerkungen

Kommunikationspolitik

Werbepolitik

1. Beworbene Produkte/Sortimente (alle – keins)
2. Werbeausgaben (viel – wenig)
3. Werbemaßnahmen (gut – schlecht)
4. Zielgruppenansprache (gut – schlecht)
5. Kreativität/Eigenständigkeit (originell – langweilig)
6. Reichweite (hoch – niedrig)
7. Frequenz (hoch – niedrig)
8. Agentur (gut – keine)
9. Imagewerbung (viel – keine)
10. Werbung mit Sozialaspekt (viel – keine)
11. Herausstellung des Verkaufsvorteils (immer – nie)
12. Händlerwerbung (viel – wenig)
13. Händlerwerbung (gut – schlecht)
14. Werbewirkung (hoch – niedrig)
15. Abstimmung zum übrigen Marketing-Mix (hoch – keine)

Verkaufsförderung

1. Nationale Aktionen (viele – wenige)
2. Nationale Aktionen (gut – schlecht)
3. Regionale Aktionen (viele – wenige)
4. Regionale Aktionen (gut – schlecht)

Checkliste **2**

Polaritätenprofil bisheriger Marketing-Aktivitäten im Wettbewerbsvergleich

	+3	+2	+1	0	-1	-2	-3	Bemerkungen
5. Preis-Aktionen (viele – wenige)								
6. Kooperationsbereitschaft Handel (hoch – niedrig)								
7. Terminabstimmung Handel (häufig – nie)								
8. Regalpflege/Merchandising (häufig – nie)								
9. Image-Aktionen (häufig – nie)								
10. VKF-Ausgaben (hoch – niedrig)								
11. Abstimmung mit übrigem Marketing-Mix (hoch – niedrig)								

Öffentlichkeitsarbeit

	+3	+2	+1	0	-1	-2	-3	Bemerkungen
1. PR-Maßnahmen (viele – wenige)								
2. PR-Maßnahmen (gut – schlecht)								
3. Pressekontakte (viele – wenige)								
4. Abstimmung mit übrigem Marketing-Mix (hoch – niedrig)								

Persönlicher Verkauf

	+3	+2	+1	0	-1	-2	-3	Bemerkungen
1. Wissensstand des AD (hoch – niedrig)								
2. Wissensstand des Abnehmerpersonals (hoch – niedrig)								
3. AD-Mitarbeiter (viele – wenige)								
4. Geschultes Verkaufspersonal (viele – wenige)								
5. Abstimmung mit übrigem Marketing-Mix (hoch – niedrig)								

I. Werbung im Marketing-Mix

2 Checkliste
Polaritätenprofil bisheriger Marketing-Aktivitäten im Wettbewerbsvergleich

	+3	+2	+1	0	-1	-2	-3	Bemerkungen
Messen/Veranstaltungen								
1. Teilnahme an Fachmessen (regelmäßig – nie)								
2. Veranstaltungen (viele – wenige)								
3. Abstimmung mit übrigem Marketing-Mix (hoch – niedrig)								
Sponsoring								
1. Sportsponsoringaktionen (viele – keine)								
2. Ökosponsoringaktionen (viele – keine)								
3. Kultursponsoringaktionen (viele – keine)								
4. Sozialsponsoringaktionen (viele – keine)								
5. Abstimmung mit übrigem Marketing-Mix (hoch – niedrig)								
Distributionspolitik								
1. Numerische Distribution (hoch – niedrig)								
2. Gewichtete Distribution (hoch – niedrig)								
3. Vertriebskanäle (viele – wenige)								
4. Direkter Vertrieb (hoch – niedrig)								
5. Indirekter Vertrieb (hoch – niedrig)								
6. Absatzentwicklung (steigend – fallend)								

Checkliste **2**

Polaritätenprofil bisheriger Marketing-Aktivitäten im Wettbewerbsvergleich

	+3	+2	+1	0	-1	-2	-3	Bemerkungen
7. Umsatzentwicklung (steigend – fallend)								
8. Marktanteilsentwicklung (steigend – fallend)								
9. Lagerzeiten/Umschlagsgeschwindigkeit (kurz – lang)								
10. Lieferzeiten (kurz – lang)								
11. Transportwege (kurz – lang)								
12. Image der Vertriebswege (positiv – negativ)								
13. Gebietsschutz (immer – nie)								
14. Abstimmung zum übrigen Marketing-Mix (hoch – keine)								

Marktforschung

	+3	+2	+1	0	-1	-2	-3	Bemerkungen
1. Marktanalyse (regelmäßig – nie)								
2. Marktbeobachtung (regelmäßig – nie)								
3. Marktbefragung (regelmäßig – nie)								

Ressourcen

	+3	+2	+1	0	-1	-2	-3	Bemerkungen
1. Marketing-Etat (hoch – niedrig)								
2. AD-Verfügbarkeit (regelmäßig – nie)								
3. Rechtsausschöpfung (aggressiv – passiv)								

3 Checkliste
Informative Grundlagen für die produktbezogene Marketing-Konzeption

entfällt *verfolgen* *Anmerkungen/Daten/Hinweise*

Produktkennzeichnung

1. Name
2. Artikelnummer
3. Verpackungsarten
4. Packungsgrößen
5. Verkaufseinheiten
6. Eigenschaften (Rezeptur, Technik)
7. Listenverkaufspreis für GH/EH
8. Verbraucherpreis

Bisherige Entwicklung

(Tabellen, Grafiken)

1. Absatzentwicklung
2. Umsatzentwicklung
3. Deckungsbeitragsentwicklung
4. Marktanteilsentwicklung
5. Erzielter Durchschnittspreis
6. Entwicklung numerischer Distribution nach Abnehmergruppen
7. Entwicklung gewichteter Distribution nach Abnehmergruppen
8. Zielerreichungsgrad (Soll/Ist) absolut und prozentual

☐ Absatz
☐ Umsatz
☐ Deckungsbeitrag
☐ Marktanteile
☐ Distribution

Checkliste **3**

Informative Grundlagen für die produktbezogene Marketing-Konzeption

	entfällt	*verfolgen*	*Anmerkungen/Daten/Hinweise*

Marktvolumen und Marktstruktur

1. Kennzeichnung des Teilmarktes
2. Entwicklung des Marktvolumens gesamt
3. Marktanteilsverlagerungen (auch Wettbewerber)
   - ☐ Produktgruppe gesamt
   - ☐ Artikelschwerpunkte
4. Die gewichtigsten Marktanteilsverlagerungen
   - ☐ wettbewerbsbezogen
   - ☐ artikelbezogen
   - ☐ kundenbezogen
5. Entwicklung der Kundenumsatzstruktur (ABC-Analyse)
   - ☐ auf GH-Ebene
   - ☐ auf EH-Ebene (nach Geschäftstypen)
   - ☐ auf Verbraucherebene
6. Verlagerungen in der Verwendungsstruktur
   - ☐ Pro-Kopf-Verbrauch
   - ☐ Verbrauch pro Verwender
   - ☐ demographische Merkmale
7. Veränderungen in den Kaufgewohnheiten
   - ☐ rationaler, gewohnheitsmäßiger, impulsartiger Kauf
   - ☐ Markentreue
   - ☐ Substitution

I. Werbung im Marketing-Mix

3 *Checkliste*
Informative Grundlagen für die produktbezogene Marketing-Konzeption

	entfällt	verfolgen	Anmerkungen/Daten/Hinweise
☐ Kauffrequenz, Kaufvolumen, Konsumfrequenz, Konsumvolumen			
☐ Mitverwenderanteil			
8. Veränderungen in den Verwendungsgewohnheiten			
☐ spezielle Verwendungsgewohnheiten			
☐ Verwendungszeiten, -orte, -anlässe			
☐ Gelegenheits-, Dauerverwender			
☐ Verwendungsvolumen pro Anlaß bzw. Zeiteinheit			

Kurzkommentierung des Wettbewerbsvergleichs/ Stärken und Schwächen der bisherigen Marketing-Politik/ Verdichtete Ergebnisse aus dem Polaritätenprofil

	entfällt	verfolgen	Anmerkungen/Daten/Hinweise
1. Produktvorteile bzw. -nachteile			
2. Sortimentsstrukturen (Artikel bzw. Packungsgrößen)			
3. Image beim Verbraucher			
4. Bekanntheitsgrad/Markenbewußtsein			
5. Preise und Konditionen			
6. Penetration und Akzeptanz der Werbeaussagen			
7. Werbequalität			
8. Verkaufsförderungsaktionen Handel			
9. Verkaufsförderungsaktionen Verbraucher			

Checkliste **3**

Informative Grundlagen für die produktbezogene Marketing-Konzeption

	entfällt	verfolgen	Anmerkungen/Daten/Hinweise
10. Verkaufsförderungsaktionen AD			
11. PR-Maßnahmen			
12. Außendienst			
13. Messen/Veranstaltungen			
14. Vertriebswege			
15. Numerische/gewichtete Distribution nach Abnehmerkategorien			
16. Transport/Lagerung			

I. Werbung im Marketing-Mix

4 Checkliste
Produktbezogene Marketing-Konzeption (Standardschema)

	entfällt	verfolgen	Anmerkungen/Daten/Hinweise

Zusammenfassende Kurzkommentierung der Ist-Situation

1. Die bisherige Entwicklung
2. Marktvolumen und -struktur
3. Marktanteilsverlagerungen
4. Verlagerungen in der Umsatzstruktur
5. Veränderungen in den Verwendungsgewohnheiten
6. Veränderungen in den Kaufgewohnheiten

Die Hauptprobleme des Produktes

Ansatzpunkte für eine neue Marketing-Konzeption/ Wachstumschancen

1. aufgrund von Substitutionsverlagerungen
2. auf Verbraucherebene
3. aufgrund von Wettbewerbsaktivitäten
4. aufgrund von Marktlücken
5. in den Vertriebswegen
6. aufgrund von Hypothesenbildung

Produktbezogene Marketing-Konzeption (Standardschema)

Checkliste 4

	entfällt	verfolgen	Anmerkungen/Daten/Hinweise

Marketing-Ziele

1. Mittelfristige (3 Jahre) und langfristige (5 Jahre) Ziele
   - ☐ Marktanteile
     - ⇨ total
     - ⇨ nach Artikeln
     - ⇨ nach Vertriebswegen
     - ⇨ nach Abnehmerkategorien
   - ☐ Umsatzentwicklung
     - ⇨ total
     - ⇨ nach Artikeln
     - ⇨ nach Vertriebswegen
     - ⇨ nach Abnehmerkategorien
   - ☐ Deckungsbeitragsentwicklung
     - ⇨ total
     - ⇨ nach Artikeln
     - ⇨ evtl. nach Vertriebswegen

2. Kurzfristige 1-Jahres-Ziele (tabellarisch)
   - ☐ Marktanteile
     - ⇨ total
     - ⇨ nach Artikeln
     - ⇨ nach Gebieten
     - ⇨ nach Vertriebswegen
     - ⇨ nach Abnehmerkategorien
   - ☐ Umsätze
     - ⇨ total
     - ⇨ nach Artikeln

I. Werbung im Marketing-Mix

4 *Checkliste*
Produktbezogene Marketing-Konzeption (Standardschema)

	entfällt	verfolgen	Anmerkungen/Daten/Hinweise

⇨ nach Gebieten

⇨ nach Vertriebswegen

⇨ nach Abnehmerkategorien

☐ Entwicklung der Teilkosten

⇨ total

⇨ nach Artikeln

☐ Deckungsbeiträge

⇨ total

⇨ nach Artikeln

⇨ evtl. nach Vertriebswegen

Marketing-Zielgruppen/ Positionierung

1. Verbraucherzielgruppen

☐ Kaufentscheider

☐ soziodemographisch

☐ Käufer (einer Warengruppe oder der einzelnen Marke)

☐ Verwender/Verwendungsfrequenz

☐ Verwendungsgewohnheiten

☐ psychologische Zielgruppe

☐ Verhalten (Einstellung), Kaufverhalten/ -gewohnheiten

☐ Einstellung zur Marke (Markenbewußtsein/-bindung/Motivation)

☐ Einstellung zur Produktgruppe

2. Handelszielgruppen

3. Kommunikationszielgruppen

4. Die durch das Marketing-Mix angestrebte Positionierung

Checkliste 4

Produktbezogene Marketing-Konzeption (Standardschema)

	entfällt	verfolgen	Anmerkungen/Daten/Hinweise

Das Marketing-Maßnahmenprogramm im einzelnen

Die aus den vorgenannten kurz- und mittelfristigen Ergebniszielen abzuleitenden kurz- und mittelfristigen Einzelziele werden den jeweiligen Marketing-Maßnahmen vorangestellt.

1. Produktpolitik

☐ Produktpolitische Ziele

⇨ angestrebtes Produktprofil

⇨ angestrebte Sortimentsstruktur (bezügl. Umsatz/Deckungsbeitrag)

⇨ Neueinführungsziele

☐ Die wichtigsten Einzelziele

⇨ Veränderung der Produktidee

⇨ neue Produkteigenschaften

⇨ neue Anwendungsbereiche bzw. -eigenschaften

⇨ Verpackungsänderungen

- Form, Größe, Inhalt
- Aufmachung
- Verkehrseinheit

⇨ deutlichere Markierung

⇨ Änderungen im Kundendienst

⇨ Änderungen in den Garantieleistungen

⇨ Einfluß der jeweiligen Maßnahme auf die Teilkosten

I. Werbung im Marketing-Mix

4 Checkliste
Produktbezogene Marketing-Konzeption (Standardschema)

	entfällt	verfolgen	Anmerkungen/Daten/Hinweise
⇨ Produkttests			
• _____			
• _____			
2. Preis- und Konditionenpolitik			
☐ Preispolitische Ziele			
⇨ lang- bzw. mittelfristiges Preisniveau			
⇨ Preis- und Qualitätswettbewerb			
⇨ Preisdifferenzierung hinsichtlich Sortimentsstruktur			
☐ Die wichtigsten Einzelziele			
⇨ Fabrikabgabepreis und seine Begründung			
⇨ vorgesehene Konditionen			
⇨ Differenzierung der Konditionen			
• nach Abnahmemenge			
• nach Gebieten			
• nach Aktionen			
• nach Auftragsgrößen			
⇨ Bonussystem			
⇨ Sonderpreise (Aktionen)			
⇨ Einführungspreise			
⇨ Finanzierungsangebote			
⇨ Leasingangebote			
⇨ Factoringangebote			
⇨ Auswirkungen auf den prozentualen Deckungsbeitrag (kalkuliert)			
3. Kommunikationspolitik			
☐ Kommunikationspolitische Ziele			

Produktbezogene Marketing-Konzeption (Standardschema)

Checkliste 4

	entfällt	verfolgen	Anmerkungen/Daten/Hinweise
⇨ Positionierungsziele			
⇨ Penetration und Akzeptanz			
⇨ Profilierungsziele/Eigenständigkeit			
⇨ Imageziele			
⇨ Bekanntheitsgrad			
⇨ Differenzierung der Ziele nach			
• Verbraucherzielgruppen			
• Wiederverkäufern			
• Gebieten			
• saisonalen Abläufen			
☐ Die wichtigsten Einzelziele der Werbepolitik			
⇨ Werbebotschaft differenziert nach Zielgruppen			
⇨ Werbemittel differenziert nach Zielgruppen			
⇨ Informationswerbung			
⇨ Imagewerbung			
⇨ Werbung mit Sozialaspekt			
⇨ Händlerwerbung			
⇨ Verbraucherwerbung			
⇨ Werbekooperationen mit anderen Unternehmen			
☐ Die wichtigsten verkaufsförderungspolitischen Einzelziele			
⇨ handelsbezogene Aktionen			
⇨ verbraucher-, verwender-, kundenbezogene Aktionen			
⇨ außendienstbezogene Aktionen			

I. Werbung im Marketing-Mix

4 Checkliste
Produktbezogene Marketing-Konzeption (Standardschema)

	entfällt	verfolgen	Anmerkungen/Daten/Hinweise
☐ Die wichtigsten PR-politischen Einzelziele			
⇨ PR-Maßnahmen			
⇨ Pressebetreuung			
☐ Die wichtigsten Einzelziele des persönlichen Verkaufs			
⇨ AD-Schulungen			
⇨ Händlerschulungen			
⇨ Verkäuferschulungen			
☐ Die wichtigsten Einzelziele von Messen/Veranstaltungen			
⇨ Messen			
⇨ Veranstaltungen			
☐ Die wichtigsten Einzelziele des Sponsoring			
⇨ Sportsponsoring			
⇨ Ökosponsoring			
⇨ Kultursponsoring			
⇨ Sozialsponsoring			
4. Distributionspolitik			
☐ Distributionspolitische Ziele			
⇨ lang- bzw. mittelfristige Distributionsziele nach			
• Produkt gesamt			
• Artikeln			
• Vertriebswegen			
• Abnehmerkategorien			
• Organisationsformen			
• Gebieten			

Checkliste **4**

Produktbezogene Marketing-Konzeption (Standardschema)

	entfällt	verfolgen	Anmerkungen/Daten/Hinweise
⇨ numerische und gewichtete Distribution nach			
• Produkt gesamt			
• Artikeln			
• Vertriebswegen			
• Abnehmerkategorien			
• Organisationsformen			
• Gebieten			
⇨ angestrebte Umsatzstruktur			
☐ Die wichtigsten Einzelziele			
⇨ Erstplazierung von Artikeln der Produktgruppe			
⇨ Vertriebswege			
⇨ Lieferzeiten			
⇨ Transportverfahren			
⇨ Lagerzeiten			

Begründung des prognostizierten Umsatzzieles

1. Erwarteter Wirkungsgrad einzelner Marketing-Mix-Maßnahmen

2. Begründung des Ineinandergreifens verschiedener Marketing-Mix-Maßnahmen

I. Werbung im Marketing-Mix

5 Checkliste
Produktbezogene Marketing-Konzeption im Überblick

Produkt:
Einführungsjahr:
Agentur:
Produktmanager/Ersteller:

I.

Verkauf	Umsatz		Gesamtmarkt		Marktanteile (Menge/Wert in %)		
	DM in TSD / Menge in TSD	Veränd. %	DM in TSD / Menge in TSD	Veränd. %	eigenes Produkt	Hauptwettbewerber	Gesamt der Hauptwettbewerber
19_ (Vorj.) ☐ DM ☐ Menge							
19_ Hochr. lfd. J. ☐ DM ☐ Menge							
19_ Planjahr ☐ DM ☐ Menge							

II.

Marketing-Etat Deckungs-beitrag	Marketing-Etat									Deckungsbeitrag		
	Werbung		VKF/PR		Vertriebs-kosten		sonstige Erlösschmä-lerungen		gesamt		DM in TSD	Zuwachs in %	% v. Umsatz
	DM in TSD	% v. U.	DM in TSD	% v. U.	DM in TSD	% v. U.	DM in TSD	% v. U.	DM in TSD	% v. U.			
19_ (Vorj.)													
19_ Budget lfd. J.													
19_ Planjahr													

Checkliste **5**

Produktbezogene Marketing-Konzeption im Überblick

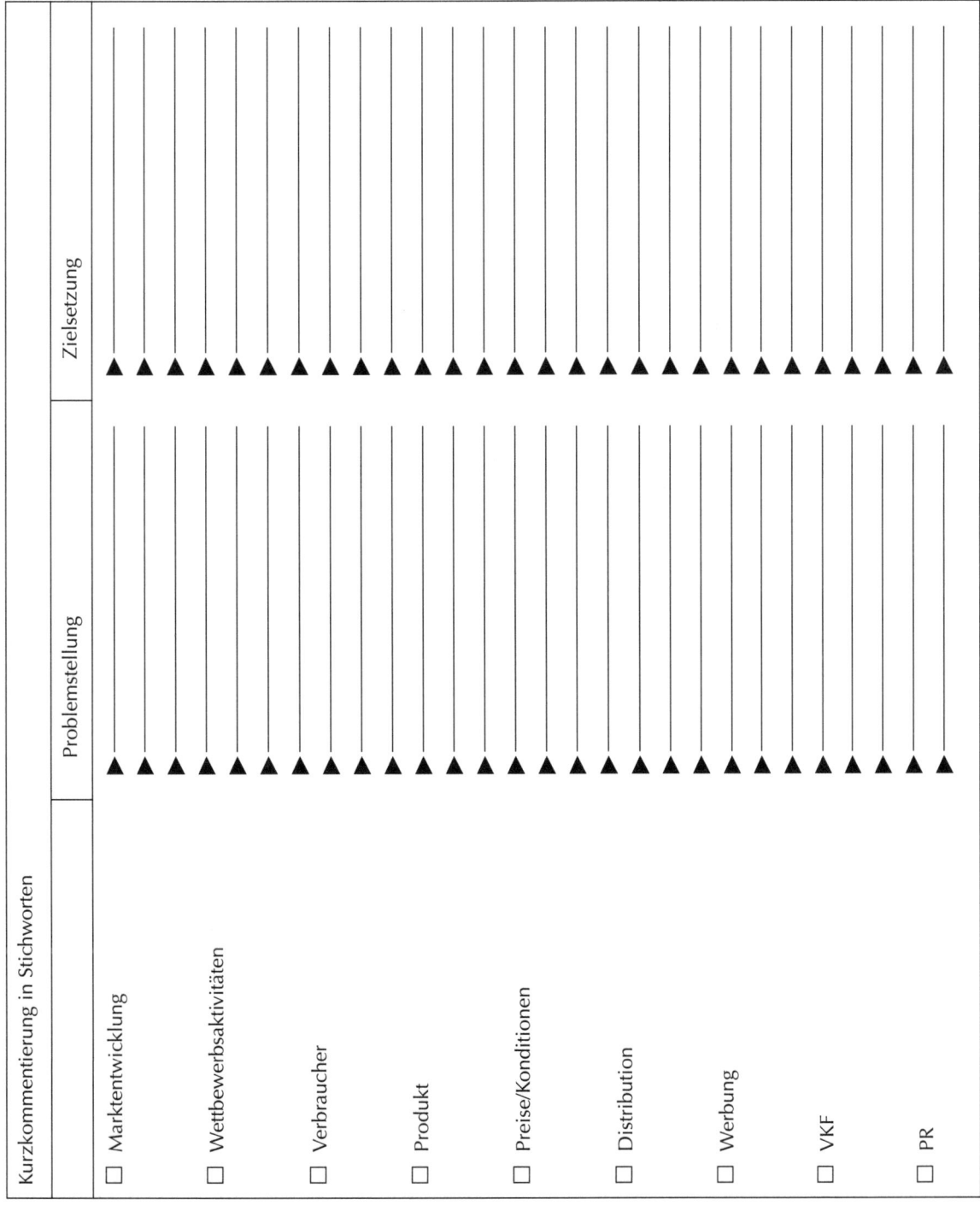

III. Kurzkommentierung in Stichworten	Problemstellung	Zielsetzung
☐ Marktentwicklung		
☐ Wettbewerbsaktivitäten		
☐ Verbraucher		
☐ Produkt		
☐ Preise/Konditionen		
☐ Distribution		
☐ Werbung		
☐ VKF		
☐ PR		

I. Werbung im Marketing-Mix

5 *Checkliste*
Produktbezogene Marketing-Konzeption im Überblick

IV.

Übersicht: Marketing-Aktivitäten/-Kosten						Für Jahr:							Kosten		Etat
Maßnahmen	Jan.	Feb.	März	April	Mai	Juni	Juli	Aug.	Sept.	Okt.	Nov.	Dez.	DM		%
a) Produktpolitik															
1. _____															
2. _____															
3. _____															
4. _____															
5. _____															
6. _____													Σ		
b) Preispolitik/Konditionen															
1. _____															
2. _____													Σ		
c) Distribution															
1. _____															
2. _____													Σ		
d) Werbung															
1. _____															
2. _____													Σ		
e) Verkaufsförderung/PR															
1. _____															
2. _____															
Sonstige Kosten													gesamt		
1. 4.													Σ sonst.		
2. 5.															
3. 6.													Total		100%

II. Budgetierung und Timing

1. Budgetierung

Um ein Werbebudget festzulegen, gibt es verschiedene Möglichkeiten, die im folgenden kurz genannt werden. Sicherlich ist es am sinnvollsten, den Etat nicht nur nach einer Methode zu berechnen, sondern nach einer Kombination festzulegen. Die später folgende Checkliste 6 dient zur Überprüfung der ermittelten Budgethöhe.

Nach unseren Erkenntnissen findet heute noch in über 75 Prozent der Fälle keine strukturelle Budgetentwicklung statt. Statt dessen wird das Budget insgesamt aus dem prognostizierten Umsatz, dem Shareholder Value oder Gewinnziel, rechnerisch „abgeleitet". Daß dies eine unzureichende Marktbearbeitung bedeutet, braucht nicht betont zu werden.

Die meisten Methoden versuchen, durch prozentuale Anteile unternehmerischer Kennzahlen zu einer Budgetierung zu gelangen. Das sind z.B.:

- Prozent vom Umsatz
- Prozent vom Gewinn
- Prozent vom Etat des Wettbewerbers
- Werbekosten je Verkaufseinheit
- Werbeanteil / Marktanteil
- Umsatz ∕ Plankosten ∕ Gewinn = Etat

Bei diesen Methoden ist die Festlegung der Etathöhe verhältnismäßig leicht. Problematisch ist allerdings, daß sie keinerlei Beziehung zu den geplanten Werbezielen haben. Es muß demnach versucht werden, die Werbeziele mit dem ermittelten Etat zu realisieren. Dabei wird nicht berücksichtigt, ob der Etat vielleicht für die Ziele viel zu klein oder sogar zu groß ist!

Eine zielgerichtete, aber leider sehr komplizierte Methode zur Etatbestimmung ist daher die *Ziel-Mittel-Methode*.

Hier wird zunächst ermittelt, welche Kosten bei einer idealen Werbezielerreichung entstehen. Dabei werden Werbekonzeption, -produktion, -mittel, -streuung etc. kalkuliert. Dann stellt sich die Frage: Ist das bezahlbar? Wenn ja – geht es gleich los! Wenn nein – müssen die Werbeziele noch einmal überdacht und niedriger angesetzt werden. Die Rechnung beginnt von vorn. Diese Methode ist sehr aufwendig, aber im Sinne der Zielerreichung auch sehr genau.

2. Timing

Beim Timing ist immer wieder festzustellen, daß hier die größten Sünden begangen werden. Eine gute terminliche Planung der Werbekampagne kann nicht nur unerwünschte Kosten sparen, sie kann auch den Werbeerfolg erheblich erhöhen. Dies ist sehr leicht an einem typischen Beispiel zu verdeutlichen:

Wir haben selten erlebt, daß ein mittelständisches Unternehmen seinen Messestand ein Jahr im voraus plant, obwohl es ein Jahr vorher schon weiß, daß es auf der Messe ausstellen wird. Aufgrund von Terminverschiebungen und schlechten Planungen kommt es dann sehr schnell zu Terminengpässen.

Die Broschüren, die auf der Messe verteilt werden sollen, kommen erst im letzten Moment, oder – noch viel schlimmer – dem Messeauftritt fehlt die komplette konzeptionelle Grundlage. Die Standausstattung wirkt zusammengewürfelt, weil ja alles auf den letzten Drücker fertig werden mußte. In diesen

Fällen besteht leider nicht mehr die Möglichkeit, alle Komponenten passend zueinander und zum Konzept zu beschaffen. Man muß halt nehmen, was übrig bleibt.

Also: Die Checkliste Timing (7) muß daher hart und hartnäckig bearbeitet werden. Budget und Timing bilden eine Einheit, und zwar im Sinne von Be- und Entlastung der Kosten.

Checkliste **6**

Budgetentwicklung

| | entfällt | verfolgen | Anmerkungen/Daten/Hinweise |

Der Markt

1. Wie hoch ist das Marktvolumen?
2. Wie hoch ist das Marktpotential?
3. Wie verhält sich das Marktwachstum?
4. Wie ist der Markt aufgeteilt?
5. Wie groß ist die Käuferschicht?
   - ☐ real
   - ☐ potentiell
6. Wie hoch ist die Inflationsrate?

Die eigene Marktstellung

1. Wie ist die Umsatzentwicklung?
   - ☐ real
   - ☐ geplant
2. Wie ist die Gewinnentwicklung?
   - ☐ real
   - ☐ geplant
3. Wie hoch ist unser Marktanteil?
   - ☐ real
   - ☐ geplant
4. Wie hoch ist der Deckungsbeitrag?
   - ☐ absolut
   - ☐ real
   - ☐ per Marktanteilspunkt
5. Wie hoch sind die Werbekosten?
   - ☐ in % vom Umsatz

II. Budgetierung und Timing

6 *Checkliste*
Budgetentwicklung

	entfällt	verfolgen	Anmerkungen/Daten/Hinweise

- ☐ in % vom Gewinn

6. Wie ist die Korrelation zwischen Werbekosten-Umsatz-Beziehung und Marktanteil?

7. Wie stellt sich bei Umsatzverbesserung eine Fixkostendegression dar?

8. Wie ist die Marktanteil-Werbekosten-Beziehung?

9. Wie hoch sind die eigenen Werbekosten je Marktanteilspunkt?

Die Konkurrenz

1. Wie sind die Umsätze und Gewinne der Konkurrenten?

2. Wie hoch sind die Werbeaufwendungen der Konkurrenz?

3. Wie ist die branchenübliche Werbekosten-Umsatz-Beziehung?

4. Wie ist die Marktanteil-Werbekosten-Beziehung der Konkurrenz?

Die Anforderungen

1. Wie stellt sich eine optimale Reichweite in der Zielgruppe dar?
   - ☐ Kunden
   - ☐ potentielle Kunden
   - ☐ Kunden der Konkurrenz

2. Wie häufig sollte ein Werbekontakt stattfinden?

3. Welche Werbemittel sollen eingesetzt werden?

4. Wie lang ist der Planungszeitraum?

Checkliste **7**

Timing

	entfällt	verfolgen	Anmerkungen/Daten/Hinweise

1. Terminieren Sie die Vorplanung möglichst großzügig und detailliert:

- ☐ Zusammenstellung der Marktdaten (Sekundärstatistik)
- ☐ Aufbereitung der Marktdaten
- ☐ Erstellung von Marktanalysen (Primärdaten)
- ☐ Aufbereitung der Marktanalysen
- ☐ Besprechung und Überprüfung der Ergebnisse
- ☐ Zusammenstellung der Ergebnisse
- ☐ Ausarbeitung der Marketing-Strategie und -Ziele
- ☐ Zusammenstellung der Marketing-Daten
- ☐ Überprüfung der Marketing-Vorgaben
- ☐ Erstellung eines Budgets
- ☐ Überprüfung des Budgets
- ☐ Entwicklung eines Briefings
- ☐ Zusammenstellung aller Briefing-Unterlagen
- ☐ Briefing aller beteiligten Mitarbeiter und externen Berater
- ☐ Erstellung der Kommunikationsstrategie und des Kommunikationskonzeptes
- ☐ Besprechung der ersten Kommunikationsvorschläge
- ☐ Korrektur der Vorschläge
- ☐ Ausarbeitung der Kommunikationsvorschläge

II. Budgetierung und Timing

7 Checkliste
Timing

	entfällt	verfolgen	Anmerkungen/Daten/Hinweise
☐ Tests			
☐ Korrektur			
☐ Freigabe			
☐ Rechtliche Absicherung der Maßnahmen und Inhalte			
☐ Letzte Korrektur der Texte			
☐ Zusammenstellung und Prüfung der Medienauswahl			
☐ Erstellung eines Schalt- bzw. Streuplanes			
☐ Kalkulation der Kosten			
☐ Freigabe der kalkulierten Kosten			
☐ Erstellung des Graphikmaterials (Fotoaufnahmen, Illustrationen etc.)			
☐ Überarbeitung des Materials (Retuschen, Verfälschungen etc.)			
☐ Buchung der vorgesehenen Medien			
☐ Erstellung der Produktionsvorlagen			
⇨ Reinzeichnung			
⇨ Druckvorlagen			
⇨ Stanz-/Prägevorlagen			
⇨ Konstruktionszeichnungen			
⇨ Muster			
⇨ _____			
☐ Letzte rechtliche Absicherung			
☐ Prüfung der Einhaltung aller Bestimmungen (auch Selbstbeschränkungen)			
☐ Korrektur der Produktionsvorlagen			
☐ Beauftragung der Produktion			

Checkliste 7

Timing

	entfällt	verfolgen	Anmerkungen/Daten/Hinweise

☐ Kontrolle und Abstimmung der Lieferzeiten

☐ Planung der Produktionszeiten

☐ Qualitätskontrolle nach Produktion

☐ Verteilung an Medien, Verteiler, im Haus etc.

☐ Abstimmung der Transporte

☐ Informierung aller betroffenen Mitarbeiter bzgl. der Terminierung

☐ Informierung der betroffenen Geschäftspartner

☐ Überwachung der gesamten Werbeaktion

☐ Erstellung einer qualitativen und quantitativen Analyse nach Ablauf der Aktion

☐ Erfolgskontrollen durch Befragungen und Tests

☐ Prüfung der kalkulierten und effektiven Kosten

2. Planen Sie bei der Terminierung Verzögerungen ein, z. B. durch:

☐ Urlaub (wichtige Kollegen, Vorgesetzte, Berater)

☐ Feiertage (evtl. in anderen Bundesländern oder im Ausland)

☐ Krankheit

☐ Unvorhergesehene technische Probleme

☐ Produktionsengpässe

☐ Schwer koordinierbare Gesprächstermine

II. Budgetierung und Timing

7 Checkliste
Timing

	entfällt	verfolgen	Anmerkungen/Daten/Hinweise

- ☐ Korrekturphasen aufgrund rechtlicher Bedenken bzw. nicht erwarteter Testergebnisse
- ☐ Koordination (eine Vorlage für mehrere Werbemittel)
- ☐ Postlaufzeiten
- ☐ _____

3. Erstellen Sie nach dem Timing eine Aufgaben- und Ablaufübersicht mit konkreten Terminen und halten diese ständig auf dem laufenden (siehe auch Checkliste 8)

4. Beachten Sie, daß bestimmte Werbemittel besonders lange Produktionszeiten haben, z. B.:

- ☐ Displays
- ☐ Kaschierungen
- ☐ Stanzungen/Prägungen
- ☐ Filme
- ☐ Dia-Serien
- ☐ 3-D-Aussendungen
- ☐ _____

5. Beachten Sie auch lange Buchungszeiten für:

- ☐ Fernsehspots
- ☐ Funkspots
- ☐ große Publikumszeitschriften
- ☐ ausländische Zeitschriften und Zeitungen
- ☐ Messen
- ☐ _____

Checkliste 7

Timing

	entfällt	verfolgen	Anmerkungen/Daten/Hinweise
6. Behalten Sie sicherheitshalber auch immer noch die letzten Stornierungsmöglichkeiten im Auge.			
7. Vergleichen Sie nach Fertigstellung der einzelnen Steps immer die benötigte Zeit mit der Planzeit; ggf. muß der Terminplan angepaßt werden.			
8. Analysieren Sie die Gründe für Verschiebungen.			
9. Geben Sie immer allen Beteiligten klare, realistische, aber kurzfristige Terminvorgaben.			
10. Halten Sie eigene Termine unbedingt immer ein.			
11. Sichern Sie Ihre Plandaten durch Rückfragen bei Lieferanten und/oder Spezialisten immer ab.			
12. Melden Sie Aufträge an externe Lieferanten frühzeitig dort an mit Anlieferungs- und Auslieferungsterminen.			

8 *Checkliste*
Formblatt Budgetkontrolle

Objekt-Nr.

Unternehmen/Produkt:

Produkt:

Werbemittel:

Datum: Plansumme:

Arbeiten mit Erläuterung	Rechnungs-aussteller	Rech-nungs-datum	Rechnungs-betrag netto	Lfd. Saldo netto	Mehrwert-steuer	Rechnungs-betrag brutto	Lfd. Saldo brutto

Formblatt Budgetkontrolle

Checkliste 8

Eigenkosten				Abrechnung		
Menge/Std.	Bezeichnung	Belastung netto	MwSt.	Brutto	Arbeiten	Selbstkosten	Fremdrechnung
					Text		
					Text-Änderung		
					Layout		
					Layout-Änderung		
					Reinzeichnung		
					RZ-Änderung		
					Satz		
					Fotokosten		
					Modellgeld		
					Requisiten		
					Retuschen		
					Dia		
					freie Mitarbeit		
					Matern		
					Druck		
					Marktforschung		
					Verkaufsförderung		
					Marketing		
					Mediaforschung		
					Summe netto		
					MwSt.		
					Gesamt netto		
					Plansumme netto		+/−
					Rechnungsbetrag netto		

II. Budgetierung und Timing

9 Checkliste
Formblatt Timing

Werbemittel:					Farben:		
Auflage:					Fertigstellungstermin:		
Stornotermin:					Kennziffer:		

Durch-führungsphase	Ausführer	fertig am:	abge-stimmt am:	mit Abteilung	freigegeben durch am:	Textargumente in Stichworten	Layout/Graphik/Foto in Stichworten
Konzeption						Primär:	Typographie:
Text							
Layout							Illustration/Foto:
Graphik							
Foto							
Satz						Sekundär:	Technische Daten:
Druckvorlage							
Druck						Archivierung eines Exemplares bei:	
Verarbeitung						Bemerkungen:	

Hinweis:
Der rechte Teil ist natürlich erst nach genauer Konzeptionsentwicklung auszufüllen. Er erleichtert jedoch später die genaue Archivierung, Einschätzung und Kontrolle der Werbung bzw. des Formblattes.

III. Werbestrategie und -planung

1. Strategische und operative Entscheidungen

Wie in der ganzheitlichen Unternehmensplanung wird auch in der Werbung zwischen der strategischen und der operativen Planung unterschieden.

Die Aufgabe der strategischen Werbeplanung besteht in der globalen Analyse der bisherigen und in Zukunft möglichen Erfolgspotentiale sowie darüber hinaus in der Entwicklung langfristig angelegter Konzepte der Erfolgssicherung.

Die operative Planung geht von den hier erkannten grundlegenden Konstellationen aus und versucht, unter Berücksichtigung möglichst vieler erkennbarer Entwicklungen den zukünftigen Pfad festzulegen. Für einen kurzfristig angelegten Zeitraum kann eine solche Planung recht präzise erfolgen. Längerfristige Kalkulationen sind mit größerer Unsicherheit behaftet. Diese kurz-, mittel- und langfristig angelegte Planung von konkreten Maßnahmen wird als operative Werbeplanung bezeichnet.

Die in der Praxis häufig anzutreffenden Gleichsetzungen „Strategische Entscheidungen wirken langfristig" und „Operative Entscheidungen wirken kurzfristig" sind somit schlichtweg falsch: So wie es kurzfristig wirkende strategische Entscheidungen gibt, existieren auf der anderen Seite langfristig wirkende operative Maßnahmen.

Die Entscheidung über die werbestrategische Positionierung eines Unternehmens tritt somit als Ergänzung neben die operativen Festlegungen (z.B. Auswahl der Medien), ohne sie zu ersetzen.

Rufen wir uns in Erinnerung, daß die Werbung in das Marketing-Mix eingebettet ist und dieses wiederum von der globalen Unternehmensstrategie seine Impulse empfängt. Insofern sind dieses Kapitel III und unser Kapitel I zur Entwicklung einer Marketing-Konzeption als gedankliche Einheit zu verstehen.

2. Werbung als holistisches Prinzip

Vergessen wir nicht: Werbung funktioniert nach dem holistischen Prinzip. Sie ist ein Ganzes, das wiederum Teil eines Ganzen ist. Entwickeln wir den Gedanken von der Werbung aus nach oben, so ist die Werbung zunächst ein in sich abgeschlossenes Ganzes, das als Teil zum Marketing gehört. Auch das Marketing agiert nach dem holistischen Prinzip, denn es ist wiederum ein Ganzes, das zum Teil der Unternehmensbereiche und/oder der Unternehmensdenkhaltung gehört. Aber auch das Unternehmen selbst untersteht dem holistischen Prinzip.

Die Werbung läßt sich auch nach unten im Sinne des Holismus betrachten, denn ihre Teile bilden wiederum ein Ganzes, wie zum Beispiel das Produktdesign oder die bestimmte graphische Gestaltung von Werbemedien. Daraus können wir ableiten, daß die Werbung in sich ein kybernetischer Prozeß ist, daß Werbung als Teil in einem kybernetischen Prozeß steht und daß die Teile der Werbung selber wieder eigenständige kybernetische Prozesse bilden. Gerade das macht die Werbung so interessant – aber auch so hochgradig komplex.

3. Absatzpolitische Aktionsparameter

Lassen Sie uns an dieser Stelle noch einen besonderen Gedanken ansprechen. Betrachtet man die vier wichtigsten absatzpolitischen Aktionsparameter Produktpolitik, Preispolitik, Vertriebspolitik und Kommunikationspolitik, so ist festzustellen, daß in vielen Märkten einerseits durch Marktübersättigung und andererseits durch Ausreizung der Marketing-Instrumente die Profilierungsmöglichkeiten über Produkt-, Preis- und Vertriebspolitik nahezu ausgeschöpft sind.

Mit dem Einsatz des modernen Rechnungswesens und des Controlling ist zum Beispiel die Preispolitik planerisch ausgereift. Auch im Vertrieb ergeben sich kaum Neuigkeiten, da der Einsatz von Kennzahlen und Steuerungssystemen eine eindeutige Profilierung gegenüber der Konkurrenz nicht mehr zuläßt. Selbst die Produkt- und Sortimentsgestaltung mit Planungstechniken und Ideenfindungstechniken wie Morphologie, Wertanalyse, Funktionsanalyse etc. läßt sich zur Zeit aufgrund mangelnder neuerer theoretisch-wissenschaftlicher Ansätze kaum noch weiter forcieren.

Die logische und auch häufig zu beobachtende Konsequenz ist die Vorgehensweise des Nachahmens, des „Me too": Me-too-Produkte, eine Me-too-Preispolitik, eine Me-too-Vertriebsstruktur. Wirklich spektakuläre Ausnahmen finden wir zur Zeit immer seltener.

4. Chancen und Potentiale der Werbung

In der Werbung eröffnen sich hingegen ganz andere Gestaltungs- und damit auch Profilierungsmöglichkeiten. Die Tatsache, daß gerade bei direkten Konkurrenten die heutige Werbung austauschbar und damit auch langweilig wirkt, ist eher auf ausgeprägtes Imitationsverhalten, Risikoscheu, Einfallslosigkeit der Kreativen bzw. Entscheider etc. zurückzuführen als auf die mangelnden gestalterischen Möglichkeiten einer modernen und kreativen Werbung.

In Zukunft wird sich der Unterschied zur Konkurrenz in der Kommunikation bzw. der Werbung manifestieren: Kreative Ideenfindungstechniken wie Schlüsselreizmethoden, Analogiemethoden etc. leisten dem kreativen Marketing Vorschub. Der Ausbau der Unternehmenskommunikation auf der Basis von lernbiologischen Erkenntnissen unter Berücksichtigung wertdynamischer Prozesse bei der Zielgruppe und deutlicher Abgrenzung gegenüber Mitbewerbern ist Aufgabe des kreativen Marketings – und damit auch der Werbung.

Kreatives Marketing ist somit kein neues Marketing, sondern eine spezielle Betrachtungsweise: Hier steht der Versuch im Vordergrund, im Marketing-Mix den Schwerpunkt auf die Instrumente zu legen, die durch kreative Kommunikation ein unverwechselbares (!) Gesamtmarketing-Image aufbauen können.

Aus diesen Gründen, also aus Gründen der Zukunftssicherung eines Unternehmens mit Me-too-Produkten auf gesättigten Märkten, ist eine entsprechende Kommunikationsstrategie und deren konsequente operative Umsetzung die einzige Überlebenschance.

Zur Erinnerung: Die Werbestrategie ist in die übergeordnete Marketing-Konzeption eingebettet (vergleiche auch Checklisten 2 bis 5).

Aus diesem Grunde finden sich einige Checkpunkte der Marketing-Konzeption hier wieder.

Wie in der Einleitung dieses Kapitels festgestellt wurde, ist es trotzdem durchaus sinnvoll, die Werbung als eigenständiges Ganzes zu betrachten. Neben dem höheren Detaillierungsgrad dient die Ausarbeitung an dieser Stelle also auch als Gegencheck der Marketing-Konzeption. Eventuell auftretende Widersprüche lassen sich hier noch ohne großen Schaden bereinigen.

10 Checkliste
Werbeorganisation

	entfällt	verfolgen	Anmerkungen/Daten/Hinweise
1. Definition der Aufgabenstellung			
2. Überprüfung der eigenen personellen und finanziellen Kapazitäten			
3. Gründung eines Projektteams/ Agentursuche			
4. Auswahl der zu beteiligenden Abteilungen			
5. Abstimmung des Aufgabenbereiches der beteiligten Abteilungen			
6. Festlegung der Kompetenzen			
7. Aufbau eines Werbeinformationssystems			
8. Selektion relevanter Informationen			
9. Einrichtung einer regelmäßigen Informationsanalyse			
10. Abstimmung der Vorgehensweise			
☐ Fixierung der Hauptprobleme			
☐ Abstimmung der Unternehmensziele			
☐ Abstimmung der Zielgruppe(n)			
☐ Entwurf der kurz-, mittel- und langfristigen Werbestrategie			
☐ Ableitung der Werbeleitlinien			
☐ Entwurf der kurz-, mittel- und langfristigen operativen Maßnahmen			
☐ Konzeptionsentwicklung und Konzeptionstest			
☐ juristische Überprüfung der Konzeption			
☐ Feinumsetzung der Werbung			
☐ eventueller weiterer Test der fertig konzipierten Werbemittel			
☐ Präsentation im Unternehmen			

Checkliste **10**

Werbeorganisation

	entfällt	verfolgen	Anmerkungen/Daten/Hinweise
☐ Kontrolle der Werbemittel			
☐ Präsentation der Kontrollergebnisse			
☐ Abweichungsanalyse zum Ist			
☐ Fixierung der Abweichungsanalyse-Ergebnisse für die nächsten Konzeptionen als Entscheidungsgrundlage			
11. Abstimmung des Zeitplanes			
12. Abstimmung des Budgets			

III. Werbestrategie und -planung

11 Checkliste
Strategie Werbeobjekte

	entfällt	verfolgen	Anmerkungen/Daten/Hinweise
1. Produkte im engeren Sinn			
☐ Neuprodukte			
☐ „Alt"-Produkte			
2. Produktgruppen			
3. Dienstleistungen			
4. Marken			
☐ Unternehmensmarke			
☐ Produktmarke			
☐ Sortimentsmarke			
☐ Dachmarke			
☐ Zweitmarke			
☐ _____			
5. Die Unternehmung selbst			
6. Kombinationen aus 1–5: Konsequenzen?			

Checkliste **12**

Strategie Werbeziele (kurz- bis langfristig)

	entfällt	verfolgen	Anmerkungen/Daten/Hinweise
1. Ökonomische Ziele			
☐ Umsatzsteigerung durch Erhöhung des Verbrauchs beim bestehenden Kundenstamm			
☐ Umsatzsteigerung durch Gewinnung von bisherigen Nichtverwendern			
☐ Umsatzsteigerung durch Kundenabwerbung von der Konkurrenz			
☐ Umsatzsteigerung in verkaufsschwachen Gebieten oder Teilmärkten			
☐ Verlagerung des Umsatzes von einem Produkt auf ein anderes Erzeugnis desselben Unternehmens			
☐ Umsatzstabilisierung durch den Ausgleich saisonaler Absatzschwankungen			
☐ Ausgleich regionaler Unterschiede der Marktanteile			
☐ Rückgewinnung verlorener Marktanteile			
☐ Sicherung erreichter Marktanteile			
☐ Ausweitung des erreichten Marktanteils			
2. Werbewirkungsziele			
☐ Bekanntmachung eines neuartigen Produktes, einer neuen Marke oder eines neuen Unternehmens			
☐ Erhöhung des Bekanntheitsgrades eines bereits vorhandenen Produktes			
☐ Weckung von Aufmerksamkeit für das Produkt/die Marke/das Unternehmen			

III. Werbestrategie und -planung

12 Checkliste
Strategie Werbeziele (kurz- bis langfristig)

	entfällt	verfolgen	Anmerkungen/Daten/Hinweise
☐ Beeinflussung des Images in eine bestimmte Richtung (z.B. Verjüngung, Modernisierung, mehr Exklusivität)			
☐ Abgrenzung zu Substitutionsprodukten			
☐ Abgrenzung zu Wettbewerbsprodukten			
☐ Nutzung unbenutzter Positionierungsfelder			
☐ Vermittlung von Information und Produktwissen			
☐ Vermittlung von Produktnutzen			
☐ Vermittlung von Zusatznutzen			
☐ Schaffung von Käuferpräferenzen			
☐ Schaffung von Vertrauen/Goodwill gegenüber dem Unternehmen und/oder seinen Produkten			
☐ Vermittlung des einzigartigen (!) Verkaufsvorteils, der Unique Selling Proposition (USP)			
☐ Erhöhung der Gedächtniswirkung und der gedanklichen Präsenz (höhere Recall- und Recognition-Werte)			
☐ Gewinnung von Erstkäufern			
☐ Reduktion von Nachkaufdissonanzen			
☐ Erhaltung der Kundentreue			
3. Sonstige Ziele			
☐ Informierung der Verbraucher über neue Vertriebswege			
☐ Informierung der Verbraucher über Preisänderungen			

Checkliste **12**

Strategie Werbeziele (kurz- bis langfristig)

	entfällt	verfolgen	Anmerkungen/Daten/Hinweise
☐ Entwicklung einer bisherigen Spezialität zum Verbrauchsgut oder vice versa			
☐ Austesten einer möglichen Werbekonzeption			
☐ Vorbereitung eines geplanten Marktaustritts für ein bestimmtes Produkt			
4. Handelsziele			
☐ Öffnung bzw. Erschließung neuer Vertriebswege			
☐ Gewinnung weiterer Wiederverkäufer			
☐ Erhöhung der Anzahl der das Produkt führenden A-Geschäfte			
☐ Verstärkung der Kooperationsbereitschaft des Handels in bezug auf Aktionen			
☐ Imageverbesserung im Handel			
☐ Verbesserung der Zweitplazierungssituation			

III. Werbestrategie und -planung

13 Checkliste
Strategie Verkaufsförderungsziele

	entfällt	verfolgen	Anmerkungen/Daten/Hinweise
☐ Einführung eines neuen Produktes bzw. eines neuen Artikels für eine Produktlinie, einer neuen Verpackung etc.			
☐ Distributionsgewinnung, numerisch gewichtet			
☐ Intensivierung der Markenbekanntheit am PoP (Point of Purchase)			
☐ Produktaktualisierung am PoP			
☐ Intensivierung der Kaufhäufigkeit beim Verbraucher			
☐ Erhaltung der Markentreue			
☐ Ausgleich des Preisdrucks des Wettbewerbs			
☐ Überbrückung saisonaler Absatzschwankungen			
☐ Forcierung der Umschlagsgeschwindigkeit			
☐ Belegung des Regalraumes zur Wettbewerbsabwehr			
☐ Bekanntmachung eines neuen Preises			
☐ Bekanntmachung neuer Produktverwendungsmöglichkeiten			
☐ Gewinnung neuer Zielgruppen			
☐ Intensivierung neuer Kaufgewohnheiten			
☐ Abbau von Bevorratungslücken			
☐ Schaffung von Goodwill und Motivation beim eigenen Außendienst/Handel/Verbraucher			
☐ Erhöhung der Zweitplazierungsrate beim Handel			
☐ Erhöhung der Außendienst-Besuchsfrequenz			

Strategie Werbesubjekte

Checkliste 14

	entfällt	verfolgen	Anmerkungen/Daten/Hinweise
☐ Altkunden			
☐ Neukunden			
☐ Stammkunden			
☐ Gelegenheitskunden			
☐ Laufkunden/Gelegenheitskunden			
☐ Produktkäufer			
☐ Produktverwender			
☐ Zeitliche Staffelung der Zielgruppenbewerbung (Meinungsführer, Frühkäufer, Spätkäufer)			
☐ Differenzierung nach Handelsstufen/Endverbrauchern			

15 Checkliste
Strategie Timing

	entfällt	verfolgen	Anmerkungen/Daten/Hinweise

☐ Konzentration der Werbung auf einen/zwei kurze Zeiträume (Pulsationsstrategie)

☐ kontinuierliche Verteilung der Werbung auf den Planungszeitraum

☐ gemischte Vorgehensweise

☐ Verteilung der Werbung anhand der Phasen des Produktlebenszyklus (schwerpunktmäßige Verteilung in der Wachstums- und Reifephase)

☐ Verteilung der Werbung entsprechend der allgemeinen Konjunkturlage

⇨ prozyklische Werbung

⇨ antizyklische Werbung

Checkliste **16**

Strategie Kooperation

	entfällt	*verfolgen*	*Anmerkungen/Daten/Hinweise*
☐ Einzelproduktwerbung			
☐ Verbundwerbung von Angeboten eines Unternehmens (z.B. alle Wagen von *BMW*)			
☐ Themenverbundwerbung von Angeboten eines Unternehmens (z.B. die Cabrios von *BMW*; die Schmerzmittel von *Bayer* etc.)			
☐ Gemeinschaftswerbung			
⇨ vertikal (vor- und nachgelagerte Produktionsstufen)			
⇨ horizontal (Anbieter ähnlicher Produkte)			
☐ Bedarfsbündel-Werbung (Anbieter verschiedener Produkte für einen komplexen Bedarf, z.B. Freizeitbedarf)			
☐ Anlaß-Gemeinschaftswerbung (z.B. „Muttertag", „Weihnachten")			

17 Checkliste
Positionierung und Wirkungsmodelle

	entfällt	verfolgen	Anmerkungen/Daten/Hinweise
☐ Werbemotto/kommunikatives Dach/Positionierung			
☐ Werbewirkungsmodelle/Kombination von Werbewirkungsmodellen			
⇨ *Involvementmodell:* Werden High- oder Low-involvement-Produkte beworben? Sind die Kunden am Produkt emotional/geistig interessiert, oder geht es um Standardgüter des täglichen Bedarfs?			
⇨ *Aufmerksamkeitsmodell* (Reklamemodell): Wollen wir Aufmerksamkeit um jeden Preis erzielen?			
⇨ *Impactmodell:* Konzentration auf Gedächtnisleistungen wie Wiedererkennen und Erinnerung, wenn es darum geht, daß möglichst viele Konsumenten das Produkt kennen			
⇨ *Imagemodell:* Aufbau einer gefühlsmäßigen (positiven) Einstellung gegenüber der Marke, dem Produkt etc. durch Aufbau eines abgrenzbaren Produktnutzens (Positionierung)			
⇨ *Motivationsmodell:* Anwendung der Erkenntnisse der emotionalen Werbewirkungsforschung. Sollen z.B. Schlüsselreize (Kindchenschema, Sex/Erotik) der stark emotional besetzten Elemente die Konsummotivation steigern?			
⇨ *Diffusionsmodell:* Anwenden der Erkenntnisse der Diffusions- und Lebenszyklusforschung. Zu einem bestimmten Lebenszyklus-Zeitpunkt ergreifen			

Positionierung und Wirkungsmodelle

Checkliste 17

	entfällt	verfolgen	Anmerkungen/Daten/Hinweise

psychosozial eingegrenzte Gruppen das Produkt (Neophile, Innovatoren, frühe und späte Mehrheiten, Traditionalisten).

⇨ *Milieumodell:*
Menschen leben in bestimmten Milieus und verhalten sich in ihnen konsistent.

⇨ *Biologische Modelle:*
Der Mensch nutzt seine drei Hirnteile unterschiedlich (Stammhirn, limbisches System, Neocortex).

⇨ _____
   _____

⇨ _____
   _____

III. Werbestrategie und -planung

18 Checkliste
Argumentationsvorgaben

	entfällt	verfolgen	Anmerkungen/Daten/Hinweise
☐ Preis			
☐ Wissenschaftlichkeit			
☐ Monoprodukt			
☐ Sortiment			
☐ Neuartigkeit			
☐ Wirtschaftlichkeit			
☐ Tradition			
☐ Zukunft			
☐ Herstellerkompetenz			
☐ Komfort			
☐ Vertriebsweg			
☐ Referenzen/Empfehlungen/Testimonials			
☐ Gutachten/Tests			
☐ Produktvorteile			
☐ Bezugsquellen			
☐ Warenproben			
☐ Hinweis auf andere Verkaufsförderungsmaßnahmen (Preisausschreiben, Preisrätsel, Preisfragen)			

Werbestil

Checkliste 19

	entfällt	verfolgen	Anmerkungen/Daten/Hinweise
☐ plakativ			
☐ persönlich			
☐ unterhaltsam			
☐ kreativ			
☐ innovativ			
☐ modern			
☐ dramatisch			
☐ aggressiv			
☐ defensiv			
☐ emotional			
☐ sachlich			
☐ atmosphärisch			
☐ demonstrativ			
☐ informativ			
☐ sicherheitsbetont			
☐ suggestiv			
☐ beeinflussend			
☐ befehlend			
☐ fragend			
☐ seriös			
☐ witzig			
☐ Du-/Sie-Anrede			
☐ Mundartverwendung			
☐ einfach			

III. Werbestrategie und -planung

20 Checkliste
Werbe-Briefing

	entfällt	verfolgen	Anmerkungen/Daten/Hinweise

Zum Unternehmen

1. Das Unternehmen
   - ☐ Unternehmensbezeichnung/Adresse/Telefon/Fax
   - ☐ zuständig für Marketing
   - ☐ zuständig für Werbung
   - ☐ Filialen/Tochterunternehmen
2. Unternehmensgeschichte und -entwicklung
3. Produkt- und Dienstleistungsbereiche des Unternehmens
   - ☐ Seit wann? (Detaillierte Angaben pro Bereich)
   - ☐ Für welche Bereiche wird Marketing, Kommunikations- oder Werbeberatung/-umsetzung gewünscht?
4. Definition des Unternehmenszieles
5. Definition der Marketing-Ziele
6. Definition der Unternehmensstrategie
7. Corporate Identity/Unternehmensphilosophie
8. Corporate Behaviour
   - ☐ äußeres Auftreten
   - ☐ Haltung gegenüber den Mitarbeitern
9. Corporate Design (Erscheinungsbild des Unternehmens)
   - ☐ Unternehmenszeichen
   - ☐ Logo
   - ☐ Warenzeichen
   - ☐ Markenzeichen

Checkliste **20**

Werbe-Briefing

	entfällt	verfolgen	Anmerkungen/Daten/Hinweise

- ☐ Hausfarben/Produktfarben
- ☐ Hausschrift
- 10. Corporate Communication
- ☐ Kommunikationsstil nach außen
- ☐ Kommunikationsstil nach innen

Zum Produkt

1. Produktgeschichte
2. Produkt-/Markenname
3. Optisches Erscheinungsbild
  - ☐ Markenfarbe
  - ☐ Verpackungsdesign
  - ☐ Produktdesign
  - ☐ Handelsformen
4. Sonstiges Erscheinungsbild
  - ☐ Geschmack
  - ☐ Farbe
  - ☐ Geruch
5. Produktnutzen/Produktwirkung
  - ☐ Einzigartige Vorteile (USP)
  - ☐ Zusatznutzen (USP)
  - ☐ Nachteile/Vorbehalte
6. Veröffentlichungen/Publikationen über das Produkt
7. Definition der Produktziele
  - ☐ Abgrenzung zu Substitutionsprodukten
  - ☐ Abgrenzung zu Wettbewerbsprodukten

III. Werbestrategie und -planung

20 Checkliste
Werbe-Briefing

	entfällt	verfolgen	Anmerkungen/Daten/Hinweise

Zum Markt

1. Aufteilung in Gesamtmarkt und Teilmärkte

2. Abgrenzung des relevanten Marktes

- ☐ räumlich (Ort bzw. Gebiet des Marktes, z.B. Ländermarkt)
- ☐ zeitlich (Saisonabgrenzung, Tagstunden/Nachtstunden)
- ☐ personell (Personenkreis der Marktteilnehmer)
- ☐ nach Marktstufen (Großhändler, Einzelhändler, Konsumenten, Weiterverarbeiter)
- ☐ sachlich (z.B.: Der relevante Markt umfaßt alle Produkte, die vom Konsumenten als subjektiv austauschbar angesehen werden.)

3. Daten/Fakten des relevanten Marktes

- ☐ Marktpotential (maximal erreichbares Marktvolumen)
- ☐ Marktvolumen (die auf dem relevanten Markt insgesamt, das heißt von allen Anbietern verkaufte Leistung, bestimmt nach Wert)
- ☐ Absatzvolumen (die vom Unternehmen auf dem relevanten Markt verkaufte Leistung, bestimmt nach Menge): Ist – Soll
- ☐ eigener absoluter Marktanteil innerhalb des relevanten Marktes: Ist – Soll
- ☐ eigener relativer Marktanteil (der eigene Marktanteil im Verhältnis zu

Werbe-Briefing

Checkliste 20

	entfällt	verfolgen	Anmerkungen/Daten/Hinweise

den drei größten Mitbewerbern): Ist – Soll

- ☐ Markttrends (technische Entwicklungen, rechtliche Entwicklungen)

4. Aktuelle Konkurrenten

- ☐ Marktphilosophie
- ☐ Image
- ☐ Marktanteile
- ☐ Stärken und Schwächen Marketing-Mix allg.
- ☐ Werbestrategie (Dokumentation)
- ☐ aktuelle Aktivitäten

5. Potentielle Konkurrenten

6. Verbraucher/Anwender

- ☐ Bekanntheitsgrad der eigenen Produkte
- ☐ Verbraucherverhalten (Besonderheiten?)
- ☐ Verbraucherbedürfnisse
- ☐ Verwenderanalyse
- ☐ Verbrauchertrends

Zur Distribution

1. Absatzwege-Entscheidungen

- ☐ Direktvertrieb
- ☐ indirekter Vertrieb (Einbeziehung von Handelsbetrieben)
- ☐ relativer Direktabsatz (zwischen Hersteller und Konsument sitzt nur der Einzelhandel)

III. Werbestrategie und -planung

20 Checkliste
Werbe-Briefing

	entfällt	verfolgen	Anmerkungen/Daten/Hinweise

- ☐ eingleisiger Vertrieb
- ☐ mehrgleisiger Vertrieb

2. Vertriebsdurchführungsentscheidung

- ☐ Gliederung des Vertriebes nach Kundengruppen
- ☐ Organisation nach dem Produkt/der Produktgruppe
- ☐ Organisation nach Absatzregionen
- ☐ ein- oder ausgegliederter Vertrieb

Zum Preis

1. Einflußgrößen der Preisentscheidung

- ☐ rechtlicher Rahmen
- ☐ Sortiment
- ☐ Kosten
- ☐ Konkurrenz
- ☐ Konsumenten

2. Preisniveau

3. Grad der Preisfestlegung

- ☐ Rahmenpreise
- ☐ Tagespreise
- ☐ Festpreise
- ☐ _____

4. Preisdifferenzierung (verschiedene Preise für das gleiche Produkt)

- ☐ persönlich (Differenzierung nach Abnehmern)
- ☐ sachlich (Differenzierung der Leistung/Zusatzleistung)

Checkliste **20**

Werbe-Briefing

entfällt   verfolgen   Anmerkungen/Daten/Hinweise

- ☐ zeitlich (z.B. saisonale Differenzierung)
- ☐ quantitativ (z.B. Mengenrabatte)
- 5. Preispolitischer Ausgleich/Mischkalkulation
- ☐ Ausgleichsnehmer (das Produkt wird durch andere Produkte „subventioniert")
- ☐ Ausgleichsträger (das Produkt muß andere Produkte „subventionieren")

Zur Werbung

- ☐ Aspekte der Werbestrategie und -konzeption (Zusammenfassung der div. vorherigen Checklisten)
  1. _____
  2. _____
  3. _____
  4. _____

III. Werbestrategie und -planung

77

21 Checkliste
Informationsquellen

Informationen über: \ Informationen aus/von:	Bezugsquellenverzeichnis	Firmen-/Branchenhandbücher	Verbandsmitgliederverzeichnis	AE-Statistik	Produktionsstatistik	Investitionsstatistik	Außenhandelsstatistik	sonst. amtl. Statistik	Verbandsmitteilungen	eig. Reisende/Vertreter	eig. Kundendienstpersonal	eig. Außenmontagepersonal	gute Kunden	Geschäftsberichte	Tages-/Fach-/Wirtschaftszeitung	Prospekte	Messebesuche/-kataloge	Handelsregister	Auskunfteien	Internet/Online-Anbieter
ERZEUGNISSE																				
Verwender/Abnehmer		X	X						X	X							X			X
Hersteller	X	X	X						X	X						X	X	X		X
Auftragseingang				X					X					X						X
Produktion		X			X				X					X						X
Export							X		X					X						X
Import							X		X									X		X
Preise								X		X				X	X	X	X			X
techn. Daten										X	X		X		X	X				X
Qualität										X	X		X			X				X
Kundendienst										X	X		X			X				X
Werbung										X	X		X		X	X	X			X
Absatzmethoden										X			X			X				X
VERWENDER																				
Firmenangaben (allgem.)		X	X											X	X	X	X	X	X	X
Branchenzugehörigkeit		X	X						X	X	X	X	X				X	X	X	X
Verkaufsprogramm		X							X	X	X	X			X	X				X
Auftragslage				X	X				X				X	X						X
Umsatz/Export							X		X				X	X						X
Finanz-/Ertragslage								X		X			X	X						X
Kapitalstruktur								X					X							X
Investitionen						X	X	X	X	X			X						X	X

Informationsquellen

Checkliste 21

Informationen über: \ Informationen aus/von:	Bezugsquellenverzeichnis	Firmen-/Branchenhandbücher	Verbandsmitgliederverzeichnis	AE-Statistik	Produktionsstatistik	Investitionsstatistik	Außenhandelsstatistik	sonst. amtl. Statistik	Verbandsmitteilungen	eig. Reisende/Vertreter	eig. Kundendienstpersonal	eig. Außenmontagepersonal	gute Kunden	Geschäftsberichte	Tages-/Fach-/Wirtschaftszeitung	Prospekte	Messebesuche/-kataloge	Handelsregister	Auskunfteien	Internet/Online-Anbieter
Verflechtungen													X	X	X					X
Bedarfsindikatoren							X			X	X			X	X					X
KONKURRENZ/BRANCHE																				
Firmenangaben (allgem.)	X	X	X							X	X	X		X	X	X	X	X	X	X
Auftragserteilung										X				X						
Produktion		X			X				X					X						
Lagerbestände								X						X						
Umsatz/Export							X	X	X	X				X						X
Import							X	X						X						X
Preispolitik								X		X							X			
Konditionen										X			X			X	X			X
Programmbreite/-tiefe		X							X	X	X	X	X			X	X			X
Verkaufsargumente										X	X	X								X
Vertriebswege										X										
Marktstellung										X	X	X		X	X					
Verbandszugehörigkeit		X	X						X											X
ALLGEM. WIRTSCHAFTSLAGE				X	X	X	X	X	X						X	X				X

Hinweis:
Diese Informationsmatrix ist beispielhaft!
Sie muß von Ihnen für Ihr Unternehmen einmal neu erstellt und laufend ergänzt werden.

III. Werbestrategie und -planung

22 Checkliste
Strategie- und Konzeptbeurteilung

	entfällt	verfolgen	Anmerkungen/Daten/Hinweise

1. Präsentationstechnik

☐ Baut die Empfehlung logisch auf dem Briefing auf?

☐ Werden die empfohlenen Maßnahmen vornehmlich (!) rational begründet?

☐ Ist die allgemeine Marktsituation realistisch in die Empfehlung einbezogen?

2. Strategieempfehlung

☐ Sind Kommunikations- und Marketing-Strategie aufeinander abgestimmt und gut begründet?

⇨ zeitlich

⇨ inhaltlich

⇨ budgetmäßig (Kosten/Nutzen)

⇨ zielsetzungsmäßig

⇨ medial (Information/Medien)

☐ Sind diese Begründungen durch theoretische, wissenschaftliche und/oder praktische Erfahrungen belegbar?

☐ Berücksichtigt die Strategieempfehlung mehr als eine Kommunikationsschiene? Wenn nicht – ist diese Vorgehensweise logisch begründet?

☐ Sind in die Strategieempfehlung alle Zielgruppen eingebettet? Werden auch die internen Zielgruppen, z.B. der Außendienst, berücksichtigt? Wenn nicht, warum nicht?

☐ Sind bei der Medienauswahl die Komponenten der Checkliste Mediaplanung untersucht worden?

Checkliste 22

Strategie- und Konzeptbeurteilung

| | entfällt | verfolgen | Anmerkungen/Daten/Hinweise |

☐ Sind alle (!) Marketing- und Briefing-Vorgaben berücksichtigt, und wenn nicht, ist dies begründet?

3. Operative Empfehlungen

☐ Sind alle Briefing-Vorgaben berücksichtigt, und wenn nicht, ist dies begründet?

☐ Läßt sich das Konzept inhaltlich und optisch in die sonstigen Kommunikationsmaßnahmen eingliedern?

☐ Ist die textliche und graphische Umsetzung mediengerecht vorgenommen? (Siehe auch Checklisten zu Text und Gestaltung)

☐ Sind Text- und Gestaltungsregeln durchbrochen, wurde dies begründet?

☐ Sind die Empfehlungen schon getestet worden, oder ist ein Pre-Check sinnvoll? Wenn dies sinnvoll ist, suchen Sie eine geeignete Methode. (Siehe auch Checkliste Werbeerfolgskontrolle sowie Checkliste Werbekonzepttests)

☐ Sind die psychologischen Grundsätze berücksichtigt?

☐ Sind die rechtlichen Bestimmungen berücksichtigt? (Siehe Checkliste Werberecht)

4. Budgetierung

☐ Ist gesichert, daß Strategie und Umsetzung auch im Rahmen des geplanten Budgets realisierbar sind?

☐ Liegt hierzu eine Kostenrahmenrechnung bzw. die verbindliche Zusicherung der Verantwortlichen vor?

22 Checkliste
Strategie- und Konzeptbeurteilung

	entfällt	verfolgen	Anmerkungen/Daten/Hinweise
▽ Lassen Sie sich bitte nicht durch „bunte Bilder" und ausgefeilte Formulierungen zur Entscheidung führen. Erwarten Sie auch nicht das „ganz andere, nie Dagewesene", sondern machen Sie sich die Mühe, wirklich detailliert zu prüfen, ob alle Vorgaben, Regeln, spezifischen Eigenarten berücksichtigt und kreativ in eine wirkungsvolle Strategie und in ein originelles Konzept umgesetzt worden sind.			
▽ Die hier an dieser Stelle zu fällenden Entscheidungen beeinflussen den gesamten weiteren Ablauf und damit Ihr Erscheinen im Markt ganz wesentlich. Tragen Sie Sorge dafür, daß nach einer getroffenen Strategieentscheidung die Umsetzung unverwässert und konsequent (!) erfolgt.			

IV. Werbepsychologie/-moral/-recht

1. Werbepsychologie

In diesem Kapitel sind drei Bereiche zusammengefaßt, die man normalerweise nicht mit Checklisten abfragt. Trotzdem wollen wir hier einen Versuch machen, die wichtigsten Einzelelemente dieser Fragestellungen checklistenartig aufzurastern, um wichtige Details im Arbeitspapier deponiert zu haben. Die drei Bereiche stehen deswegen einer Planung etwas isoliert gegenüber, weil sie sich permanent verändern (können).

Zum ersten Abschnitt dieses Kapitels sei hier eine kurze Definition genannt:

Die Werbepsychologie, ein Teilgebiet der allgemeinen Psychologie, befaßt sich vor allem mit der Wahrnehmungs-, der Lern-, der Motivations- und der Sozialpsychologie. Untersuchungsobjekt der Werbepsychologie sind Gefühle, Einstellungen, Motive, Vorurteile und Verhaltensgewohnheiten sowie deren bewußte und unbewußte Assoziationen, die die Willensbildung der Umworbenen beeinflussen.

Das Interesse der Werbepraxis an der Werbepsychologie liegt darin, die kreative Leistung der mit der Entwicklung und Durchführung von Werbemaßnahmen beauftragten Fachkräfte durch besseres Erkennen der seelischen Beweggründe der Umworbenen zu bereichern und dadurch mittelbar den Werbeerfolg zu verbessern.

Besonders in der letzten Zeit sind die empirischen Versuche im Bereich der Lernbiologie, der Gedächtnisforschung sowie der Aktivierungsforschung zu neuen Erkenntnissen und Ansätzen gekommen, die uns in der Werbung vor einigen Jahren noch gänzlich unbekannt waren. Dies gilt es aufmerksam zu beobachten und dann zu sichern, wenn konkretes und unverrückbares Wissen daraus entstanden ist.

2. Werbemoral

Der zweite Abschnitt wird sich mit dem Bereich der Werbemoral beschäftigen. Was ist Moral?

Moral ist ein System von auf Tradition, Gesellschaftsform, Religion beruhenden sittlichen Grundsätzen und Normen, das zu einem bestimmten Zeitpunkt das zwischenmenschliche Verhalten reguliert.

Schon diese Erklärung zeigt, daß Werbemoral nicht festgeschrieben, verallgemeinert werden kann, denn Moral ist abhängig von der Zeit, vom Zeitgeist und der Übereinkunft der Generationen. Die Tatsache, daß es vor 20 Jahren undenkbar war, z.B. über Verhütungsmittel, die Anti-Baby-Pille oder Homosexualität offen zu sprechen, geschweige denn dafür zu werben, zeigt uns das bereits sehr deutlich.

Um Aufmerksamkeit zu erregen, bricht die Werbung heute die letzten Tabus der Gesellschaft. Alles wird in werbliche Strategien zur Profitmaximierung einbezogen: Religiöse Motive, Flüchtlingselend, Sexualität oder selbst Kriegsereignisse spannen die Unternehmen vor ihre kommerziellen Interessen. Können wir hier noch von Moral sprechen? Oder wird der Bogen von einigen nicht zu weit gespannt?

3. Werberecht

Die Bundesrepublik Deutschland verfügt im europäischen und sogar im weltweiten Vergleich über das ausgefeilteste staatliche Werbekontrollsystem. Zu den zahlreichen gesetzlichen Bestimmungen ist durch den Deutschen Werberat (seit 1972) noch die freiwillige Werbeselbstkontrolle hinzugekommen.

Der Deutsche Werberat DWR hat eine Reihe von Verhaltensregeln verabschiedet, die eine Art Leitplanke für die Werbenden sind, um Fehlentwicklungen zu verhindern und verbrauchergerechte Werbung zu fördern. Daneben existieren noch eine Reihe von freiwilligen Wettbewerbsregeln einiger Branchen, u.a. vom Verband der Automobil-, der Heilmittel- und der Zigarettenindustrie.

Neben diesen rechtlichen Rahmenbedingungen der deutschen Werbewirtschaft existieren noch die „Internationalen Verhaltensregeln für die Werbepraxis", verabschiedet von der Internationalen Handelskammer (ICC) in Paris, und die Richtlinien der EG-Kommission.

Aufgrund dieser Vielfalt von Gesetzen, Verordnungen, Verhaltensregeln etc. werden hier im letzten Teil des Kapitels nur die relevantesten Gesetze und Verordnungen angesprochen. Bereits an dieser Stelle möchten wir darauf hinweisen, daß es heute kaum noch möglich ist, ohne eine juristische Vorprüfung auszukommen.

Checkliste **23**

Aspekte der Werbepsychologie

	entfällt	verfolgen	Anmerkungen/Daten/Hinweise

1. Gestaltungsgesetze

- ☐ Gesetz von Figur und Grund:
  Figur und Grund sind bei der Gestaltung eindeutig voneinander zu trennen.

- ☐ Gesetz der Nähe:
  Bei der Zusammenfassung der Teile eines Reizganzen werden zunächst die Teile mit dem kleinsten Abstand erfaßt.

- ☐ Gesetz der Geschlossenheit:
  Linien, die eine Fläche umschließen, werden als eine Einheit aufgefaßt.

- ☐ Gesetz der Gleichheit (Ähnlichkeit):
  Verschiedenartige Elemente werden, wenn möglich, in gleichartige zusammengefaßt und somit gesamtheitlich erfaßt.

- ☐ Gesetz der guten Kurve oder des gemeinsamen Schicksals:
  Figuren mit einer guten Kurve oder einem gemeinsamen Schicksal bilden leichter eine Lerneinheit.

2. Beeinflußbarkeit

- ☐ Kinder und Jugendliche sind leichter zu beeinflussen als Ältere.
- ▽ Recht und Moral beachten
- ☐ Weibliche Personen sind tendenziell leichter beeinflußbar als männliche.
- ▽ Feminismus beachten
- ☐ Menschen mit geringerer Selbsteinschätzung bzw. mit geringer Urteilssicherheit sind leichter zu beeinflussen.
- ☐ Appelle mit erotischen, prestigegeladenen, autoritären, rationalen und

IV. Werbepsychologie/-moral/-recht

23 *Checkliste*
Aspekte der Werbepsychologie

	entfällt	verfolgen	Anmerkungen/Daten/Hinweise

sozialen Bezügen führen besser zum Ziel als die Verwendung von Angstappellen.

3. Aktivierung

☐ Neutrale Informationen aktivieren wesentlich weniger als negative oder positive.

☐ Neutrale Informationen werden am schnellsten vergessen, negative Informationen etwas weniger schnell und positive Informationen am langsamsten.

☐ Zur positiven Aktivierung müssen glaubwürdige und leicht verständliche Informationen übermittelt werden.

☐ Die Höhe der Aktivierung stimuliert auch die Informationsbearbeitung. Welche Aktivierungsfaktoren sind eingebaut?

☐ _____

☐ _____

☐ In der Werbung besteht praktisch keine Gefahr, zuviel zu aktivieren. Auch sehr starke Aktivierungsschübe bringen noch starke Wirkungssteigerungen.

☐ Längere Botschaften werden in der Werbung nur dann verarbeitet, wenn eine erhöhte Aktivierung auch entsprechend lange anhält.

▽ In bezug auf die letzte Aussage ist es wichtig zu beachten, daß sehr starke Aktivierung und stark aktivierende Reize vor allen Dingen dem Werbeziel dienen müssen und nicht andere

Aspekte der Werbepsychologie

Checkliste 23

	entfällt	verfolgen	Anmerkungen/Daten/Hinweise
Informationen (z.B. Sex) als Lerninformationen aufgenommen werden sollen.			
☐ Ohne Emotionen löst Werbung kaum aktivierende Prozesse aus.			
☐ Es ist zu unterscheiden, ob es sich um Produkte mit hohem Kaufrisiko handelt, welche besser durch persönliche Kontakte abzuwickeln sind, oder um Produkte mit niedrigem Kaufrisiko, die sich für die Massenkommunikation eignen.			

24 Checkliste
Psychologische Bedingungen wirksamer Werbung

	entfällt	verfolgen	Anmerkungen/Daten/Hinweise

1. Marktsegmentierung

- ☐ Ist die Marktsegementierung zielgruppenspezifisch?
- ☐ Wird die Zielgruppe optisch/textlich spezifisch angesprochen, oder könnte die Botschaft auch jede andere Zielgruppe meinen?
- ☐ Können wir davon ausgehen, daß Schlüsselreize unserer Werbung diskussionsanregend auf die angesprochene Zielgruppe wirken?

2. Gestaltung

- ☐ Besitzt die Botschaft einen die Zielgruppe ansprechenden Stil? (Argumentation, Wortwahl, Layout)
- ☐ Entspricht der Stil (Anmutung, Tonality) dem gewünschten Produktimage (Positionierung) und dem Unternehmensimage?
- ☐ Unterscheidet sich der Stil der Botschaft klar von der Konkurrenz, ist er eigenständig?
- ☐ Wurden typographische Aspekte als Gestaltungsmerkmale berücksichtigt (wie Schriftart, Punktgröße, Ausrichtung, Ausschuß, Durchschuß etc.)?
- ☐ Welches sind die genauen erlebbaren/erkennbaren Unterschiede?
- ☐ _____
- ☐ _____
- ☐ Entspricht die Gestaltung dem Umfeld (dem Anspruchsniveau der Betrachter/Mediennutzer)?

Checkliste **24**

Psychologische Bedingungen wirksamer Werbung

	entfällt	verfolgen	Anmerkungen/Daten/Hinweise
☐ Verstehen die Zielpersonen alle Wörter und Bilder spontan richtig? (Richtige Codierung/Sprache)			
☐ Ist die Botschaft lese- und lernfreundlich formuliert und gestaltet (das Wesentliche zuerst erfaßbar, logischer Aufbau, knapp und prägnant)?			
☐ Enthält die Botschaft eine ohne eingehende Betrachtung wahrnehmbare (konditionierungsfreundliche) Kurzbotschaft?			
☐ Ermöglicht die Gestaltung der Botschaft ein längeres Verweilen bei der Botschaft?			
☐ Wird die Produkt- und Markenidentifikation gewährleistet?			
3. Botschaft			
☐ Zielgruppennähe			
⇨ Ist die Botschaft für die Zielgruppe beachtenswert (Wahrnehmungsschranke)?			
⇨ Ist die Botschaft aktuell, so daß sie Auslöser einer weiterführenden Diskussion ist?			
⇨ Ist unsere Botschaft inhaltlich/optisch so angelegt, daß man darüber spricht?			
☐ Persönliche Bedeutsamkeit der Botschaft			
⇨ Berücksichtigt die Botschaft Motive, Einstellungen und Erwartungen der Zielgruppe im allgemeinen und in bezug auf das Produkt?			
⇨ „Berührt" die Botschaft die Zielgruppe auch innerlich? (Denn nur			

IV. Werbepsychologie/-moral/-recht

24 Checkliste
Psychologische Bedingungen wirksamer Werbung

	entfällt	verfolgen	Anmerkungen/Daten/Hinweise

das wirkt erlebnis- und verhaltenswirksam.)

⇨ Emotionalisiert die Botschaft die Zielgruppe, oder ist sie ungewöhnlich (zwingt zur Stellungnahme)?

⇨ Zeigt die Botschaft den Produktnutzen für die Zielgruppe auf, motiviert sie zur Benützung und zum Kauf?

⇨ Steuert die Botschaft das individuelle Produkterlebnis ins Positive?

☐ Glaubwürdigkeit

⇨ Ist die Botschaft für die Zielgruppe nachweislich glaubwürdig und ehrlich, wird der Nutzen offensichtlich oder bewiesen? Oder wirkt sie übertrieben, verzerrend?

⇨ Entspricht die Botschaft den Tatsachen?

☐ Prägnanz:
Ist die Botschaft prägnant, so daß in sehr kurzer Zeit die wesentlichsten Informationen/Botschaften erfaßt werden können?

☐ Kompetenz:
Wird die spezifische Kompetenz des Unternehmens ausgelobt?

☐ Einheitlichkeit:
Ist sichergestellt, daß alle Werbemittel ein einheitliches Auftreten haben, das das gewünschte Image unterstützt?

☐ Stilkonstanz:
Haben wir den Stil der Werbung (nicht der Inhalte) zu schnell gewechselt, bzw. ist gewährleistet, daß der Stil über eine lange Zeit konstant gehalten werden kann?

Checkliste **24**

Psychologische Bedingungen wirksamer Werbung

	entfällt	*verfolgen*	*Anmerkungen/Daten/Hinweise*
(Wie geht es in einem Jahr mit der Werbung weiter?)			
4. Strategie			
☐ Entspricht das Kommunikationsmittel der Kommunikationsstrategie? (Zielgruppe, Positionierung, Kommunikationsziele, Tonalität etc.)			
☐ Entspricht das Kommunikationsmittel dem Ausmaß des zu erwartenden Involvements der Zielgruppe für die Produktkategorie?			

25 Checkliste
Farbassoziationen

	entfällt	verfolgen	Anmerkungen/Daten/Hinweise

☐ **Rot**
die aktivste und attraktivste Signalfarbe, fällt sofort ins Auge und will auch gesehen werden, entspricht psychologisch dem Willensmenschen, dem leicht erregbaren Choleriker, steht symbolisch für kraftvolle Männlichkeit, Eroberung, Macht und Herrschaftsanspruch

aktiv, heiß, Kraft, erregend, laut, fest, starke Wirkung, nah, warm, süß, Stop!, Blut, Feuer, Gefahr, erotisch, Reiz, Liebe

☐ **Purpur**
erhaben, mächtig, würdig, pompös, König, Richter, Amt, Anspruch, Feierlichkeit, Wert

☐ **Rosa**
zart, scheu, mädchenhaft, süß, süßlich, duftend, leise, fein, mild, Jungmädchen, Unterwäsche, Frühlingsblume, Ballett, Kosmetik

☐ **Orange**
herzhaft, leuchtend, satt, reif, lebendig, warm, nah, glimmend, trocken, herbstlich, gesellig, jugendlich, Herzlichkeit

☐ **Gelb**
die Farbe, die das auf die Oberfläche treffende Licht am stärksten reflektiert. Gelb scheint nicht zu haften, sondern über die Oberfläche zu gleiten und sich nach allen Seiten hin strahlend auszubreiten. Gelb repräsentiert das psychologische Grundbedürfnis, sich zu entfalten, und wird von Menschen bevorzugt, die veränderte, befreiende Verhältnisse

Checkliste **25**

Farbassoziationen

	entfällt	verfolgen	Anmerkungen/Daten/Hinweise

suchen, um ihre Spannung in der erhofften Weise zu lösen.

☐ **Reingelb**
hell, klar, bewegt, frei, sauer, sehr leicht, glatt, lichthaft, lustig, stark, Neid, Neugier, Nervosität, Virtuosität, Vorsicht

☐ **Goldgelb**
strahlend, sonnig, anregend, wärmend, leicht, glattseidig, lichthaft, heiter, gute Laune, Weite, Offenheit, gehaltvoll, Aufmerksamkeitserregung

☐ **Grün**
Die psychologische Wirkung von Grün ist Beharrung, Willenskraft und schlummernde Macht, aber auch Ruhe und Harmonie.

ergeben, naturhaft, beruhigend, erfrischend, knospend, kühlend, grasigsauer, saftig, feucht, gedämpft, giftig, Rasen, Wasser, Saatgut, Urlaub, Erholung, weich, Drohung, Schuld, Wald

☐ **Gelbgrün**
anregend, heiter, fast aufdringlich, warm, natürlich, hell, unbeschwert, harmlos

☐ **Grünblau**
wäßrig, klar, dunkel, kalt, glatt, eisig, unpersönlich, eigenwillig, durchsichtig, hygienisch, reserviert

☐ **Blau**
ist eine tiefgründige und feminine Farbe, die eine ruhige, entspannte Atmosphäre schafft. Sie wird von Erwachsenen bervorzugt und drückt eine gewisse Reife aus, die jedoch an

IV. Werbepsychologie/-moral/-recht

25 Checkliste
Farbassoziationen

	entfällt	verfolgen	Anmerkungen/Daten/Hinweise

Kindheitserinnerungen hängt. Die physiologische Wirkung von Blau ist Ruhe. Die psychologische wird am besten mit Zufriedenheit umschrieben.

☐ **Reinblau**
passiv, zurückgezogen, kaltes Licht, kalt, naß, fern, leise, Himmel, Sehnsucht, Ferne, Traum, Glücksvertrauen, sauber, nachdenklich

☐ **Ultramarin**
fest, tief, dunkel, herb, ernst, tönend, Tiefe, Vernunft, Gedanke, sachlich, konstruiert, Bedrückung

☐ **Violett**
ist die geheimnisvollste, rätselhafteste aller Farben. Sie ist gleichbedeutend mit meditativem, mystischem Denken, das eifersüchtig sein Geheimnis wahrt. Violett ist traurig, melancholisch und würdevoll.

düster, tief, zwielichtig, narkotischer Duft, samtig, faulig-süß, Magie, Maske, Sorge, mythisch, geheim, Einsamkeit, Trauer, mächtig, intim

☐ **Hell-lila**
schwächlich, zart, schimmernd, süßlicher Duft, Lavendel, dekadent, kosmetisch, intime Zärtlichkeit, Einsamkeit, Verzweiflung

☐ **Grau**
ist weder farbig noch hell noch dunkel. Es ist vollkommen erregungslos und frei von jeder psychischen Tendenz. Grau hat etwas mit Altwerden, Verblassen und Absterben zu tun. Eine Farbe also, die, bewußt eingesetzt, nützlich im Sinne von Tarnung

Checkliste **25**

Farbassoziationen

	entfällt	verfolgen	Anmerkungen/Daten/Hinweise

sein kann, überwiegend aber negative Aspekte besitzt.

neutral, Theorie, Stellvertretung, Sorge, Hunger, Schwäche, Esel, Nebel, Schatten, Dämmerung, Alter, Gespenst, Ermüdung

☐ Braun
ist eine in Mode, Werbung und Produktgestaltung gern und häufig verwendete Farbe. Sie suggeriert vollen Geschmack, kraftvolle Ausgereiftheit, Volumen und solide Herkunft. Damit verkörpert Braun einen „großen Nutzen", der dem Anspruch einer auf den Körper bezogenen Zufriedenheit entgegenkommt.

solide, leicht hausbacken und langweilig, Arbeit, Hausfrau, Nahrung, Kot, Braten, erdig, stabil, fest, undurchsichtig, trocken, bröselig, schokoladig, zuchtvoll, streng, ungeistig, mütterlich, bürgerlich

☐ Schwarz
Neben Schwarz kommen jegliche andere Farben stärker zum Tragen. Schwarz „erhöht", es läßt die bunten Farben neben sich leuchten. Gerade durch den Negativeffekt – sich deutlich vom farbigen Umfeld abzuheben – wirkt Schwarz auch auffallend und interessant, bis hin zur bewußten Provokation, die erschreckt.

zwingend, tief, Tod, Beerdigung, Nacht, Loch, Formzwang, Konflikt, Protest, Besonderheit, schwarzer Peter, Raben, Angst, Pfarrer, Richter

edel, anders sein, Ansehen, Würde, Reife, Distanziertheit

IV. Werbepsychologie/-moral/-recht

25 Checkliste
Farbassoziationen

	entfällt	verfolgen	Anmerkungen/Daten/Hinweise
☐ Rot/grau Vitalität			
☐ Rot/gelb Herausstellung			
☐ Rot/blau kontrollierte Kraft			
☐ Gelb/blau Internationalität			
☐ Schwarz/weiß Nüchternheit, Sachlichkeit			
☐ Blau/weiß Sauberkeit			
☐ Grün/weiß Natürlichkeit, Frische			
☐ Orange/grün Nährwert			
☐ Purpur/gold Anspruch			
☐ Blau/gold Vornehmheit			
☐ Silber/gold Rerserviertheit			
☐ Violett/rosa Gepflegtheit			
☐ Grün/gelb Natürlichkeit			

Checkliste **26**

Farben und Zielgruppen

	entfällt	verfolgen	Anmerkungen/Daten/Hinweise

Welche Zielgruppe soll mit Hilfe von welchen Farben angesprochen werden? (Beliebtheitsskala):

- ☐ Kinder
  alle Grundfarben, kaum Mischtöne
- ☐ jüngere Menschen
  helle, lebhafte Farben
- ☐ Pubertät
  seltene, problematische Farben
- ☐ Erwachsene
  satte, glänzende Farben, Mischtöne
- ☐ ältere Menschen
  dunkle, abgeschwächte Farben
- ☐ höheres Einkommen
  Pastelltöne, Farbkompositionen, abgestufte Farbnuancen, zarte, gediegene Farben
- ☐ niedriges Einkommen
  glänzende, unkomplizierte Farben, knallige Töne
- ☐ Stadt
  kältere Farben, Pastelltöne
- ☐ Land
  satte Farben, Muster
- ☐ Kopfarbeit
  blau
- ☐ Handarbeit
  rot
- ☐ introvertierte Menschen
  schwere, dunkle Farben, Mischfarben
- ☐ extrovertierte Menschen
  stark glänzende Farben, Vollfarben
- ☐ _____
- ☐ _____

IV. Werbepsychologie/-moral/-recht

27 Checkliste
Farbschriften und Hintergrund

	entfällt	verfolgen	Anmerkungen/Daten/Hinweise

Welche Farbe ist auf welchem farbigen Grund am besten zu lesen (Rangreihe):

Farbe der Schrift: *Farbe der Fläche:*

1. Schwarz — Gelb
2. Gelb — Schwarz
3. Grün — Weiß
4. Rot — Weiß
5. Schwarz — Weiß
6. Weiß — Blau
7. Blau — Gelb
8. Blau — Weiß
9. Weiß — Schwarz
10. Grün — Gelb
11. Schwarz — Orange
12. Rot — Gelb
13. Orange — Schwarz
14. Gelb — Blau
15. Weiß — Grün
16. Schwarz — Rot
17. Blau — Orange
18. Gelb — Grün
19. Blau — Rot
20. Gelb — Rot

Checkliste 27

Farbschriften und Hintergrund

	entfällt	verfolgen	Anmerkungen/Daten/Hinweise
▽ Schwarz/Gelb und Gelb/Schwarz haben zwar den höchsten Aufmerksamkeits-, aber auch den höchsten Aggressionsgrad.			

28 Checkliste
Farben und Medien

	entfällt	verfolgen	Anmerkungen/Daten/Hinweise

1. Farben in der Dia-Werbung

Das Dia läßt sich mit einem Plakat vergleichen. Eine Besonderheit bei der Farbwahl ist, daß die Vorführung im dunklen Raum erfolgt. Wichtig sind dabei große Helligkeitsgegensätze, wobei die hellen Farben dominieren sollen. Die Abfolge und eventuelle Wiederholungsmöglichkeiten sind von zusätzlicher Bedeutung.

2. Farben im Werbefilm

Grundsätzlich sollen beim Werbefilm sowohl die gezeigte Handlung als auch die gewollten Appelle in Farben übersetzt werden.

3. Farben und Farbfernsehen

☐ Farbsendungen können sowohl farbig als auch schwarzweiß gesehen werden. Diese Besonderheit muß unter besonderen Bedingungen Beachtung finden.

☐ Die eigentliche Wirkung der Originalfarben büßt durch die Verkleinerung auf das Bildformat an Wirkung ein. Weiterhin kann durch den Farbtonregler auch eine gut durchdachte Farbwahl vom Zuschauer zerstört werden, ohne daß der Werbungtreibende einen Einfluß darauf haben könnte.

☐ Werbespots im Fernsehen sollten ohne Rücksicht auf Schwarzweiß-Empfänger generell in Farbe erfolgen.

4. Farben und Plakate

☐ Die Stärken eines gut gestalteten Plakats liegen in der Vereinigung emotionaler und rationaler Appelle,

Checkliste **28**

Farben und Medien

	entfällt	verfolgen	Anmerkungen/Daten/Hinweise

die die gewünschten psychischen Reaktionen auslösen. Neben dem Standort sind folgende Eigenschaften wichtig:

⇨ Prägnanz der Aussage und Farbe

⇨ aufmerksamkeitserregende Farben und Formen

⇨ inhaltsbezogene Symbolik der Farben und Formen

⇨ dramatischer Grundzug der Behandlung (humorig, karikaturistisch, überraschende Abstraktionseffekte)

☐ Bei der Farbwahl spielt die Aufmerksamkeitswirkung die größte Rolle. Die beiden vorspringenden Farben sind dabei viel Rot und Gelb.

☐ Die Lesbarkeit des Textes aus der Ferne ist besonders wichtig. Schwarz auf Gelb hat die beste Kontrastwirkung, jedoch sind alle dunklen Farben auf hellem Grund von guter Fernwirkung.

5. Farbige Anzeigen in Zeitungen und Zeitschriften

☐ Die einfachste Art, eine Anzeige herauszuheben, kann mit Hilfe einer Dekorfarbe erfolgen. Dabei muß die gewählte Farbe mit der Warengruppe übereinstimmen (z.B. Blau für technische und konstruktive Interessen).

☐ Vierfarbige Anzeigen haben den höchsten Aufmerksamkeitswert, jedoch betragen die Farbzuschläge bis zu 90 % gegenüber schwarzweißen Anzeigen. Die Frage nach der Effizienz dieser Investition läßt sich

IV. Werbepsychologie/-moral/-recht

28 Checkliste

Farben und Medien

	entfällt	verfolgen	Anmerkungen/Daten/Hinweise

nur von Fall zu Fall individuell entscheiden.

6. Materialien und Farben

☐ Die Erkenntnis, daß gleiche Farben sehr unterschiedlich an verschiedenen Materialien wahrgenommen werden, ist der Beweis, daß Farbempfindungen nicht vom Gegenstand zu trennen sind und ihre psychologische Wirkung von diesem beeinflußt wird.

☐ Somit muß darauf geachtet werden, daß auch das Produkt mit der ausgewählten Farbe harmoniert.

☐ Weiterhin muß bei der Farbwahl der aktuelle modische Trend berücksichtigt werden.

7. Verpackungen und Farbe

☐ Die Packung muß einen hohen Aufmerksamkeitswert besitzen.

☐ Der Verbraucher muß sie auch unter Konkurrenten eindeutig identifizieren können.

☐ Es muß eine eindeutige Assoziation zum Inhalt gegeben sein.

☐ Der Besitz des Produkts muß Befriedigung geben.

☐ Den Motiven der Impulskäufer muß ebenso Rechnung getragen werden wie auch der rationale Käufer angesprochen werden muß.

☐ Die Größe der Verpackung wird durch helle (= groß) oder dunkle (= schlank, klein) Farben beeinflußt.

Checkliste **28**

Farben und Medien

	entfällt	*verfolgen*	*Anmerkungen/Daten/Hinweise*
☐ Auch ökologische Aspekte müssen bei der farbigen Verpackung berücksichtigt werden.			
☐ Farbe spielt bei Wiederholungskäufen eine große Rolle. Bei einem Wechsel der Verpackung eines bestimmten Produktes sollten also die bekannten Farben beibehalten werden, um die Identifikation zu erleichtern.			
☐ Im Rahmen von Produktgruppen ist durch die gleiche Farbgebung eine Zugehörigkeit bzw. durch eine Kontrastfarbe die schnelle optische Differenzierung erreichbar.			

29 Checkliste
Farben in Verkaufsräumen

	entfällt	verfolgen	Anmerkungen/Daten/Hinweise

1. Farbe zur psychologischen Beeinflussung des Kunden

☐ Als warm gelten Gelborange, Rot, Gelbgrün.

☐ Als kalt dagegen gelten Blau, Blaugrün, Grün, Violett.

☐ Warme und helle Farben wirken:
⇨ von oben geistig anregend
⇨ von der Seite wärmend, aktivierend
⇨ von unten erleichternd, hebend

☐ Warme und dunkle Farben wirken:
⇨ von oben anschließend, würdevoll
⇨ von der Seite kraftvoll, umschließend
⇨ von unten griff- und trittsicher

☐ Kalte und helle Farben wirken:
⇨ von oben erhöhend, entspannend
⇨ von der Seite kühl, wegführend
⇨ von unten glatt, zum Laufen anregend

☐ Kalte und dunkle Farben wirken:
⇨ von oben bedrohlich
⇨ von der Seite kalt, traurig
⇨ von unten beschwerend

2. Farbe zur Betonung und/oder Verbesserung der Architektur

☐ Helle Farben ohne größere Kontraste bewirken eine Vergrößerung kleiner Räume (umgekehrt dunkle Farben für Verkleinerung großer Räume).

Checkliste **29**

Farben in Verkaufsräumen

	entfällt	verfolgen	Anmerkungen/Daten/Hinweise
☐ Dunkle Farben machen Decken optisch niedriger.			
☐ Helle Längswände und dunkle Querwände machen lange, schmale Läden kürzer.			
☐ Träger oder Balken verschwinden optisch, wenn man sie in der gleichen Farbe wie die Decke streicht.			
3. Farben zur Steigerung der Verkaufsleistung			
☐ Wenn möglich, sollte in der Blickrichtung des Verkäufers Grün zu finden sein, da Grün den Augen Ruhe und Ausgeglichenheit verschafft.			
☐ Die farbige Gestaltung eines Verkaufsraumes sollte ladenspezifisch sein.			

IV. Werbepsychologie/-moral/-recht

30 Checkliste
Farbenblindheit

	entfällt	verfolgen	Anmerkungen/Daten/Hinweise
☐ Nach neuesten Schätzungen haben ca. 8 bis 10 Prozent der Männer, aber nur 0,4 Prozent der Frauen Farbensinnstörungen. Die angeborene Farbensinnstörung kommt also bei Männern ungleich häufiger vor, die Frauen treten meist nur als Überträgerinnen der Erbmasse in Erscheinung. Bei einer reinen Frauenzielgruppe kann man angeborene Farbensinnstörungen somit vernachlässigen.			
☐ Totale Farbenblindheit			
Von totaler Farbenblindheit spricht man, wenn der Betreffende keinerlei Buntfarbenempfinden besitzt. Diese Zielpersonen können über Farben nicht angesprochen werden. Da diese Gruppe aber sehr klein ist, ist eine Berücksichtigung in der Werbung unnötig.			
☐ Rot-Grün-Blindheit			
Der größte Teil der Farbensinngestörten kommt aus diesem Bereich. Bedauerlicherweise lassen sich keine generell gültigen Aussagen über eventuell vom Normalen abweichende Assoziationen (!) und Empfindungen treffen. Der Werbende hat also noch keine Möglichkeit, seine Kampagnen auch auf diesem Gebiet zum Erfolg zu führen. Will man bewußt diese Zielgruppe einbinden, so sind aber Rot-Grün-Flächen (Fläche auf Fläche) zu vermeiden.			
☐ Blau-Gelb-Blindheit			
Personen mit dieser Anomalie sind über diese beiden Farben und Farbverbindungen nicht ansprechbar.			

Checkliste **30**

Farbenblindheit

	entfällt	verfolgen	Anmerkungen/Daten/Hinweise

Jedoch ist die Zahl der Zielpersonen sehr klein, so daß eine spezielle Berücksichtigung in der Werbung unnötig ist.

☐ Erkenntnisse für die Werbung aus der Erfahrung einer Rot-Grün-Schwäche

⇨ Beim Farbfilm und beim Farbfernsehen beschränkt sich, bedingt durch den fließenden Übergang der verschiedenen Farbkombinationen, das Problem auf Einzeldarstellungen, die ausschließlich im Rot-Grün-Bereich liegen.

⇨ Spezielle Plakate haben einen geringeren Aufmerksamkeitswert, und die Kontrast-Erkennbarkeit (außer bei gelb-orange-gelben Plakaten) ist herabgesetzt.

⇨ Anzeigen haben, gleichgültig ob zwei- oder mehrfarbig, einen erhöhten Aufmerksamkeitswert, auch wenn die Grundfarbe einer Anzeige Rot/Grün ist. Bei der Wahl bestimmter Farbkombinationen kann ein Farbenblinder sehr häufig Farbzusammenstellungen wählen, die Normalsichtige nicht wählen würden, da sie ihren Empfindungen widersprechen. Jedoch ändert sich dieses, wenn man dem Farbenblinden eine fertige Kombination liefert. Hier kann der Farbengestörte die Feststellung treffen, ob etwas schön oder harmonisch ist.

▽ Vorsichtig muß man also sein, wenn in einem Test Personen Farben für Packungen/Verpackungen, Anzeigen etc. zusammenstellen sollen. Es ist

IV. Werbepsychologie/-moral/-recht

30 Checkliste
Farbenblindheit

	entfällt	verfolgen	Anmerkungen/Daten/Hinweise

durch einen Vor-Test sicherzustellen, daß Farbfehlsichtige nicht im Panel sind.

⇨ Der Schluß, der sich hieraus für den Werbenden ziehen läßt, ist, daß man mit einer gut gewählten und harmonischen farblichen Ansprache der Zielpersonen auch die Farbenblinden erreicht. Auf der anderen Seite wird durch eine bewußt auf Aufmerksamkeit durch Verfremdung abzielende Kombination der Farbe beim Farbenblinden nicht die erwünschte oder dieselbe Wirkung erzielt wie beim Normalsichtigen.

Checkliste **31**

Aspekte zur Werbemoral

entfällt   *verfolgen*   *Anmerkungen/Daten/Hinweise*

- [ ] Ist die Definition von Ethik in bezug auf Werbung genauer berücksichtigt?

  „Ethik" bezeichnet die philosophische Lehre vom Sittlichen, die über das moralische Bewußtsein und Verhalten von Menschen auch Ist und Soll reflektiert. Ethik ist also immer wenigstens intentional auf Moral bezogen. Sie reflektiert vor allen Dingen über Normen.

- [ ] „Moral" bezeichnet die Gesamtheit aller sittlichen Anschauungen und Normen, von denen sich Menschen in ihrem konkret-praktischen Verhalten leiten lassen. Sie ist weitgehend eine Form gesellschaftlichen Bewußtseins. Insofern sie diese ist, steht sie in einer dialektischen Wechselbeziehung zu den Formen gesellschaftlichen Seins (Verkehrsformen, die Menschen in ökonomischen, politischen, religiösen Verhältnissen eingehen):

  Moral bestimmt die Verkehrsformen und umgekehrt die Verkehrsformen die Moral. Beide sind nicht ohne einander denkbar, außer in abstrakten Konstrukten.

- [ ] Haben wir in bezug auf unsere Werbung die Definition von Moral überprüft? (Z.B. in bezug auf Werbung mit Frauen, Kindern, religiösen oder kulturellen Minderheiten usw.) Stimmt sie mit unserem gesellschaftlichen Bewußtsein überein, können wir also ausschließen, daß die Werbung verletzend oder sogar diskriminierend ist?

IV. Werbepsychologie/-moral/-recht

31 Checkliste

Aspekte zur Werbemoral

	entfällt	verfolgen	Anmerkungen/Daten/Hinweise
☐ Ist in bezug auf Werbung die Definition von Norm beachtet? „Norm" bezeichnet den gebietenden oder verbietenden Inhalt einer Regel, eines Gesetzes, eines Gebotes, eines Grundsatzes, einer Vorschrift.			
Jede Norm muß zwei Bedingungen erfüllen: Erstens muß sie erfüllbar sein. Zweitens darf sie nicht die tatsächliche (nicht bloß vermeintliche) Selbstverwirklichung des Individuums unmöglich machen oder erheblich hindern. Gebote, Gesetze, Regeln, die diesen Anforderungen nicht genügen, verlieren ihren normativen Charakter und ihre ethische Nötigung.			
☐ Haben wir in bezug auf unsere Werbung den Begriff der Freiheit überprüft?			
„Freiheit" bezeichnet das Vermögen, sich selbst zu verwirklichen. Freiheit zu wahren und verantwortlich zu entfalten ist Ziel und Absicht jeder ethischen Norm.			
☐ Haben wir den „praktischen Imperativ" von *Kant* in bezug auf unsere Werbung einmal überprüft?			
„Handle so, daß du die Menschheit sowohl in deiner Person als in der Person eines jeden anderen jederzeit zugleich als Zweck, niemals bloß als Mittel brauchst."			
☐ Ist folgender Satz in bezug auf unsere Werbung beachtet worden?			
„Handle stets so, daß du dir der gleichen Ursprünglichkeit deiner und der anderen Menschen Individualität			

Checkliste **31**

Aspekte zur Werbemoral

	entfällt	verfolgen	Anmerkungen/Daten/Hinweise

und Sozialität stets eingedenk bist."
(Egoistik, Egozentrik, Kommunismus werden ausgeschaltet.)

☐ Haben wir in bezug auf unsere Werbung folgenden Satz überprüft?

„Handle stets so, daß du deine und deiner Mitmenschen Freiheit vermehrst."

☐ Haben wir in unserer Werbung auf Motivationsstrategien verzichtet, die den Schaden des Motivierten bewußt in Kauf nehmen oder gar anstreben?

☐ Haben wir in unserer Werbung das Ausnutzen psychischer Störungen von Konsumenten (etwa starke Erfolgsabhängigkeit oder kompensatorischen Aktivismus) verhindert?

☐ Haben wir das Auslösen von Konkurrenzstreben unter Konsumenten, vor allen Dingen wenn dieses zu destruktiv aggressivem Verhalten führen kann, verhindert?

☐ Ist in unserer Werbung auf die Verwendung von an sich verwerflichen Mitteln wie Lüge, Betrug, Verleumdung, Ehrenabschneiderei … zur Bewahrung unserer Interessen verzichtet worden?

☐ Haben wir in unserer Werbung verhindert, daß bei Nichterfüllung unserer Werbeziele der Konsument auch mit Sanktionen psychologischer Art rechnen muß? (Z. B. Angstwerbung, durch „Nichtbeachtung anderer Menschen" etc.)

IV. Werbepsychologie/-moral/-recht

31 Checkliste
Aspekte zur Werbemoral

	entfällt	verfolgen	Anmerkungen/Daten/Hinweise

▽ *Auszug aus dem Jahrbuch (1994) des Deutschen Werberats: „Gesellschaftliche Verantwortung der Werbewirtschaft"*

Das Phänomen der „Lust am gespaltenen Denken" vieler Werbekritiker enthebt die werbenden Unternehmen, Werbeagenturen sowie die Medien als Transporteure von Werbebotschaften nicht der Pflicht zur ethischen Reflexion: Unternehmerische Entscheidungen dürfen sich nicht im luftleeren Raum abseits der Werte und daraus abgeleiteter Ansprüche der Gesellschaft vollziehen. Denn die Moral des Marktes erschöpft sich nicht im Halten und Ausweiten von Marktanteilen, Liefer- und Zahlungskonditionen.

Marktwirtschaft ist Teil der ethischen Grundlagen, auf denen Staat und Gesellschaft mit ihren gemeinschaftsfördernden Normen und Zielen beruhen. Was der einzelne dezentral entscheidet, muß bei auftretenden Interessenkonflikten zwischen verschiedenen Individuen verhindert, entschärft oder geklärt werden. Materieller Wohlstand ist nur ein Ziel; Werte wie Freiheit und Gerechtigkeit im Spannungsfeld zwischen Individualismus und Gemeinwohl sind mindestens gleichrangig.

In diesem Ethos einer Leistungsgesellschaft ist die Werbetätigkeit der Wirtschaft eingebunden. Der moralische Anspruch gründet sich auf die Formel: Rücksichtnahme auf die Interessen und Gefühle anderer. Das

Aspekte zur Werbemoral

Checkliste 31

	entfällt	verfolgen	Anmerkungen/Daten/Hinweise
Ausbeuten von menschlichem Leid und Elend für betriebswirtschaftliche Zwecke widerspricht diesem Grundsatz – unabhängig von rechtlicher Bewertung.			

32 Checkliste
Aspekte des Werbe- und Wettbewerbsrechts

	entfällt	verfolgen	Anmerkungen/Daten/Hinweise

Die wichtigsten deutschen Gesetze und Verordnungen zur Werbung:

1. Gesetz gegen den unlauteren Wettbewerb

☐ § 1 Wer im geschäftlichen Verkehr zu Zwecken des Wettbewerbs Handlungen vornimmt, die gegen die guten Sitten verstoßen, kann auf Unterlassung und Schadensersatz verklagt werden.

☐ § 3 Haben wir beachtet, daß irreführende Angaben unzulässig sind und damit in der Praxis jede Werbeaussage dem Wahrheitsgebot untersteht?

Bewußte Irreführung ist nach § 4 UWG strafbar. Eine objektiv richtige Aussage gilt dann als irreführend, wenn sie vom Publikum falsch verstanden werden könnte. Dem Publikum erkennbare Übertreibungen sind dagegen zulässig.

☐ Haben wir die folgenden unzulässigen, irreführenden Angaben in unserer Werbung verhindert? Fehlerhafte Angaben über:

⇨ die Beschaffung, den Ursprung und die Herstellungsart, die Preisbemessung, die gewerbliche Leistung oder die des gesamten Angebotes

⇨ den Besitz von Auszeichnungen, Gütesiegeln, Gutachten usw.

⇨ den Anlaß oder den Zweck des Verkaufs (z. B. Räumungsverkauf)

2. Gesetz über Preisnachlässe (Rabattgesetz)

Vorschriften zur Werbung mit oder in Zusammenhang mit Rabatten

Checkliste **32**

Aspekte des Werbe- und Wettbewerbsrechts

	entfällt	verfolgen	Anmerkungen/Daten/Hinweise
3. Zugabeverordnung Vorschriften zur Werbung mit oder in Zusammenhang mit Zugaben (Waren oder Leistungen)			
4. Verordnung zur Regelung der Preisangaben Vorschriften über Art und Inhalt von Preisangaben in der Werbung			
5. Lebensmittel- und Bedarfsgegenständegesetz Das Gesetz gilt für Lebensmittel, Tabakerzeugnisse, kosmetische Mittel und Bedarfsgegenstände. Was darunter zu verstehen ist, ergibt sich aus den einleitenden §§ 1, 3, 4 und 5. Verbot irreführender Angaben bei Lebensmitteln; Beschränkung bei bestimmten Werbeangaben; Verbot gesundheitsbezogener Werbung; medienspezifisches Werbeverbot für Zigaretten; Werbereglementierungen in Hinsicht auf Kosmetika; straf- und verwaltungsrechtliche Sanktionen bei Verstößen.			
6. Nährwert-Kennzeichnungsverordnung Verbot von Angaben in der Werbung, die darauf hindeuten, daß ein Lebensmittel schlankmachende, schlankheitsfördernde oder gewichtsreduzierende Eigenschaften besitzt			
7. Gesetz über die Werbung auf dem Gebiete des Heilwesens Verbot der irreführenden Werbung; Vorschriften über Pflichtangaben in jeder Werbung, qualitative Beschrän-			

Checkliste 32
Aspekte des Werbe- und Wettbewerbsrechts

	entfällt	verfolgen	Anmerkungen/Daten/Hinweise
kungen der Werbeaussagen, Beschränkungen in der Publikumswerbung; Verbot der Werbung für verschreibungspflichtige Arzneimittel; Verbot der Werbung mit Gutachten			
8. Landespressegesetze			
Nach den Pressegesetzen der Länder müssen Anzeigen, sofern sie nicht schon durch Aufmachung und Gestaltung als solche erkennbar sind, mit dem Wort „Anzeige" gekennzeichnet werden.			
9. Landesrundfunkgesetze und Landesmediengesetze			
Sie enthalten insbesondere Vorschriften über die Trennung von Werbung und Programmen sowie über Umfang und Plazierung der Werbung.			
10. Gesetz über die Verbreitung jugendgefährdender Schriften			
Verbot der öffentlichen Werbung für sogenannte indizierte Schriften, Ton- und Bildträger			
11. Ordnungswidrigkeitengesetz			
Verbot der Werbung für Prostitution; Verbot des Mißbrauchs staatlicher oder staatlich geschützter Zeichen			
12. Warenzeichengesetz			
Verbot der Werbung mit geschützten Namen, Warenzeichen oder Ausstattungen Dritter			
13. Straßenverkehrsordnung			
Verbot von verkehrsbeeinträchtigenden Werbeveranstaltungen			

Checkliste **32**

Aspekte des Werbe- und Wettbewerbsrechts

	entfällt	verfolgen	Anmerkungen/Daten/Hinweise

14. Landesbauordnungen

    Hier sind Vorschriften über Ausmaße und Gestaltung von Außenwerbeanlagen in bestimmten Gebieten enthalten.

15. Allgemeine Gesetze

    Dazu zählen die Vorschriften des Grundgesetzes, des bürgerlichen Rechts, des Datenschutzrechts und des Strafrechts.

16. Rundfunkstaatsvertrag

    U. a. mit detaillierten Regelungen zum Schutz von Jugendlichen und Kindern

17. Standesrecht

    Eventuell standesrechtliche Vorschriften unserer Branche (z. B. Berufsordnung für Wirtschaftsprüfer, Steuerberater, Apotheker etc.)

18. Selbstbeschränkungen

    Eventuell freiwillige Selbstbeschränkungen, die unsere Vertretung beim Bundeskartellamt hat eintragen lassen (z. B. die Selbstbeschränkung der Pharma-Branche, Zigaretten-Branche usw.)

19. Werbeverhaltensregeln

    Die internationalen Verhaltensregeln für die Werbepraxis der internationalen Handelskammer Paris (diese sind auch Bestandteile der Wettbewerbsregeln für die Markenindustrie)

20. Markenindustrie

    Die internationalen Verhaltensregeln für die Werbepraxis der internationalen Handelskammer Paris

IV. Werbepsychologie/-moral/-recht

32 *Checkliste*
Aspekte des Werbe- und Wettbewerbsrechts

	entfällt	verfolgen	Anmerkungen/Daten/Hinweise

21. Geschmacksmuster/Gebrauchsmuster

    Geschmacksmustergesetz (Bestandteil des Patentgesetzes) sowie Gebrauchsmustergesetz

22. Leistungsvergleich

    Haben wir berücksichtigt, daß der Waren- und Leistungsvergleich in der Regel (!) unzulässig ist, während ein sogenannter Systemvergleich dann möglich ist, wenn keine gezielt individuelle Bezugnahme auf einen bestimmten Mitbewerber gegeben ist und keine pauschale, schlagwortartige Abwertung der Konkurrenzsysteme erfolgt?

23. Abwehrvergleich

    ☐ Haben wir zudem berücksichtigt, daß ein Abwehrvergleich dann zulässig ist, wenn er zur Abwehr eines rechtswidrigen Angriffs eines Mitbewerbers erforderlich ist?

    ☐ Haben wir berücksichtigt, daß ein Vergleich bestimmter individueller Leistungen, der zur Verdeutlichung eines Fortschritts auf technischem und wirtschaftlichem Gebiet dient, zulässig ist?

    ▽ Diese Vergleiche dürfen jedoch nur auf ausdrückliches (!) Verlangen eines Kunden abgegeben werden, womit sie z. B. in einer Anzeige nicht zulässig sind.

24. Personenherabsetzung

    Haben wir unsere Werbung auch daraufhin untersucht, ob die Person eines bestimmten Mitbewerbers in

Checkliste **32**

Aspekte des Werbe- und Wettbewerbsrechts

	entfällt	verfolgen	Anmerkungen/Daten/Hinweise

herabsetzender Art angesprochen wird (auch wenn die Angaben wahr und beweisbar sind)? Dies wäre nämlich wettbewerbswidrig.

25. Anlehnung

    Haben wir es unterlassen, uns mit unserer Werbung an die Empfehlung des Konkurrenzproduktes zu halten, da Anlehnung als unzulässige Werbung gilt?

26. Alleinstellung

    Haben wir genau untersucht, ob wir eine Alleinstellungswerbung zulässigerweise durchführen können? Das gilt dann, wenn wir nachweisen können, daß diese Alleinstellung stimmt und der behauptete Vorsprung beachtlich und dauerhaft ist.

27. Haben wir bei Preiswerbung berücksichtigt, daß:

    ☐ Preisunterbietung auch bei Verlustpreisen erlaubt ist, außer wenn sie als Mittel zur Beseitigung eines Mitbewerbers angewandt wird?

    ☐ die Preisangaben stimmen müssen?

28. Urheberrecht

    ☐ Haben wir vor allen Dingen in der Werbung genauestens untersucht, welche sondergesetzlich geschützten Leistungsergebnisse wir nicht benutzen dürfen? Hierzu gehören die Dinge, die unter das Gesetz über Urheberrecht und verwandte Schutzrechte fallen.

    ▽ An dieser Stelle möchten wir darauf hinweisen, daß es heute allein durch die Vielzahl von veränderten und

32 *Checkliste*
Aspekte des Werbe- und Wettbewerbsrechts

	entfällt	verfolgen	Anmerkungen/Daten/Hinweise

neuen Gesetzen, Beschränkungen (z. T. selbstregulierend), Verordnungen etc. kaum noch möglich ist, ohne eine juristische Prüfung der jeweiligen Werbemittel auszukommen.

Wir empfehlen Ihnen, dem Juristen folgende Fragestellung vorzulegen:

☐ „Was können wir anhand der zunächst konzipierten Werbung verteidigen? Welcher Schaden erwächst uns ganz genau, wenn diese Werbung, über die juristische Zweifel bestehen könnten, zu unseren Ungunsten ausgelegt wird?"

Wir haben immer wieder erlebt, daß besonders hausinterne Juristen das Netz sehr dicht spannen wollen und darum nach folgendem System Werbung überprüfen: „Welche Werbung geht auf keinen Fall?" Hier werden die Werbemöglichkeiten sehr häufig zu eng gesteckt, und der Jurist bestimmt somit die werblichen Umsetzungsmöglichkeiten.

In der von uns angestrebten Fragestellung jedoch hat der Jurist zunächst einmal die Frage der Verteidigung zu prüfen, sofern ein Angriff durch den Mitbewerber eingeplant werden muß. Hier verschiebt sich das juristische Betrachtungsspektrum erheblich, und man kann auf einer breiteren Basis seine Werbekonzeption fortführen.

V. Ideen/Kreation

1. Was ist Kreativität eigentlich?

Es ist gar nicht so leicht festzustellen, was Kreativität eigentlich ist. Auch Wissenschaftler sind sich da nicht immer so einig. Denn das lateinische „creare" heißt etwa soviel wie zeugen, gebären, schaffen. Man könnte also meinen, daß Kreativität das „Erschaffen von Ideen" ist. Doch reicht das schon aus?

Aber es gibt auch Wissenschaftler, die unter Kreativität verstehen, daß etwas Neues geschaffen wird. Neu also muß es sein, was wir denken. Eine Frage ergibt sich sofort: Für wen muß es neu sein; für den Denkenden oder für die Menschen oder nur für eine bestimmte Gruppe?

Die Neuigkeit alleine reicht also doch noch nicht aus. Zudem kann man sich stündlich Neues ausdenken. Was halten Sie z. B. von einer kleinen fliegenden Untertasse, die immer um uns Menschen herumfliegt und uns beheizt? So eine Art fliegender Heizkörper – was dazu führen würde, daß wir nicht mehr jede Ecke im Haus heizen müßten.

Sie sehen selbst, neu dürfte diese Idee wohl sein, jedoch kaum zu verwirklichen. Sie ist nicht brauchbar. Heißt also Kreativität schon, wenn etwas ganz neu ist, aber gleichzeitig unbrauchbar? Manche Wissenschaftler glauben das. In der Praxis wäre es absolut unsinnig, es so zu definieren.

Schauen wir uns einige Definitionen einmal an:

- *Kreativität läuft auf ein neues Werk hinaus, das zum selben Zeitpunkt durch eine Gruppe als sinnvoll und brauchbar bewertet wird.*

- *Wirkliche Kreativität umfaßt eine Antwort oder eine Idee, die neu ist oder im statistischen Sinne selten, die sich ganz oder teilweise verwirklichen läßt. Sie muß dazu dienen, ein Problem zu lösen, einen Zustand zu verbessern oder ein vorhandenes Ziel zu vollenden. Und ... umfaßt eine kritische Bewertung der Originalität und Realisierung, eine Entwicklung in vollem Umfange.*

- *Kreativität ist die Fähigkeit des Menschen, Denkergebnisse beliebiger Art hervorzubringen, die im wesentlichen neu sind und demjenigen, der sie hervorgebracht hat, vorher unbekannt waren. Es kann sich dabei um Imagination oder um eine Gedankensynthese, die mehr als eine bloße Zusammenfassung ist, handeln. Kreativität kann die Bildung neuer Systeme und neuer Kombinationen aus bekannten Informationen involvieren sowie die Übertragung bekannter Beziehungen auf neue Situationen und die Bildung neuer Korrelate. Eine kreative Tätigkeit muß absichtlich und zielgerichtet sein, nicht nutzlos und phantastisch – obwohl das Produkt nicht unmittelbar praktisch anwendbar, nicht perfekt oder gänzlich vollendet sein muß. Es kann eine künstlerische, literarische oder wissenschaftliche Form annehmen oder durchführungstechnischer oder methodologischer Art sein.*

- *Der Kreativität liegt die Fähigkeit zugrunde, Beziehungen zwischen vorher nicht aufeinander bezogenen Erfahrungen zu finden, die sich in der Form neuer Denkschemata als neue Erfahrung, Ideen oder Produkte ergeben.*

- *Kreativität bedeutet, daß eine Idee, ein Konzept oder eine Technik mit einer anderen Idee, einem anderen Konzept oder einer anderen Technik kombiniert wird.*

- Meyers Enzyklopädisches Lexikon: *Kreativität: Fähigkeit, produktiv zu denken und die Ergebnisse dieses Denkens, v. a. originell neue Verarbeitung existierender Informationen, zu konkretisieren (etwa in Form einer Erfindung oder eines Kunstwerks). Der kreative Mensch zeichnet sich durch weitgehende Selbständigkeit und Weltoffenheit aus, desgleichen durch geistige Flexibilität und unkonventionellen Denkstil. Häufig ist bei ihm eine hohe Frustrationstoleranz zu finden. Die verschiedenen Stadien der Kreativität sind: Aufspüren von Problemen oder von Mängeln, Lücken und Unstimmigkeiten (z. B. in theoretischen oder praktischen Systemen) und Definieren entsprechender Problem- und Fragestellungen, Formulieren von Hypothesen und Suche nach Lösungen (einschließlich Überprüfung auf Richtigkeit, Neuigkeit und Brauchbarkeit), schließlich Mitteilen der gewonnenen Erkenntnisse sowie Fleiß und Energie, sie gegenüber bereits etablierten Vorstellungen durchzusetzen.*

☐ In der Sprachwissenschaft: *Teil der Kompetenz (Kompetenz und Performanz); die Fähigkeit, nie zuvor gehörte Sätze zu bilden bzw. zu verstehen. Der Begriff der Kreativität spielt in der Sprachdidaktik eine wichtige Rolle.*

Wir sehen also, daß wir uns durch Definitionen der Sache nicht nähern können. Lassen Sie uns Ihnen deshalb eine Frage vorlegen, die erstaunlicherweise sehr viele Leute, die sich mit Kreativität beschäftigen, nicht (!) beantworten können: Was ist eigentlich das Gegenteil von Kreativität? Hier hört man Worte wie Stupidität, Ideenlosigkeit, Denkblockade, Dummheit, niedrige Intelligenz usw. Wir merken schon an den Antworten, daß sich der Antwortende darüber keine großen Gedanken gemacht hat, daß er selber im Dschungel der Vokabeln herumirrt.

2. Was ist das Gegenteil von Kreativität?

Stellen Sie sich bitte alle Informationen vor, die es auf der Welt gibt. Und stellen Sie sich weiter vor, Sie würden mit all diesen Informationen konfrontiert. Würden Sie diese Informationen auch alle aufnehmen? Die Antwort lautet natürlich „nein". Wir haben nun einmal nur eine bestimmte Anzahl von Sinnen, und diese können Informationen nur selektiv herausfiltern. Es gibt Töne, die wir nicht hören. Jede Hundepfeife beweist es Ihnen. Es gibt Farben, die wir nicht sehen, was eine Infrarotkamera sehr deutlich machen kann. Es gibt Temperaturen, die wir nicht mehr fühlen. Unserem Körper ist es egal, ob er bei 300 °C oder 1000 °C verbrennt. Dasselbe gilt für das Erfrieren. Das liegt daran, daß unser Körper ausschließlich Informationen aufnimmt, die für das Überleben wichtig sind. Und bei der Temperatur muß er dem Gehirn eigentlich nur signalisieren, ab wann es gefährlich wird. Eine weitere sensorische Fühlbarkeit ist für unser Überleben nicht notwendig.

Wir können also feststellen, daß wir die wirkliche Welt gar nicht ganz wahrnehmen. Wir nehmen also eine eingeschränkte Welt wahr, die ich einmal Sinneswelt nennen möchte. Meine Frage lautet nun: Nimmt jeder Mensch dieselbe Sinneswelt wahr? Auch wird an einem Beispiel sehr schnell deutlich, daß dies auf keinen Fall so ist. Nehmen Sie einmal einen Stuhl zur Hand und stellen Sie ihn verkehrt herum (oder besser: legen Sie ihn) auf den Boden. Und nun stellen Sie sich gleichzeitig vor, dieses Gebilde würde ein „Buschmensch" sehen, der noch nie in seinem Leben einen Stuhl gesehen hat. Ich bin sicher, der „Buschmensch" hat überhaupt keine Chance, das Gebilde als Stuhl zu erkennen, es richtig hinzustellen und sich darauf zu setzen. Ein „zivilisierter" Mensch dagegen wird, auch ohne den Stuhl richtig hinzustellen, ihn als Sitzmöbel bezeichnen. Umgekehrt wird der „Buschmensch" Dinge verstehen und erkennen, mit denen wir nichts anfangen können.

Unsere Sinneswelt wird also durch die Erfahrungswelt noch weiter eingeschränkt. Von der gesamten Wirklichkeit haben wir nun schon die zweite Einschränkung erfahren, die ein Wahrnehmen dieser Welt verringert. Nun gibt es aber Menschen, die die bereits eingeschränkte Welt noch weiter einschränken, indem sie bestimmte Ausschnitte dieser Welt verstärkt wahrnehmen und andere überhaupt nicht. Hierzu gehört z. B. derjenige bedauernswerte Mensch, der, nachdem er einem Menschen die Hand gegeben hat, sofort zum Wasserhahn läuft und sich die Hände schrubbt und wäscht. Er nimmt die Welt nur noch sehr eingeschränkt aus der Sicht der Hygiene wahr. Er ist ein Waschneurotiker. Eine totale Einschränkung der Weltwahrnehmung wäre also Neurose.

Die Kreativität versucht genau das Gegenteil (!). Sie sucht Möglichkeiten, aus der individuellen Einschränkung der Weltwahrnehmung und der Wirklichkeitswahrnehmung auszubrechen und das eigene Wahrnehmungspotential wieder zu erweitern. So gesehen ist für uns – und auch einen Teil der wissenschaftlichen Psychologie – das Gegenteil von Kreativität ein Stückchen Neurose.

Kreativität setzt sich aus Flüssigkeit, Flexibilität und Originalität im Denken zusammen. Und etwas davon kann jeder Mensch, der Rest ist einfach lernbar. Wir unterscheiden zwei Arten von Kreativitätstechniken:

☐ Ideenfindungsmethoden
☐ psychologische Kreativitätstechniken

Die Ideenfindungsmethoden beschäftigen sich vornehmlich mit einer systematischen Suche (wie z. B. der morphologische Kasten). Mit Kreativität hat das in dem von uns diskutierten Sinne wohl nichts oder nur sehr wenig zu tun. Jeder Mensch, der systematisch etwas sucht, wird natürlich auf etwas stoßen, das für einen anderen überraschend und interessant ist. (Wie der Tüftler, der 20 Jahre systematisch eine Idee ausbrütet, zum Patentamt rennt und auch tatsächlich seine Rechtsurkunde bekommt. Kreativ würden wir ihn trotzdem nicht nennen.)

Kreativmethoden spielen also mehr mit den Gedanken. Die meisten Techniken sind Abwandlungen voneinander und stellen eine der drei oben genannten Faktoren der Kreativität (1. Flüssigkeit im Denken = Menge; 2. Flexibilität im Denken = häufiger Kategorienwechsel; 3. Originalität im Denken) besonders heraus. So gibt es Kreativmethoden, die ausschließlich versuchen, Ideenmengen zu produzieren. Hierzu würde man das klassische Brainstorming zählen. Bei dieser Methode wird alles niedergeschrieben, was einem zu einem Thema einfällt. Bei vielen Einzelideen wird dann auch die eine oder andere überraschende, originelle dabei sein. Der Trick also hier: „Die Menge an Ideen macht es."

Andere Techniken, wie z. B. Synektik, versuchen dagegen, nur eine einzige Lösung zu finden, diese muß aber hochgradig überraschend und originell sein. Diese Techniken sind sehr schwierig und müssen erlernt werden. Wieder andere Kreativmethoden versuchen das Kategoriendenken zu forcieren, fordern den Denkenden also auf, aus einem bestimmten Schema herauszugehen und sich in ein neues Schema hineinzuversetzen. Auch hier wird unterstellt, daß eine gute, originelle Idee dabei herausspringt.

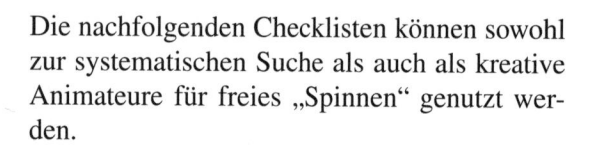

Die nachfolgenden Checklisten können sowohl zur systematischen Suche als auch als kreative Animateure für freies „Spinnen" genutzt werden.

Checkliste **33**

Textargumentarium

	entfällt	verfolgen	Anmerkungen/Daten/Hinweise

1. Grundlegendes
- ☐ Allgemeines
- ☐ Vorhandensein
- ☐ Besonderheit
- ☐ Verschiedenheit
- ☐ Vollständigkeit
- ☐ Vollkommenheit
- ☐ Beständigkeit
- ☐ Veränderlichkeit
- ☐ Vorhersicht
- ☐ Vergleichbarkeit

2. Ausführung
- ☐ Allgemeines
- ☐ Urheberschaft
- ☐ Mitwirkung
- ☐ Entstehung
- ☐ Bestandteile
- ☐ Gefüge
- ☐ Bearbeitung
- ☐ Zustand
- ☐ Ergänzung
- ☐ Ersatz

3. Material
- ☐ Allgemeines
- ☐ Güte
- ☐ Reinheit
- ☐ Echtheit
- ☐ Stärke

33 *Checkliste*
Textargumentarium

	entfällt	verfolgen	Anmerkungen/Daten/Hinweise

- ☐ Härte
- ☐ Festigkeit
- ☐ Gewicht
- ☐ Gehalt
- ☐ Mischung

4. Erscheinung
- ☐ Allgemeines
- ☐ Stofflichkeit
- ☐ Form
- ☐ Sichtbarkeit
- ☐ Farbe
- ☐ Hörbarkeit
- ☐ Geschmack
- ☐ Geruch
- ☐ Tastempfindlichkeit
- ☐ Lebendigkeit

5. Leistung
- ☐ Allgemeines
- ☐ Bereich
- ☐ Nutzen
- ☐ Geldwert
- ☐ Tätigkeit
- ☐ Bewegung
- ☐ Kraft
- ☐ Ergebnis
- ☐ Gebrauch

6. Unternehmen
- ☐ Allgemeines

Checkliste **33**

Textargumentarium

	entfällt	verfolgen	Anmerkungen/Daten/Hinweise
☐ Technischer Betrieb			
☐ Verwaltung			
☐ Vertrieb			
☐ Werbung			
☐ Lieferung			
☐ Gewähr			
☐ Kundendienst			
☐ Muster			
☐ Stellung im Markt			
7. Absatz			
☐ Allgemeines			
☐ Bedürfnis			
☐ Käufer			
☐ Auswahl			
☐ Preis			
☐ Kaufzeit			
☐ Kaufort			
☐ Kaufgewohnheit			
☐ Wettbewerber			
☐ Marktlage			
8. Kaufbetriebe			
☐ Allgemeines			
☐ Selbsterhaltung			
☐ Besitzvermehrung			
☐ Machtstreben			
☐ Gewinn			
☐ Genuß			
☐ Gewohnheit			

V. Ideen/Kreation

33 *Checkliste*
Textargumentarium

	entfällt	verfolgen	Anmerkungen/Daten/Hinweise
☐ Schwäche			
☐ Neigung			
☐ Gemeinsinn			

9. Erfolg

- ☐ Allgemeines
- ☐ Beurteilung
- ☐ Schrifttum
- ☐ Recht
- ☐ Steuer
- ☐ Normung
- ☐ Stil
- ☐ Verpackung
- ☐ Ausstattung
- ☐ Image

10. Unterteilungsmöglichkeit von 1 bis 9

- ☐ Art
- ☐ Beschaffenheit
- ☐ Maß
- ☐ Ort
- ☐ Zeit
- ☐ Herkunft
- ☐ Ursache
- ☐ Wirkung
- ☐ Zweck

Checkliste **34**

Ideensystematik zur Visualisierung

	entfällt	verfolgen	Anmerkungen/Daten/Hinweise

1. Ähnlichkeit (Analogie)

   Visuelles Zeichen ist inhalts- bzw. gestaltähnlich (gemeinsames Merkmal).

   ☐ Inhaltsanalogie:
   Fahrgemeinschaften werden z. B. durch Känguruh symbolisiert.

   ☐ Gestaltsanalogie:
   z. B. „Expreß ins Grüne"
   Eine grüne Menthol-Zigarettenpackung wird gestaltähnlich als Lokomotive mit Waggons gezeigt.

2. Beweis (Argumentation)

   Verbale Behauptung wird durch visuelle Zeichen belegt/bewiesen.

   ☐ Beweis durch Augenschein:
   z. B. „Tampons sind unsichtbar"
   Ein nackter Körper demonstriert, daß man nichts sieht.

   ☐ Beweis durch Beispiel:
   z. B. „Mit zu vielen Pfunden fährt man schlecht"
   Ein dicker Mensch kommt kaum ins Auto.

   ☐ Beweis durch Gegenüberstellung

3. Gedankenverbindung (Assoziation)

   Verbale Bedeutung steht mit visuellem Zeichen in einer bestimmten Verbindung.

   ☐ Bedeutungsassoziation:
   Umweltschutz wird z. B. durch Baum symbolisiert.

   ☐ Erfahrungsassoziation:
   Mittlerer Osten wird z. B. durch Gesichtsschleier symbolisiert.

V. Ideen/Kreation

34 Checkliste
Ideensystematik zur Visualisierung

	entfällt	verfolgen	Anmerkungen/Daten/Hinweise
☐ Wissensassoziation: Verführung wird z. B. durch eine Schlange symbolisiert.			
4. Teil für Ganzes (Synekdoche)			
Nur ein Teil eines Bedeutungsganzen wird visualisiert.			
☐ Einzelteil für Objekt: Auto wird z. B. durch Tacho dargestellt.			
☐ Einzelobjekt für Objektkomplex: Holland wird z. B. durch eine Mühle dargestellt.			
☐ Einzelwesen für Objektkomplex: China wird z. B. durch Mao dargestellt.			
☐ Art für Gattung: Gemüse z. B. wird durch Blumenkohl dargestellt.			
☐ Einzahl für Mehrzahl: Kinder werden z. B. durch ein Kind dargestellt.			
5. Grund – Folge (Kausal-/Instrumentalrealisation)			
Verbale Aussage und visuelles Zeichen stehen in einer Grund-Folge-Beziehung.			
☐ Wirkung für Ursache: Defekte Stoßdämpfer werden z. B. durch ein schaukelndes, verzerrtes Gesicht gezeigt.			
☐ Ursache für Wirkung: Stumpfe Verletzungen werden z. B. dadurch thematisiert, daß eine Frau eine Treppe hinabfällt.			

Checkliste **34**

Ideensystematik zur Visualisierung

	entfällt	verfolgen	Anmerkungen/Daten/Hinweise
☐ Instrument für Handlung: Blutdruck messen wird durch einen Blutdruckmesser symbolisiert.			
☐ Instrument für Zustand: Übergewicht wird z. B. durch eine Waage dargestellt.			
6. Wiederholung (Repetition)			
Das visuelle Zeichen wiederholt die Bedeutung eines verbalen Zeichens bzw. die Gestalt eines anderen visuellen Zeichens.			
☐ Parallelwiederholung: Rousseau wird z. B. durch ein Abbild von Rousseau gezeigt.			
☐ Detaillierende Wiederholung: Ganzer Körper wird z. B. durch Abbildungen von Brust, Po, Füßen, Achsel wiederholt.			
☐ Analogzeichen-Wiederholung: Z. B. Wilhelm II. – Hitler wiederholte Körperhaltung usw.			
☐ Elementarzeichen-Wiederholung: *Mercedes*-Markenzeichen wird z. B. durch Blumengesteck wiederholt.			
7. Steigerung (Gradation)			
Ausdruckskraft der verbalen Aussage wird duch visuelles Zeichen vergrößert/hervorgehoben.			
☐ Inhaltsvergrößerung: z. B. Ladendiebstahl durch leere Regale. Fast der ganze Laden ist ausgeräumt.			
☐ Inhaltshervorhebung: z. B. Markenzeichen *Erdal*. Es gibt eine hinweisende Hand.			

V. Ideen/Kreation

34 Checkliste
Ideensystematik zur Visualisierung

	entfällt	verfolgen	Anmerkungen/Daten/Hinweise

☐ Mehrfachwiederholung: Aussagerelevantes Zeichen wird z. B. mehrfach wiederholt.

8. Hinzufügung (Addition)

Aneinanderreihung von verbalen und visuellen Zeichen; beide zusammen ergeben erst die ganze Aussage.

☐ reihende Hinzufügung: z. B. nicht nur fürs Gesicht (verbal), sondern auch für den Po/Körper (visuell)

☐ rhetorische Hinzufügung: Z. B.: Was kann man im Sommer in einem Ski-Ort machen? (verbale Frage): Reiten, Segeln (visuelle Antwort)

9. Bedeutungsbestimmung (semantische Determination)

Bedeutung des verbalen Zeichens wird durch visuelles Zeichen genauer festgelegt.

☐ präzisierend: z. B. die heutige Meinung „Wasser bis zum Hals"

☐ konkretisierend: z. B. vergiftete Umwelt: Industrie-Abgase, Müll

☐ steuernd: z. B. Abenteuer: erotisch wirkende Asiatin

10. Verkoppelung (Konnexion)

Visuelles Aussage-Objekt wird gezielt mit anderen visuellen Zeichen angeordnet.

Checkliste **34**

Ideensystematik zur Visualisierung

	entfällt	verfolgen	Anmerkungen/Daten/Hinweise

☐ Gegenstandsverkoppelung:
z. B. *Schinkenhäger: Schinkenhäger* + Bier, Schwarzbrot, Schinken

☐ Personenverkoppelung:
z. B. Helmut Kohl + Roman Herzog

☐ Situationsverkoppelung:
z. B. *König-Pilsener*: Genrebild mit *König-Pilsener* (Personen, Verhalten, Interieur)

11. Verfremdung (Normabweichung)

Die visuellen Zeichen weichen ab von der erwarteten inhaltlichen/ gestaltlichen Norm.

☐ Bedeutungsinterpretation:
z. B. wichtige Dinge tun: Es werden Füße auf dem Schreibtisch gezeigt.

☐ Bedeutungsspiel:
z. B. Wanzen (gemeint Abhörgerät): Es wird Ungeziefer gezeigt.

☐ Zeichenzusatz:
z. B. Mona Lisa: Es werden Mona Lisa und eine Schnapsmarke gezeigt.

☐ Zeichenaustausch:
z. B. Babyschnuller: Es wird ein Babyschnuller mit Zigaretten-Mundstück gezeigt.

☐ Gestaltverfremdung:
Mensch: ohne Kopf (Weglassung)
Mensch: Kopf unterm Arm (Versetzung)
Mensch: von oben gesehen (Perspektive)
Mensch: übernormal groß (Dimension)
Mensch: statt realem Kopf Foto vom Kopf (Arrangement)

V. Ideen/Kreation

133

34 Checkliste
Ideensystematik zur Visualisierung

	entfällt	verfolgen	Anmerkungen/Daten/Hinweise

12. Symbolisierung

    Eine Aussage/Bedeutung wird durch ein Symbol visualisiert.

    ☐ wiederholend:
    z. B. Jude: Davidstern

    ☐ verkoppelnd:
    z. B. Alka Seltzer für Verliebte: Glas mit Herzzeichen

    ☐ hinzufügend:
    z. B. Made in Germany: Fahne der Bundesrepublik

    ☐ steigernd:
    z. B. „Vergessen Sie": Was vergessen werden soll, wird durchgestrichen gezeigt.

    ☐ analogisierend:
    z. B. Pakt mit Moskau: verknotete Fahnen

    ☐ verfremdet:
    z. B. *Paral* stoppt Insekten: Auto ersetzt durch Insekt im Stopzeichen

Checkliste **35**

Aktionsmaterialien-Ideen

	entfällt	verfolgen	Anmerkungen/Daten/Hinweise
A			
☐ Abnehmerinformationen			
☐ Abzeichen			
☐ Aktionen mit Prominenten			
☐ Aktionsdisplay			
☐ Akustische Medien			
☐ Anschlagstellen			
☐ Ansichtssendungen			
☐ Antwortkarten			
☐ Argumentationshilfen für Außendienst und Handel			
☐ Artikelplazierung			
☐ Aschenbecher			
☐ Attraktionsveranstaltungen			
☐ Audiovisuelle Medien/Tonbildschauen			
☐ Aufblasbare Artikel			
☐ Aufkleberetiketten			
☐ Außendienst			
☐ Außendienst-Hearing			
☐ Aussendungen			
☐ Außenwerbung			
☐ Ausstellungen			
☐ Ausverkäufe			
☐ Auto-Eiskratzer			
☐ Autogrammstunden			
☐ Autokinowerbung			
☐ Autos, Werbung an			
☐ Autozubehör			

V. Ideen/Kreation

35 Checkliste
Aktionsmaterialien-Ideen

	entfällt	verfolgen	Anmerkungen/Daten/Hinweise

B
- ☐ Bälle
- ☐ Ballons
- ☐ Bandmaße aller Art
- ☐ Bang-Tail-Rückumschläge
- ☐ Baumwolltragetasche
- ☐ Bedarfsorientierte Schaufenster
- ☐ Bedarfssortimente
- ☐ Bedienungsanleitung
- ☐ Begleitende Verbraucherwerbung
- ☐ Beihefter
- ☐ Beilage
- ☐ Benutzertraining
- ☐ Beratungsservice
- ☐ Bespielte Kassetten
- ☐ Besuchsplanung
- ☐ Bierdeckelständer
- ☐ Bierseidl
- ☐ Bilderdienste
- ☐ Blocks
- ☐ Bodenverkaufsständer
- ☐ Booklet
- ☐ Buttons/Abzeichen

C
- ☐ CDs
- ☐ CD-ROMs
- ☐ Cheftimer
- ☐ Comics

Checkliste 35

Aktionsmaterialien-Ideen

	entfällt	verfolgen	Anmerkungen/Daten/Hinweise
☐ Computerbriefe			
☐ Couponanzeigen			
☐ Cross-Selling			

D

- ☐ Dauerschreibblock
- ☐ Deckendisplay
- ☐ Degustationen
- ☐ Dekorateure
- ☐ Dekorationen
- ☐ Demonstrationsmappe
- ☐ Diapositiv-Werbung
- ☐ Directmail
- ☐ Direkte Kommunikation
- ☐ Direktvertrieb
- ☐ Direktwerbekampagne
- ☐ Display-
  - ⇨ -Container
  - ⇨ -Plakate
  - ⇨ -Stücke
  - ⇨ -Systeme
- ☐ Drucksachen
- ☐ Düfte oder Geräusche an Ständen, Schaufenstern

E

- ☐ Eigenmarken
- ☐ Einführungs-
  - ⇨ -angebote
  - ⇨ -pakete

35 Checkliste
Aktionsmaterialien-Ideen

	entfällt	verfolgen	Anmerkungen/Daten/Hinweise
⇨ -preis			
⇨ -rabatte			
☐ Einkaufstips			
☐ Einkäufergeschenk			
☐ Einstellungsmessung			
☐ Einzelaktionen			
☐ Empfehlerwettbewerbe			
☐ Endverbraucherwerbung			
☐ Entlohnungs- und Prämiensysteme			
☐ Erfrischungstücher			
☐ Erstplazierung			
☐ Erwachsenenspiele			
☐ Etiketten			
☐ Europromotion			
☐ Exklusivaktionen für den Handel			
☐ Exklusivartikel			

F

☐ Fach-			
⇨ -ausstellung			
⇨ -blattanzeigen			
⇨ -katalog			
⇨ -messen			
⇨ -vorträge			
⇨ -zeitschriften			
☐ Fahrpläne			
☐ Fahrplansäulen			
☐ Fassadengestaltung			
☐ Fenster-			

Checkliste **35**

Aktionsmaterialien-Ideen

	entfällt	verfolgen	Anmerkungen/Daten/Hinweise
⇨ -display			
⇨ -kleber			
⇨ -streifen			
☐ Fernsehwerbung			
☐ Feuerwerk			
☐ Fill-in-Brief			
☐ Filmabende			
☐ Firmenzeitschrift			
☐ Flugblätter			
☐ Flyer			
☐ Freundschaftswerbung			
☐ Frottierhandtücher			
☐ Funkspots			
☐ Fußboden-Kleber-Display			

G

☐ Gadgets			
☐ Gag			
☐ Garantie			
⇨ Geld zurück			
⇨ Rückgabe			
⇨ Umtausch			
☐ Gebietskarten als Werbeträger			
☐ Geduldsspiele			
☐ Gegenstandähnliche Werbeträger			
☐ Gehaltsabrechnungsumschläge			
☐ Geldprämien			
☐ Gemeinschaftswerbung			
☐ Geräte zur Probe			

V. Ideen/Kreation

35 Checkliste
Aktionsmaterialien-Ideen

	entfällt	verfolgen	Anmerkungen/Daten/Hinweise
☐ Geräusche			
☐ Geringwertige Gegenstände			
☐ Geschenkpackungen			
☐ Geschenkpackungsdienst			
☐ Gewinnanwartscheine			
☐ Gewinne			
☐ Gewinnspiele			
☐ Gewinntopf			
☐ Giebelwerbung			
☐ Giveaways			
☐ Glückspreisausschreiben			
☐ Glückwunschdienst			
☐ Gondelplätze			
☐ Gratisproben			
☐ Gratisverlosung			
☐ Großpackungen			
☐ Gruppenprämie			
☐ Gutscheinaktion			
☐ Gutscheine			
☐ Gutscheinwerbung			

H

☐ Händler-
⇨ -befragung
⇨ -beirat
⇨ -beiratsaktion
⇨ -konferenz
⇨ -marge
⇨ -marketing

Checkliste **35**

Aktionsmaterialien-Ideen

	entfällt	verfolgen	Anmerkungen/Daten/Hinweise

⇨ -schulung
⇨ -seminare
⇨ -tagungen
⇨ -training
⇨ -wettbewerbe
⇨ -zeitschriften
☐ Handelsmarken
☐ Handwerkerstifte
☐ Handzettel
☐ Hausberichte
☐ Hauswurfsendungen
☐ Hostesseneinsatz

I

☐ Incentive-Aktionen
☐ Informations-
⇨ -broschüren
⇨ -kassetten
⇨ -zeitschrift für Verbraucher
☐ Insetting-Anzeigen
☐ Internationale Verkaufswochen
☐ Inzahlungnahme-Aktionen

J

☐ Jubiläumsverkäufe
☐ Jugendbeilagen
☐ Jutetaschen

K

☐ Kalender

V. Ideen/Kreation

35 Checkliste
Aktionsmaterialien-Ideen

	entfällt	verfolgen	Anmerkungen/Daten/Hinweise
⇨ Bild-			
⇨ Dauer-			
⇨ Dreimonats-			
⇨ Hüllen-			
⇨ Kärtchen-			
⇨ Planer-			
⇨ Taschen-			
⇨ Taschenbuch-			
⇨ Uhrenarmband-			
⇨ Wand-			
☐ Kalorienkompaß			
☐ Kassendisplay			
☐ Kassenständer			
☐ Kataloge			
☐ Katalogschauräume			
☐ Klemmplatten			
☐ Klemmschreibplatten			
☐ Kombinierte Angebote			
☐ Kombipackungen/Geschenkpackungen			
☐ Kommunikationssäulen			
☐ Kopplungsaktionen			
☐ Korbwaren			
☐ Kostproben			
☐ Krawatten			
☐ Kreiskarten als Werbeträger			
☐ Kristallwaren			
☐ Kugelspiele			

Checkliste **35**

Aktionsmaterialien-Ideen

	entfällt	verfolgen	Anmerkungen/Daten/Hinweise
☐ Kundenzeitschrift			
☐ Kunststoffkoffer			

L

- ☐ Ladenfernseher
- ☐ Ladenverkäufer
- ☐ Landkarten
- ☐ Lautsprecherdurchsage
- ☐ Leasing-Reisende
- ☐ Lebkuchen-Werbeherzen
- ☐ Leihgaben
- ☐ Leuchtdisplay
- ☐ Leuchtspiegel
- ☐ Lohnabrechnungsumschläge
- ☐ Luftballons

M

- ☐ Mailings
- ☐ Mail-Order-Package
- ☐ Maskottchen
- ☐ Medaillen
- ☐ Mehrstückpackungen
- ☐ Money-back-Aktionen
- ☐ Multiple-choice-Preisausschreiben
- ☐ Multivisions-Show
- ☐ Musikkassetten
- ☐ Musterverteilung
- ☐ Mützen

V. Ideen/Kreation

35 Checkliste
Aktionsmaterialien-Ideen

	entfällt	verfolgen	Anmerkungen/Daten/Hinweise

N
- ☐ Nachbearbeitungsbesuch
- ☐ Naturalrabatte
- ☐ Nylontaschen u. -jacken

O
- ☐ One-Shot-Angebote
- ☐ On-packs
- ☐ Ortsadreßbücher

P
- ☐ Packungen mit Zweitnutzen
- ☐ Panelsymposium
- ☐ Panorama-Anzeigen
- ☐ Papierfähnchen
- ☐ Papiertragetasche
- ☐ Parkscheiben
- ☐ Partneraktion
- ☐ Permanentdisplay
- ☐ Personality Promotion
- ☐ Phantasiefenster
- ☐ Pinnwände
- ☐ Plakatierung
- ☐ Postreklame
- ☐ Preisaktionen
- ☐ Preisausschreiben
- ☐ Preisschilder
- ☐ Preis- und Probierangebote
- ☐ Pressebilderdienst

Checkliste **35**

Aktionsmaterialien-Ideen

	entfällt	verfolgen	Anmerkungen/Daten/Hinweise
☐ Produktberatung			
☐ Prominente			
☐ Propagandisten			
☐ Prospektmaterial			
☐ Prüfräume			
☐ Puzzles			

R

- ☐ Rabattmarken
- ☐ Rack-Jobber
- ☐ Radierer
- ☐ Räumungsverkäufe
- ☐ Rechenscheiben
- ☐ Regal-
  ⇨ -display
  ⇨ -einsätze
  ⇨ -vorhänger
- ☐ Regiestühle
- ☐ Reisespiele
- ☐ Relief-Displayposter
- ☐ Rennbahnen
- ☐ Retail-Promotion
- ☐ Ringbücher
- ☐ Rollende LKW-Werbung
- ☐ Romanreihen
- ☐ Rundumdisplay

S

- ☐ Second-Hand-Aktionen

V. Ideen/Kreation

35 Checkliste
Aktionsmaterialien-Ideen

	entfällt	verfolgen	Anmerkungen/Daten/Hinweise
☐ Sekt mit Firmen- u. Namensetikett			
☐ Service-			
⇨ -beratung			
⇨ -leistung			
☐ Serviettenbox			
☐ Show			
☐ Solarbetriebene Werbespiele			
☐ Solitärspiel			
☐ Sommerschlußverkauf			
☐ Sonderkonditionen			
☐ Sonderplazierung			
☐ Sonderveranstaltung			
☐ Sortimentspackungen			
☐ Spardose			
☐ Spezialkatalog			
☐ Spiele, Spielkarten mit Werbeaufdruck			
☐ Spiel- u. Sportartikel			
☐ Sportstadienwerbung			
☐ Symposium			

Sch

☐ Schals u. Vierecktücher			
☐ Schaufenster-			
⇨ -dekoration			
⇨ -plakate			
⇨ -vermietung			
⇨ -wettbewerb			
☐ Schiebespiele			

Checkliste **35**

Aktionsmaterialien-Ideen

	entfällt	verfolgen	Anmerkungen/Daten/Hinweise
☐ Schirme			
☐ Schlüsselanhänger			
☐ Schoko-Münzen			
☐ Schreibgeräte			
⇨ Bleistifte			
⇨ Filzstifte			
⇨ Füllhalter			
⇨ Kugelschreiber			
☐ Schreibtischartikel			
☐ Schreibunterlage			
St			
☐ Stadtpläne			
☐ Stadtplansäulen			
☐ Standort-Panel			
☐ Stapeldisplay			
☐ Sticker			
☐ Stirnbänder			
T			
☐ Tabletts			
☐ Tag der offenen Tür			
☐ Tangram-Spiel			
☐ Taschen			
⇨ Plastik-			
⇨ Metall-			
⇨ Lederwaren			
☐ Taschenbücher			
☐ Taschenlampe			

V. Ideen/Kreation

35 Checkliste
Aktionsmaterialien-Ideen

	entfällt	verfolgen	Anmerkungen/Daten/Hinweise
☐ Taschenmesser			
☐ Taschenspiele			
☐ Telefonverkauf			
☐ Testergebnisse			
☐ Testpackung			
☐ Textile Werbemittel			
☐ Theaterprogramm, Werbung in			
☐ Thekendisplay			
☐ Thermometer			
☐ Tonbildschau			
☐ Tondisplay			
☐ Tonkassetten			
☐ Tonpackungen			
☐ Tragebeutel			
☐ Tragetaschen			
☐ Treuerabatt			
☐ Trickfilme			
☐ T-Shirts u. Sweatshirts			
☐ Tücher u. Schals			
☐ Türschloßenteiser			

U

☐ Unterhaltungsromane

V

☐ Veranstaltungen
☐ Veranstaltungsdisplay
☐ Verbraucher-
⇨ -befragung

Aktionsmaterialien-Ideen

Checkliste 35

	entfällt	verfolgen	Anmerkungen/Daten/Hinweise
⇨ -preisausschreiben			
⇨ -Promotions			
☐ Verbundaktion			
☐ Verkäuferwettbewerbe			
☐ Verkaufsberater			
☐ Verkaufskartei			
☐ Verkehrsmittelwerbung			
☐ Verlosung			
☐ Versandhandel			
☐ Video-Artikel			
☐ Video-Display			
☐ Visitenkarten			

W

☐ Währungsrechner			
☐ Wanderausstellung			
☐ Waren-			
⇨ -börse			
⇨ -gutschein			
⇨ -insertion			
⇨ -muster			
⇨ -plazierung			
⇨ -präsentation			
⇨ -probe			
⇨ -sendung			
⇨ -spender			
☐ Werbeantwortkarte			
☐ Werbebrief			

V. Ideen/Kreation

35 Checkliste
Aktionsmaterialien-Ideen

	entfällt	verfolgen	Anmerkungen/Daten/Hinweise
☐ Werbegeschenke			
⇨ Ascher			
⇨ Figuren			
⇨ Gläser			
⇨ Handschuhe			
⇨ Klammern			
⇨ Kleidung			
⇨ Leuchten und Spezialleuchten			
☐ Werbestreuung			
⇨ Lolly			
⇨ Maßstäbe aus Holz oder Kunststoff			
⇨ Zündhölzer			
⇨ Zündwaren			
☐ Werksbesichtigung			
☐ Wiederverkauf			
☐ Wimpel und Wimpeletiketten			
☐ Winterschlußverkauf			
☐ Wissenschaftliche Beilage			
☐ Workshops			
☐ Würfel und Würfelbecher			
☐ Wurfscheiben			
Z			
☐ Zeichengeräte			
☐ Zettelbox			
☐ Zettelklötze			
☐ Zinnartikel			
☐ Zollstöcke			
☐ Zündhölzer			

Checkliste **36**

Generelle Ideenproduktion nach Alex Osborn

	entfällt	verfolgen	Anmerkungen/Daten/Hinweise

1. Anders verwenden
- ☐ Wie kann die Idee anders verwendet werden?
- ☐ Welchen Gebrauch kann man von der Idee noch machen?
- ☐ Läßt sich die Sache woanders einsetzen?

2. Anpassung
- ☐ Was ist so ähnlich?
- ☐ Welche Parallelen lassen sich ziehen?
- ☐ Läßt sich die Idee einer Gruppe zuordnen?
- ☐ Auf welche anderen Ideen weist sie hin?
- ☐ Wem könnte man nacheifern?
- ☐ Zeigt die Vergangenheit eine Parallele?

3. Änderung
- ☐ Bedeutung
- ☐ Farbe
- ☐ Bewegung
- ☐ Klang
- ☐ Geruch
- ☐ Form/Größe

4. Vergrößerung
- ☐ Was kann man hinzufügen?
- ☐ Mehr Zeit?
- ☐ Größere Häufigkeit?
- ☐ Stärke?

V. Ideen/Kreation

36 Checkliste
Generelle Ideenproduktion nach Alex Osborn

	entfällt	verfolgen	Anmerkungen/Daten/Hinweise
☐ Höhe?			
☐ Länge?			
☐ Dicke?			
☐ Verdoppeln?			
☐ Multiplizieren?			
☐ Vervielfältigen?			
☐ Übertreiben?			

5. Verkleinerung

- ☐ Was kann man wegnehmen?
- ☐ kleiner?
- ☐ kompakter?
- ☐ tiefer?
- ☐ kürzer?
- ☐ heller?
- ☐ Weglassen?
- ☐ Aufspaltung?
- ☐ Untertreiben?

6. Ersetzung

- ☐ Was kann man an der Idee ersetzen?
- ☐ Wer oder was kann an ihre Stelle treten?
- ☐ Kann man anderes Material verwenden?
- ☐ Kann man den Prozeß anders gestalten?
- ☐ Andere Kraftwellen?
- ☐ Neue räumliche Bedingungen?
- ☐ Andere Stellungen?
- ☐ Positionen?

Checkliste **36**

Generelle Ideenproduktion nach Alex Osborn

	entfällt	verfolgen	Anmerkungen/Daten/Hinweise

☐ Tonlagen?

7. Umstellung

☐ Kann man Teile oder Passagen austauschen?

☐ Andere Strukturen hinzunehmen?

☐ Neue Reihenfolge?

☐ Ursache und Folge austauschen?

☐ Geschwindigkeit?

☐ Plan verändern?

8. Umkehrung

☐ Positiv in negativ?

☐ Gegenteil?

☐ Rückwärts statt vorwärts?

☐ Völlig umdrehen?

9. Zusammenfassung

☐ Kann man Einheiten kombinieren?

☐ Absichten miteinander in Verbindung bringen?

☐ Ideen und Personen verquicken?

☐ Mischung?

☐ Legierung?

☐ Zusammenstellung?

☐ Vereinigung?

▽ Mit dieser Checkliste kann man Tausende von neuen Ideen überlegen, kann man Neuigkeiten anders denken. Allerdings: Ohne eigene Phantasie, ohne gestalterisches Fabulieren wird man damit nicht weiterkommen. Doch nutzen Sie diese Liste möglichst immer! Kopieren Sie sich

V. Ideen/Kreation

36 Checkliste

Generelle Ideenproduktion nach Alex Osborn

die Liste, hängen Sie sich diese an die Küchenwand, ins Büro, ins Schlafzimmer; legen Sie sie in die Brieftasche, in die Handtasche, ins Portemonnaie. Schauen Sie sich immer, wenn Sie vor einem Werbeumsetzungsproblem stehen, die Liste an, und versuchen Sie, über die einzelnen Fragen zu meditieren.

	entfällt	verfolgen	Anmerkungen/Daten/Hinweise

Checkliste 37

Kreative Ideenfindungsmethoden

	entfällt	verfolgen	Anmerkungen/Daten/Hinweise

1. Brainstorming

Das Brainstorming beruht auf dem Prinzip der freien Assoziation und impulsiven Kreativität der Teilnehmer. Diese Methode ist einfach zu handhaben und dient vor allen Dingen der ersten Ideenfindung. Grundregeln des Brainstorming sind:

- ☐ 5 bis maximal 15 Teilnehmer
- ☐ Gleichberechtigung der Teilnehmer
- ☐ Dauer ca. 15 bis 30 Minuten
- ☐ freie Assoziation
- ☐ keine Bewertung der Vorschläge, nur Sammlung
- ☐ Festhalten der Ideen auf Tonband oder durch einen Schriftführer
- ☐ abschließende Auswertung nach vorab festgelegten Bewertungskriterien

2. Brainwriting/Methode 6-3-5

Das Brainwriting oder die Methode 6-3-5 ist eine schriftliche Abwandlung des Brainstorming. Durch die Schriftform lassen sich etwaige Diskussionskonflikte vermeiden, was von einigen Unternehmen als vorteilhaft angesehen wird. Grundregeln und Vorgehensweise sind wie folgt:

- ☐ 6 Teilnehmer schreiben in 5 Minuten jeweils 3 Ideen zu einem Problem auf.
- ☐ Die Ideenäußerungen werden ausgetauscht und durch 3 weitere Vorschläge des nächsten Teilnehmers ergänzt.

V. Ideen/Kreation

37 Checkliste
Kreative Ideenfindungsmethoden

	entfällt	verfolgen	Anmerkungen/Daten/Hinweise
☐ Die Formulare so lange austauschen, bis jeder Teilnehmer 18 Lösungsideen hervorgebracht hat.			
☐ Als Ergebnis liegen Ihnen in 30 Minuten bei 6 Teilnehmern 108 Vorschläge vor.			
☐ Abschließende Auswertung der Ideen nach vorab festgelegten Bewertungskriterien			

3. Synektik

Die Synektik nach *W. J. Gordon* beruht auf der systematischen Verfremdung eines Problems, die durch die Verwendung von Analogien aus anderen Bereichen hervorgerufen wird. Die Durchführung dieser Methode erfordert etwas Erfahrung, weshalb die Teilnehmer vorab über die Grundregeln und -lagen informiert werden sollten.

- ☐ 5 bis 7 Teilnehmer
- ☐ Dauer der Zusammentreffen 90 bis 120 Minuten
- ☐ einzelne Schritte auf Flipcharts notieren

Vorgehensweise/Schritte:

- ☐ Erklärung des Problems
- ☐ Analyse des Problems und Erläuterung
- ☐ Vertiefung des Problemverständnisses
- ☐ Festhalten spontaner Lösungen
- ☐ Bildung und Vertiefung von Analogien
- ☐ Herstellen von Beziehungen zwischen Analogien und dem Problem

Checkliste 37

Kreative Ideenfindungsmethoden

	entfällt	verfolgen	Anmerkungen/Daten/Hinweise
☐ Übertragung auf das Problem			
☐ Konstruktive Lösungen entwickeln			

4. Morphologischer Kasten

Mit dem morphologischen Kasten lassen sich verschiedene Lösungsansätze aus einem gegebenen Problem ableiten. Diese Methode beruht im Prinzip auf einer Strukturanalyse und ist von ihrem Erfinder Zwicky im Sinne einer Totalitätsforschung gedacht. Der Ablauf erstreckt sich über insgesamt fünf Phasen, die es zu beachten gilt:

- ☐ Allgemeine Definition des Problems (1)
- ☐ Aufsplittung des Problems in Komponenten, die die Lösung beeinflussen (2)
- ☐ Erstellung eines morphologischen Kastens, in dem für alle Alternativen ermittelte Lösungsansätze eingetragen werden können (3)
- ☐ Analyse der Lösungsansätze durch Kombination der verschiedenen Möglichkeiten (4)
- ☐ Auswahl der relevanten und optimalen Lösung (5)
- ▽ Detailliertere Angaben zur Vorgehensweise finden Sie in entsprechender Fachliteratur.

VI. Textliche und bildliche Umsetzung

1. Massenkommunikation

Die verbale (Text/Sprache) und visuelle (Bild) Informationsgestaltung sind die elementare Basis für jede Art von Kommunikation. Der Absender einer Botschaft will, daß sie „ankommt" – daß sie richtig (d.h. in seinem Sinne) verstanden wird.

Deshalb hat er bei der gestalterischen Aufbereitung inhaltliche, formale und auch volumenbedingte Gesetzmäßigkeiten zu beachten, die sich an der menschlichen Physis und Psyche orientieren. Dazu gehören die Aufnahmefähigkeit und Erinnerungsleistung der Sinne (Sehen/Hören), die Interesse- und Aufmerksamkeitsneigung, die Neugierde oder auch die Wunschwelten.

Die Lernpsychologie sagt pauschal, daß Menschen langsam lernen und schnell vergessen. Und daß die Zielpersonen für eine Botschaft diese erst dann als Erlebnis bzw. Wahrnehmung bewußt erfassen können, wenn die Botschaft möglichst klar dargeboten und somit deren Empfang möglichst einfach gemacht wird.

In der klassischen Werbung sind dem Informationsempfänger Rückfragen zur Klärung von Unverstandenem nicht möglich – denn sie ist eingleisig. Die Gestalter von Werbemitteln für die Massenkommunikation sollten sich deshalb immer bewußtmachen, daß der kombinierte Einsatz von Bild und Text/Sprache eine identische Wirkung in der Masse nur durch ein hohes Maß an Klarheit, Erfaßbarkeit und eigenständigem Profil erreicht.

2. Veränderte Rahmenbedingungen

Zudem haben sich die Rahmenbedingungen und das Wirkungsfeld für Werbung in den letzten Jahrzehnten dramatisch verändert. Gründe hierfür liegen zum einen in den veränderten Marktbedingungen. Die wesentlichen Stichworte heißen: Marktsättigung und die damit zusammenhängenden Verhaltensweisen der Konsumenten. In gesättigten Märkten sind die Angebote oft austauschbar, und die Produkte sind im allgemeinen ausgereift. Die Qualität wird mehr und mehr zu einer Selbstverständlichkeit mit Folgen für die Bedeutung von Produktinformationen: Sie sind für den Konsumenten nur noch von untergeordnetem Interesse.

Der werblichen Gestaltung fiel dadurch eine neue Bedeutung zu: Nicht die Leistung eines Produktes differenziert es von einem anderen, sondern nur die Leistung der Werbung – und somit die Leistung ihrer Gestalter, die mit ihren Stilmitteln eine Andersartigkeit bzw. Differenzierung herbeiführen können und müssen.

Ein weiterer Grund für veränderte werbliche Rahmenbedingungen liegt in einem sich rascher und diffuser vollziehenden Wertewandel. Früher lebte der Verbraucher in einer Entweder-oder-Gesellschaft (entweder *Mercedes* oder *VW*, entweder Popper oder Punker). Heute gilt die Multioption, die Individualisierung wird im Vordergrund stehen, von äußeren Zeichen und Verhaltensweisen ist nur schwerlich auf innere Einstellungen zu schließen. Mehrere Persönlichkeiten werden in Zukunft im Konsumenten nebeneinander existieren – heute Luxus, dann wieder Bescheidenheit. Feste Verbrauchstypen (der Hedonist, der Konservative oder der Technikbegeisterte) sind in

Auflösung begriffen. Konsumenten springen von einem Lebensstil in den anderen – nahezu unvorhersehbar.

Der Hauptgrund liegt aber sicherlich in der Informationsüberlastung unserer Gesellschaft allgemein und speziell durch Werbung. Studien zufolge werden überhaupt nur rund 5 Prozent aller dargebotenen Informationen wahrgenommen. Ein Beispiel: Um die Informationen aus einer Anzeige in einer Publikumszeitschrift gesamtheitlich aufzunehmen, sind durchschnittlich 35 bis 40 Sekunden nötig. Tatsächlich wenden sich die Leser einer Anzeige aber nur knapp 2 Sekunden zu. Einundzwanzig, zweiundzwanzig ... diese Kontaktdauer muß genügen, um ein Interesse an einem Mehr oder sogar an allen Informationen in einer Anzeige zu initiieren.

In engem Zusammenhang mit der Informationsüberlastung steht das Vordringen der Bildkommunikation. Informationsüberlastete Konsumenten (also wir alle) bevorzugen Bilder, denn diese ermöglichen eine besonders schnelle und gedanklich bequeme Informationsaufnahme. Bilder werden mit geringerer gedanklicher Beteiligung und Anstrengung verarbeitet, sie werden daher vor allem von wenig involvierten, passiven Empfängern bevorzugt, die sich gedanklich nicht anstrengen wollen. Die klassische Werbung (Anzeige/Plakat/TV/Funk) hat es überwiegend mit solchen Empfängern zu tun.

3. Es gibt keine Regeln

Bill Bernbach, der epocheprägende Werber der Agentur *Doyle, Dane, Bernbach* (New York), sagte einmal: „Die erste Regel der Werbung ist: Es gibt keine Regeln!" Deshalb sollen die einzelnen Positionen der Checklisten keine Regeln, sondern lediglich Anhaltspunkte sein: für Werbung mit mehr Wirkung. Dabei können sie Ihnen nicht nur bei der Entwicklung, sondern auch bei der Beurteilung und Überprüfung von Gestaltungsansätzen helfen. Aber gehen Sie nicht zu dogmatisch an die Sache. Schließlich muß gelten: „Der Wurm muß dem Fisch schmecken, nicht dem Angler." (*Bill Bernbach*) Eine Regel heißt deshalb sicherlich auch: Erlaubt ist, was gefällt. Aber es muß auch wirken.

Oder sagen wir es anders: Sie können jeden der Checkpunkte erfolgreich durchbrechen oder gar bei Ihrer Zielgruppe durchsetzen. Aber mit Sicherheit niemals viele oder alle gleichzeitig.

Checkliste **38**

Konzeptionelle Vorüberlegungen zum Text

	entfällt	*verfolgen*	*Anmerkungen/Daten/Hinweise*

☐ Hat das Produkt keinen USP? Dann sollte nicht krampfhaft versucht werden, trotzdem einen zu formulieren. Ihr Produkt kann immer noch die gewünschte Alternative sein – das erfolgreiche Zweite einer Gattung.

☐ Ist das Produkt austauschbar? Häufig empfiehlt sich eine emotionale Ansprache eher als die informative Positionierung.

☐ Ist das Produkt bei der Zielgruppe von hohem Interesse (z.B. berufsbedingt)? Handelt es sich um eine Innovation? Eine emotionale Ansprache kann sich dann i.d.R. erübrigen gegenüber eher informativen Elementen.

☐ Ist das Werbeziel klar formuliert? Soll der Bekanntheitsgrad gesteigert, das Image verbessert, besser über die Produktvorteile informiert werden?

☐ Nicht jede Werbung braucht einen Slogan. Soll der Bekanntheitsgrad gesteigert werden? Dann kann der Slogan eine wichtige Rolle spielen. Bei konkreter Informationsübermittlung und/oder hohem Zielgruppen-Involvement spielt er i.d.R. eine untergeordnete Rolle, genauso wie emotionale Appelle. Beispiele: neue Arzneimittel (Innovationen), Investitionsgüter.

☐ Ist das Angebot neu oder anders? Sie sollten darüber im Angebot an prominenter Stelle sprechen.

☐ Werbung braucht Originalität. In unreflektierter Weise angewendet, führen solche Ideen häufig aber nicht zum Produkt hin. Drängt der Unter-

VI. Textliche und bildliche Umsetzung

38 Checkliste
Konzeptionelle Vorüberlegungen zum Text

	entfällt	verfolgen	Anmerkungen/Daten/Hinweise
haltungswert das Werbeziel in den Hintergrund? In diesen Bereich gehören z.B.			
⇨ Witze, Gags, Ironie (hier kommt erschwerend hinzu, daß bei kurzer Betrachtung die Inhalte oft nicht verstanden werden). Bei jungen Zielgruppen wiederum sind diese Techniken gut einsetzbar. Regel: Digitale Informationen für jüngere, analoge Informationen für ältere Zielgruppen.			
⇨ Eye-Catcher ohne (oder mit an den Haaren herbeigezogenem) Produktbezug			
⇨ Preisausschreiben als klassisches Element der Unterhaltungsindustrie (vornehmlich Marken, die nichts mehr zu sagen (!) haben, bedienen sich solcher Elemente)			

Checkliste **39**

Textaufbau

	entfällt	verfolgen	Anmerkungen/Daten/Hinweise
☐ Wenn ein einzigartiger Vorteil (USP) gegenüber Konkurrenzprodukten/-dienstleistungen besteht: Steht er in der Headline? Denn diese wird von 5mal mehr Menschen gelesen als der Fließtext.			
☐ Wenn Sie mit dem Abbruch der Informationsaufnahme rechnen: Haben Sie die Haupt-/Kernbotschaft in der Headline untergebracht?			
☐ Enthält der Slogan idealerweise die Positionierung des Produktes/der Marke? Beispiel: „Nichts ist unmöglich"– *Toyota* (Autos für alle Ansprüche von einem innovativen Hersteller).			
☐ Enthält der Slogan idealerweise den Markennamen? Häufig werden Slogans erinnert, nicht aber der Markenname. Beispiel: „Erleben und genießen" – Wissen Sie, daß der von *HB* ist?			
☐ Ist der Text übersichtlich gegliedert? Haben Sie unterschiedliche Verkaufsargumente untereinander oder mit Numerik aufgelistet? Häufig ist der Erinnerungswert höher als bei einer Aneinanderreihung im Fließtext.			
☐ Bei längeren Texten erhöhen Zwischentitel (besonders auch in Frageform) die Neugierde auf den weiteren Text.			
☐ Kurze Absätze sind wesentlich für eine übersichtliche Gliederung. Vor allem der erste Absatz eines Textes sollte nicht zu lang sein, um den Empfänger nicht abzuschrecken.			

VI. Textliche und bildliche Umsetzung

39 Checkliste
Textaufbau

	entfällt	verfolgen	Anmerkungen/Daten/Hinweise

☐ Ermöglicht der Text eine schnelle Orientierung? Sind die Überschriften prägnant? Haben Sie an Hervorhebungen durch fettgedruckte Schlüsselwörter gedacht? Kurz gesagt: Ist der Text klar strukturiert, und wird der Empfänger durch den Text hindurchgeleitet? (Besonders wichtig bei Textanzeigen/redaktionellen Anzeigen)

☐ Alte Journalistenregel: Sind die Teilinformationen entsprechend ihrer Wichtigkeit aufgeführt? In jeder Textphase ist mit dem Ausstieg einzelner Leser zu rechnen.

☐ Haben Sie einfache Worte gewählt?

☐ Ist ein längerer Text sinnvoll? Ein langer Fließtext von über 350 Wörtern wird zumeist von mehr Menschen gelesen als kurze Texte.

☐ Die Satzlänge ist mitentscheidend für die Verständlichkeit. Die Obergrenze für Direktwerbebriefe nach *Vögele* liegt bei 15 Wörtern pro Satz, die Obergrenze der optimalen Verständlichkeit liegt nach *dpa*-Empfehlung bei 9 Wörtern. Haben Sie solche Empfehlungen berücksichtigt?

☐ Bei längeren Sätzen: Bleibt die Satzstruktur eindeutig? Das Verb sollte sich nicht am Ende langer Sätze „verstecken", der Sinnzusammenhang wird sonst zu spät klar.

☐ Führt der Text hin zu einer gewünschten Handlung, z.B. Probefahrt, Händlerbesuch, Katalog-/Musteranforderung per Coupon?

Checkliste **39**

Textaufbau

	entfällt	verfolgen	Anmerkungen/Daten/Hinweise
☐ Sprechen Sie Spezialzielgruppen oder regionale Zielgruppen an? Dann ist es sinnvoll, die Spezialzielgruppe oder die Region auch direkt in der Headline anzusprechen.			

40 Checkliste
Textstil

	entfällt	verfolgen	Anmerkungen/Daten/Hinweise
☐ Haben Sie daran gedacht, daß Story und Geschichten in Headlines erstaunliche Erfolge im Verhältnis zu Sach-Headlines aufweisen? Beispiel: „Schreiner Domke traf den Nagel auf den Kopf: Hobelmaschine gekauft. VW Transporter geleast." (*V.A.G.* Leasing)			
☐ Haben Sie daran gedacht, daß Analogien häufig nicht verstanden werden? Bei der i.d.R. nur kurzen Betrachtung erweisen sich Verfremdungen häufig als Erschwernis bei der Wahrnehmung. Ist die Analogie einfach und prägnant? Beispiel: „Fönfrisuren schon ab 36.500 DM" (*Rover* Cabriolets).			
☐ Ist Ihnen bewußt, daß Headlines mit hilfreichen Informationen eine sehr hohe Aufmerksamkeit erzielen? Beispiel: „Wie man Freunde gewinnt und behält". Allerdings sollten Sie solche Rätsel zügig auflösen, weil der Empfänger u.U. nicht bereit ist, mehr Zeit aufzuwenden als für eine „normale" Anzeige.			
☐ Wird die Marke aktiv dargestellt? Verben sind hilfreich, besonders um das Verursacherprinzip darzustellen. Beispiele: „Kaba hält Sie gesund", „Underberg wärmt den Magen an". Das Produkt ist für die versprochene Leistung selber als Subjekt verantwortlich.			
☐ Verbindet sich der Slogan gedanklich eindeutig (!) mit dem Angebot oder zumindest mit dem Unternehmen?			

Checkliste 40

Textstil

	entfällt	verfolgen	Anmerkungen/Daten/Hinweise

- ☐ Besitzt Ihr Slogan Rhythmus? Durch Alliterationen läßt sich die Merkfähigkeit erhöhen. Beispiele: „bei Wind und Wetter", „mit Stumpf und Stiel".

- ☐ Hat der Slogan vokalischen Wohlklang?

- ☐ Ist der Slogan leicht zu lernen (Reim, Ellipse, Gegensatz)? Beispiel für eine Ellipse (= Auslassung) und auch für den Gegensatz: „Auf diesen Tag wartete sie ihr ganzes Leben, auf dieses Kleid (wartete sie) nur 24 Stunden." (*Otto Versand*, Brautkleider)

- ☐ Ist auch der erste Absatz im Fließtext noch originell und aufmerksamkeitsstark?

- ☐ Haben Sie daran gedacht, daß Testimonial-Texte glaubwürdiger machen (z.B. Empfehlung von tatsächlichen oder scheinbaren Experten), daß aber Prominente häufig das Angebot in der Erinnerung überstrahlen?

- ☐ Entspricht die Ansprache der Zielgruppenidentität? Können Sie auch eine persönlichere Form der Ansprache wählen? Vermeiden Sie aber Anbiederung wie z.B. in der *Mars*-Schokoriegel-Werbung: Die Zielgruppe muß sich duzen lassen. In diesen Bereich gehören auch Kombinationen mit Imperativen wie z.B. „Greif zu xyz".

- ☐ Ist der Text hinreichend am Empfänger orientiert? Eine deutliche Häufung absenderorientierter Formulierungen, wie z.B. „wir", „uns", ist ein Zeichen für mangelnde konzeptio-

VI. Textliche und bildliche Umsetzung

40 Checkliste
Textstil

	entfällt	verfolgen	Anmerkungen/Daten/Hinweise

nelle Vorarbeit (fehlende Herausarbeitung des Kundenvorteils).

☐ Kann der Lesefluß des Textes noch verbessert werden? Speziell der Substantiv-Stil mit der Endung „-ung" stört bei häufigem Auftreten die Lesbarkeit. Im Zweifel ist ein Verb zu verwenden.

☐ Durchforsten Sie den Text nach abgedroschenen Formulierungen.

⇨ Stoßen Sie auf nichtssagende Attribute? Beispiele: super, spezial, absolut, einmalig, revolutionär

⇨ Haben sich Leerfloskeln eingeschlichen? Beispiele: „Qualität ist unsere Devise", „Für höchste Ansprüche", „Die Wahl der Vernunft" etc.

☐ Um abgedroschene Formulierungen zu verhindern: Kann eine Wortneuschöpfung die Eigenschaften besser umschreiben? Beispiele: Grauschleier, Knabberspaß, atmungsaktiv, korngesund … Umständliche Umschreibungen können vermieden werden.

☐ Sind die Formulierungen anschaulich? Konkrete Einzelbegriffe sind bildhafter, anschaulicher als abstrakte Oberbegriffe. Beispiele: statt „Geflügel" besser „Ente", „Gans" oder „Hähnchen"; statt „alternative Technologien" besser „Sonnenenergie", „Windkraft".

☐ Haben Sie im Text Assoziationen der Zielgruppe zu den Schlüsselwörtern berücksichtigt? Die Verwendung emotional besetzter Wörter löst eine Vielzahl von Assoziationen aus und

Checkliste **40**

Textstil

	entfällt	verfolgen	Anmerkungen/Daten/Hinweise

erspart damit ausschweifende Erklärungen. Der Bedeutungsinhalt muß genau geprüft werden.

☐ Haben Sie fälschlicherweise Superlative benutzt? Sie sind rechtlich gegenüber Wettbewerbern nur erlaubt, wenn es sich um eine zweifelsfrei beweisbare Tatsachenfeststellung handelt. Superlative, die keinen Alleinstellungsanspruch begründen, können (u.U.) zulässig sein (z.B. „einer der Besten"). Allerdings wirken sie oft schwülstig, angeberisch und unglaubwürdig.

☐ Headlines in Anführungsstrichen (auch persönliche Rede/Zitate) steigern den Erinnerungswert um durchschnittlich 28 Prozent.

☐ Die Leserquote bei Texten mit Ratschlägen ist durchschnittlich um 75 Prozent höher als bei nur produktbeschreibenden Texten.

☐ Bei geringem Involvement der Empfänger und guten Überzeugungsargumenten: Kommt die rhetorische Frage als Stilmittel in Betracht? Beispiel: „Was wäre die zarte Milka ohne unsere gute Alpenmilch?"

☐ Wird der Text durch Vergleiche anschaulicher? Besonders aufmerksamkeitsstark werden sie durch die Gegenüberstellung von Wörtern mit gegensätzlicher Bedeutung. Beispiel: „Ist Bausparen nicht altmodisch? – Ist Mietezahlen etwa modern?"

☐ Vorgenanntes Beispiel arbeitet gleichzeitig mit der Figur der Anheimstellung: Es wird eine Alternative zum beworbenen Produkt

VI. Textliche und bildliche Umsetzung

40 Checkliste
Textstil

	entfällt	verfolgen	Anmerkungen/Daten/Hinweise

angeboten, die entweder schlechter oder nicht ganz ernst gemeint ist. Beispiel: „Vorbeugen ist besser als bohren" (Zahncreme).

☐ Wortspiele sind eines der wichtigsten Stilmittel der Werbung. Sie dürfen aber nicht gekünstelt wirken oder zu kompliziert werden. Beispiel: „Da weiß man, daß ihn keiner hat" (*Rover* PKW). Dieses Wortspiel bezieht seine Wirkung aus dem gut penetrierten *Persil*-Slogan: „Da weiß man, was man hat".

☐ Werden im Text Zustände oder Handlungen beschrieben? Es weckt immer mehr Interesse, wenn etwas geschieht, als wenn etwas einfach nur „ist"

Klasse! Story und Anlaß aktiviert!

1997, das Jahr der Klinke.

Stilmittel „Punkt" = Full stop. Soll der Leser nicht besser in den Text gezogen werden? Also ...

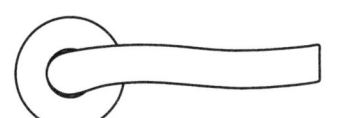

FSB Modell 1028
Design Hartmut Weise

Schöne Bilder im Text. Gibt Spannung und Anregung.

Regelmäßig werden von Institutionen aller Art Gedenkjahre beliebiger Art ausgerufen: Das Jahr der Breitflügel-Libelle, das Jahr der minderjährigen Witwe oder das Jahr der Piemont-Kirsche. FSB als relativ führender Hersteller von Designer-Klinken aller Art sieht sich darum veranlaßt, 1997 zum Jahr der Klinke auszurufen. Aus gutem Grund.

Das erste, was Sie am Morgen des 1. Januar 1997 in die Hand nehmen – noch vor Zahnbürste und Kopfwehtabletten – ist die Klinke. Dementsprechend beginnt das neue Jahr kantig oder rund, kompakt oder asketisch. Eine homogene Handformklinke, wie die von Hartmut Weise (FSB 1028), kann dann eine positive Grundstimmung erzeugen, die auf alle folgenden Tage des Jahres 1997 übergreift. So gesehen war auch 1996 das Jahr der Klinke. Allerdings vergaßen wir, es als ein solches anzukündigen.

Sag' die Wahrheit und nutze sie zum Vorteil. Sehr glaubwürdig!

Damit Sie in den nächsten Monaten in aller Ruhe über die Bedeutung der Klinke für Ihren weiteren Lebensweg nachdenken können, lassen wir Sie bis zum Juli 1997 unbeeinflußt: Wir machen eine Anzeigen-Pause. Falls Sie diese Pause gezielt nutzen möchten, empfehlen wir unseren kostenlosen Klinken-Prospekt. Zu bestellen bei Franz Schneider Brakel GmbH + Co, Postfach 14 40, D-33029 Brakel, Telefon (0 52 72) 60 81 20, Fax 60 83 00, http://www.fsb.de und fsb-klinken@t-online.de. Spiegel-Leser, denen unsere Anzeigenpause Entzugsprobleme bereitet, vereinbaren bitte einen Wallfahrtstermin nach Brakel.

Geht im Text unter. Besser evtl. typographisches Hervorheben (z.B. halbfette Schrift) oder erweitert als Coupon.

Vorsicht mit Ironie! (Tucholsky behauptete, der Deutsche sei ironieunfähig). Vorsicht auch mit religiösen Anspielungen, die verletzen können und hier nicht notwendig sind.

└ FSB

Abb.: Beispiel einer guten Textanzeige

VI. Textliche und bildliche Umsetzung

41 *Checkliste*
Konzeptionelle Vorüberlegungen zum Bild

	entfällt	verfolgen	Anmerkungen/Daten/Hinweise

In gesättigten Märkten mit austauschbaren Produkten spielen die Informationsbedürfnisse der Zielgruppe häufig eine untergeordnete Rolle, es wird eine emotionale Positionierung gesucht. Emotionen werden auch über Bilder transportiert. Wenn die emotionale Positionierung für Ihr Produkt zutrifft:

☐ Bieten Sie Ihre Marke zusammen mit emotionalen Reizen dar? Sie finden (bei richtiger Auswahl) bei den Empfängern besondere Resonanz und bleiben eher im Gedächtnis haften.

☐ Hat die Marke für die Umworbenen einen emotionalen Erlebnisgehalt? Beispiel *Marlboro*: Die emotionale Positionierung ist so gelungen, daß Testpersonen inzwischen die Krempe des Cowboy-Hutes beschreiben können – wahrscheinlich eher aufgrund der verinnerlichten emotionalen Reize, umgesetzt in eigene Phantasien, als aus der tatsächlichen Beobachtung.

☐ Entscheidend ist nicht nur, welcher emotionale Reiz vorgegeben wird, sondern was der Empfänger innerlich aus diesem Reiz macht. Sind die vorgegebenen Reize geeignet, ein einheitliches emotionales Bild aufzubauen?

☐ Kann Ihre Gestaltung Ihr Produkt emotional aufladen?

☐ Sind die emotionalen Reize markenspezifisch individuell und möglichst neuartig?

Checkliste **41**

Konzeptionelle Vorüberlegungen zum Bild

	entfällt	*verfolgen*	*Anmerkungen/Daten/Hinweise*
☐ Entsprechen die emotionalen Reize der Zielgruppe? Sind sie ihrem Wahrnehmungsklima angepaßt?			
☐ Setzen Sie sich mit der geplanten/ gewünschten emotionalen Welt der Vergleichbarkeit aus – oder schaffen Sie sich idealerweise ein eigenständiges emotionales Gebilde?			
☐ Vermeiden Sie Klischees, wie z.B. die glücklichen und flotten jungen Leute, zu zweit oder in Gruppen vereint, die quer durch die Werbung vieler Branchen abgebildet werden. Haben Sie Ihre Werbung nach solchen Klischees durchforstet? Sie verhindern Auffälligkeit und Einprägsamkeit der Werbung.			
☐ Verhindern Sie stereotype Auftritte, wie sie z.B. durch Lifestyle-Techniken entstehen. Testen Sie doch einmal, ob Ihre Werbung auch mit einem anderen, nicht konkurrierenden Produkt funktioniert. Wenn ja: Ihre Werbung wird Ihrem Produkt/Ihrer Marke kaum eindeutig zugeordnet werden. Findet eine eindeutige Assoziation zwischen Werbung und Produkt statt?			
☐ Da das Bild als erstes betrachtet wird, baut das Thema des Bildes Erwartungen über die Werbebotschaft auf. Widersprüche zwischen der geweckten Erwartung und der Botschaft verhindern schnelle Orientierung und Verständnis. Besteht Harmonie zwischen Bild und Headline? Löst die Headline die durch das Bild ausgelöste Spannung auf?			

VI. Textliche und bildliche Umsetzung

41 Checkliste
Konzeptionelle Vorüberlegungen zum Bild

	entfällt	verfolgen	Anmerkungen/Daten/Hinweise
☐ Vermeiden Sie „Werberätsel", die sich in der Verhaltensanalyse fast immer als wesentliche Erschwerung der Wahrnehmung erweisen. Bild und Headline sollen durchaus spannend und anregend sein, aber: Wird das Verständnis schnell auf den Kern der Werbebotschaft gelenkt? (Siehe auch Checkliste Textstil)			
☐ Haben Sie eine Gestaltung gewählt, mit der			
⇨ schnelles Verstehen der Schlüsselinformationen (!) für wenig involvierte Empfänger, die sich der Werbung i.d.R. nur maximal 2 Sekunden zuwenden, erreicht wird			
⇨ und die gleichzeitig Neugier auf weitergehende Informationen der stärker involvierten Empfänger weckt?			
☐ Lernleistungen hängen von der persönlichen Motivation des Empfängers ab. Low-involvement-Empfänger lernen langsam und nur bei einprägsamen Botschaften. Haben Sie über zusätzliche Aktivierungstechniken nachgedacht? (Dies kann ein zusätzlich zu integrierender Coupon sein, eine Infoline zum Anrufen usw.)			
☐ Ein wesentlicher Punkt heißt Kontinuität. Eine Marke, die häufig ihre charakteristischen Eigenschaften wechselt, hat bald ihr eigenständiges Gesicht verloren. Haben Sie geprüft, ob sich Ihr werblicher Auftritt langfristig entwickelt hat oder so einsetzbar ist? Sind Weiterentwicklungen möglich, ohne das Markenbild zu beschädigen?			

Checkliste **42**

Gesamtstruktur und Bildumsetzung

entfällt   verfolgen   Anmerkungen/Daten/Hinweise

☐ Haben Sie sich bei der Plazierung der Gestaltungselemente am kulturtypischen Blickverlauf von links oben nach rechts unten orientiert? Oben links wird am häufigsten fixiert, unten links am wenigsten. Der obere Bereich einer Anzeige wird stärker fixiert als der untere und entsprechend besser verarbeitet.

☐ Bilder werden wegen ihrer höheren Aktivierungskraft im allgemeinen vor dem Text beachtet. Steht der Text deshalb rechts neben oder unter dem Bild?

☐ Haben Sie Ihre Informationen hierarchisch dargeboten? Steht die wichtigste Information an erster Stelle?

☐ Haben Sie berücksichtigt, daß ein Element der Werbung besonders herausgehoben sein sollte und die Elemente nicht fälschlicherweise gleichgewichtig sind?

☐ Ist der Produktname idealerweise an prominenter Stelle plaziert? Häufig erinnern sich Testpersonen an Slogans/Headlines/Bilder, aber sie können sie nicht mit einem Produkt in Verbindung bringen. Dann trägt die Werbung noch nicht einmal zur Markenbekanntheit bei. (Siehe auch Checkliste Textaufbau)

☐ Ist Ihre Bildgestaltung fälschlicherweise eine Wiederholung der Aussagen in Headline und Text? Diese Doppelung, oft als Verstärkung gemeint, baut zuwenig Spannung auf und langweilt. Das Bild trägt idealerweise zum Verständnis des Textes bei, wiederholt jedoch nicht.

VI. Textliche und bildliche Umsetzung

42 Checkliste
Gesamtstruktur und Bildumsetzung

	entfällt	verfolgen	Anmerkungen/Daten/Hinweise
☐ Bilder, in denen Gegenstände unverknüpft nebeneinander abgebildet werden, sind wenig einprägsam (z.B. das Produkt neben dem Konsumenten). Können Sie die Elemente miteinander verbinden, so daß eine Interaktion entsteht? Das Bild erhält so zusätzliche Bedeutung und wird durch seine Lebendigkeit besser erinnert.			
☐ Enthält das Bild eine Handlung? Fotos mit „Story appeal" werden überdurchschnittlich beachtet.			
☐ Haben Sie bei mangelnder Relevanz einer Handlung dann die Packung als sinnvolles Foto eingesetzt?			
☐ Ist bei Ihrem Produkt eine Vorher-nachher-Darstellung möglich? Solche Darstellungen führen häufig zu überdurchschnittlichen Umsatzsteigerungen.			
☐ Berücksichtigen Sie die Erkenntnis, daß Fotos in Couponanzeigen die Rücklaufquoten häufig mehr erhöhen als Zeichnungen!			
☐ Sie sollten statt eines Fotos eine Zeichnung einsetzen, wenn ein Foto nicht einsetzbar ist (z.B. Schnitt durch das Herz). Oder weil eine Grafik/Zeichnung ein bestimmtes Element/einen Sachverhalt besser veranschaulichen kann.			
☐ Können sich die Bilder idealerweise auf das Wesentliche konzentrieren, ohne mit anderen Produkten verwechselt zu werden?			
☐ Bei Produktdarstellung: Zeigt das Foto Ihr Produkt von seiner besten –			

Checkliste **42**

Gesamtstruktur und Bildumsetzung

entfällt   verfolgen   Anmerkungen/Daten/Hinweise

den Besitzwunsch stimulierenden – Seite? Wollen Sie spezifische Produkteigenschaften besonders akzentuiert wissen?

☐ Haben Sie fälschlicherweise Massenszenen im Foto verwendet? Sie wirken zumeist diffus und nicht anziehend.

☐ Haben Sie daran gedacht, daß Fotomodelle, die in Fernsehspots schon Verwendung für Ihre Werbung gefunden haben, den Erinnerungswert der Printwerbung steigern?

☐ Haben Sie geprüft, inwieweit die Zielgruppe das Fotomodell akzeptiert? Kann das Modell die Inhalte glaubwürdig transportieren (Alter, Geschlecht, soziale Herkunft etc.)?

☐ Haben Sie die Erkenntnis berücksichtigt, daß historische Inhalte im Bild zumeist als langweilig empfunden werden? Der Mensch interessiert sich vornehmlich für das Heute und Morgen, die Vergangenheit wird als bekannt vorausgesetzt.

VI. Textliche und bildliche Umsetzung

42 Checkliste

Guter Blickverlauf von links oben nach rechts unten!

Untypische Darstellung. Könnte zum Bilderrätsel werden. Evtl. besser „Aufsicht" auf schräger Wand.

Sehr gut! Beide Fotos nicht gleich groß!

Bild vor Text, wunderbar.

Bild und Text identisch. Hier aber notwendig, weil sich das Bild nicht selbst erklärt.

Verbindung durch analoge Optik = gute Didaktik.

Abb.: Beispiel einer recht gelungenen Anzeige bezüglich Gesamtstruktur und Bildumsetzung

Checkliste 42

In Deutschland sind Bild<u>unter</u>schriften das Maß aller Dinge. Besonders, wenn man Response will!

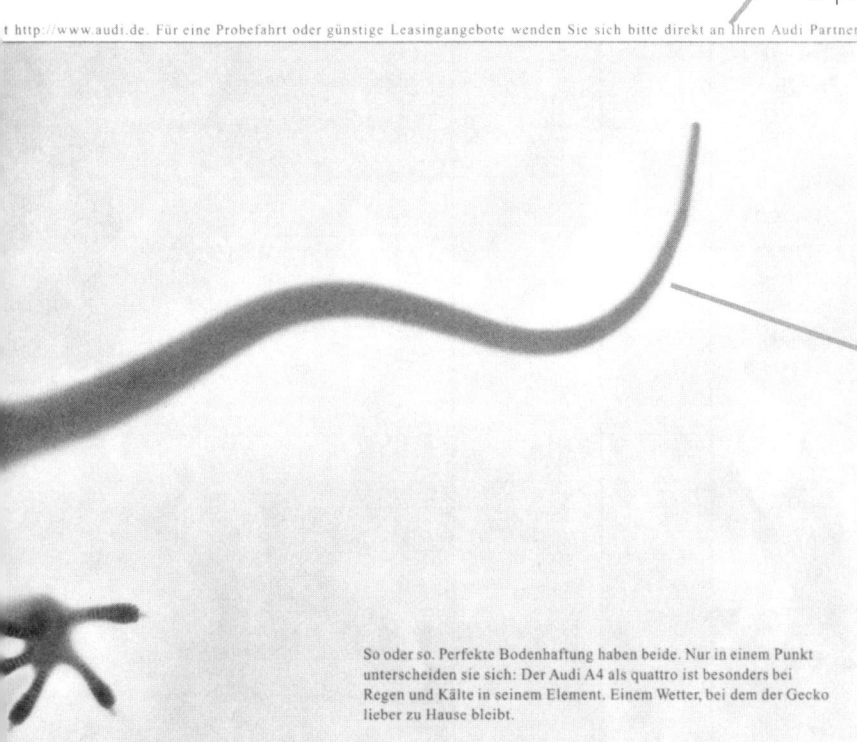

t http://www.audi.de. Für eine Probefahrt oder günstige Leasingangebote wenden Sie sich bitte direkt an Ihren Audi Partner.

Reptilien sind eine „Männerbotschaft". Darum in Verbindung mit Vorsprung durch Technik die richtige Auswahl aus der Bionik.

So oder so. Perfekte Bodenhaftung haben beide. Nur in einem Punkt unterscheiden sie sich: Der Audi A4 als quattro ist besonders bei Regen und Kälte in seinem Element. Einem Wetter, bei dem der Gecko lieber zu Hause bleibt.

er eingebaut.   Der Audi A4 quattro.

Audi
Vorsprung durch Technik

Ausstiegsgefahr! Evtl. werden Produkt und Produktname nicht genügend wahrgenommen.

VI. Textliche und bildliche Umsetzung

43 *Checkliste*
Typographie

	entfällt	verfolgen	Anmerkungen/Daten/Hinweise
☐ Steht die Headline schwarz auf weißem Grund? Negativschriften sind schlechter wahrnehmbar.			
☐ Wenn wir trotzdem eine negative Schrift verwenden und die auch noch „schwach" ist: Ist dann wenigstens der Untergrund ruhig?			
☐ Verwendet der Fließtext – besonders wenn er länger ist – fälschlicherweise nur Versalien? Sie sind schlechter lesbar.			
☐ Steht die Headline auf einem Bild? Besonders bei kleinformatigen Werbemitteln stört dies die Wahrnehmungsrate.			
☐ Haben Sie berücksichtigt, daß eine Headline unter einem Bild der typischen Wahrnehmungsreihenfolge (Bild, Headline, Fließtext) eher folgt und darum von durchschnittlich 10 % mehr Lesern aufgenommen wird, als wenn die Headline über dem Bild stünde?			
☐ Ist die Body-Copy in einer Anzeige			
⇨ mindestens zwischen 8 und 10 Punkt groß?			
⇨ in einer mageren Schrift?			
⇨ in einem Buchstabenabstand von nicht mehr als dem Schnitt der Schrift?			
⇨ in einem Wortabstand von ca. 4 Punkt bei einer 8-Punkt-Schrift?			
⇨ in einer Zeilenbreite von max. 45 Anschlägen (besser 36 bis 40) bzw. 10 Zentimetern (22 Cicero) untergebracht?			

Checkliste **43**

Typographie

	entfällt	*verfolgen*	*Anmerkungen/Daten/Hinweise*

☐ Bei großen, kompressen Textblöcken: Können Sie den Schriftgrad verkleinern, um den Durchschuß zu erhöhen?

☐ Verwenden Sie wegen der besseren Lesbarkeit eine vertraute Typographie, wie z.B. Futura, Helvetica, Garamond oder Times? Allerdings können diese Schriften weniger aktivieren und emotionale Bedeutung auslösen als ausgefallenere Typos. „Die beste" Schriftart gibt es also nicht.

☐ Haben Sie kursive Schriften nur bei Hervorhebungen eingesetzt, ansonsten zur Hervorhebung halbfette Texte, Pfeile, Kreise, Sternchen, Anführungszeichen, Unterstreichungen, Aufzählungen etc. eingesetzt?

☐ Steht der Produktname in Headline und Fließtext fälschlicherweise als Logo?

☐ Haben Sie farbige Schriften „gestaltungsschwach" eingesetzt, da man sich oft nur an die Farbe, jedoch nicht an den Inhalt von Farbschriften erinnert?

☐ Sind Sie sich bewußt, daß die Leserquote durchschnittlich um 12 Prozent steigt, wenn zwischen Absätzen eine Leerzeile (statt einer einfachen Einrückung) eingebaut ist?

☐ Haben Sie bei den Schriftgrößen mehr als zwei Schriftpräferenzen und eine Unterpräferenz? Das führt zu Unruhe und evtl. Leseraustieg.

☐ Begnügen Sie sich mit zwei Schriftarten, besser sogar nur mit einer.

43 *Checkliste*
Typographie

	entfällt	verfolgen	Anmerkungen/Daten/Hinweise
☐ Haben Sie hinter der Headline einen Punkt (als Gestaltungsmerkmal wirklich zwingend?) eingesetzt, der den Leser zum „geistigen Zurücklehnen" (im Englischen heißt der Punkt „full stop") auffordert und damit zum Aussteigen aus dem Text?			

Checkliste **43**

Typographie

Sanftheit und Natürlichkeit durch Typo gut dargestellt. Prima!

Wichtig: Passen Farbgebung und Typographie zusammen?

Linksflatternder Text erfreut Ästheten. Aber sonst niemanden!

Negativ-Schriften nicht gut lesbar. Wo lag der Zwang, hier negativ zu gestalten?

Zwei unterschiedliche Typos für ein Produkt?

Abb.: Typographisch teils gut umgesetzte Anzeige (Gesamtaussage – Typographie)

VI. Textliche und bildliche Umsetzung

VII. Non-Live-Kommunikation

1. Medien in der Non-Live-Kommunikation

Der Mensch ist in ein dichtes Netzwerk von Medien eingebunden, die ihm wichtige Informationen beruflicher oder politischer Art vermitteln, aus denen er aber auch Informationen für seinen privaten Bereich wie Kultur und Freizeit erhält.

Diese Art der Kommunikation bezeichnen wir im Unterschied zur Live-Kommunikation als Non-Live-Kommunikation. (Eine tiefere Darstellung, auch zur Erlebniskommunikation, finden Sie in Kapitel VIII zur Live-Kommunikation.) Zwischen den werbetreibenden Unternehmen und Informationsempfängern entwickelt sich auf dieser Basis ein Beziehungsgeflecht, dem die Medien zwischengeschaltet sind. Die Medien werden von der werbetreibenden Wirtschaft eingesetzt, um Botschaften, die das Unternehmen und seine Produkte betreffen, in die entsprechenden Zielgruppen zu tragen.

In diesem Kapitel beschäftigen wir uns mit den Abläufen, die zur Auswahl und zum optimalen Einsatz eines Mediums nötig sind. Doch zunächst wollen wir den Begriff der Medien näher erläutern. In der Werbung verwendet man diesen Begriff für die Bezeichnung der unterschiedlichen Werbeträger. Werbeträger wiederum werden definiert als:

Stoffliche oder physikalische Träger, durch welche eine Werbebotschaft übermittelt wird

Zum besseren Verständnis dieser Begrifflichkeiten ist es sinnvoll, an einfachen Beispielen verschiedene Werbeträger in direkter Abgrenzung zum Begriff des Werbemittels zu benennen.

Werbeträger
☐ Fernsehen
☐ Hörfunk
☐ Zeitschriften
☐ Anschlagstelle

Werbemittel
☐ Fernsehspot
☐ Hörfunkspot
☐ Anzeige
☐ Plakat

Die Gegenüberstellung zeigt uns, daß das Medium den Weg bezeichnet, auf dem uns eine Werbebotschaft erreichen soll. Hieraus wird ersichtlich, daß der Begriff der Medien sehr weit gefaßt ist, und daher werden wir uns in diesem Kapitel nur mit einigen ausgewählten Non-Live-Medien befassen, die insgesamt aber einen guten Überblick über die Vielfältigkeit verschaffen.

Daß hier nur ein Ausschnitt der Medienvielfalt behandelt werden kann, hat allerdings noch einen weiteren Grund. Die rasante Entwicklung der letzten zehn Jahre hat uns im Bereich der elektronischen Medien ein enorm breites Spektrum der unterschiedlichen Möglichkeiten verschafft, mit dem niemand in dieser Vielfalt gerechnet hatte, und die medientechnische Entwicklung ist noch nicht abgeschlossen.

Diese Entwicklung hat großen Einfluß auf den Bereich der Mediaplanung, die mittlerweile einen großen Stellenwert bekommen hat.

Am Beispiel der TV-Werbung wollen wir aufzeigen, wie komplex die Mediaplanung heutzutage sich darstellt. Vor rund 10 Jahren befaßte sich die Mediaplanung lediglich damit, bei den zwei großen Sendeanstalten frühzeitig Einschalttermine zu buchen, ein weiterer Einfluß auf die Spotplazierung war im wesentlichen nicht möglich.

Nachdem das Angebot an Sendern, Sendezeiten und werblichem Umfeld nahezu explodiert ist, stellen sich der Mediaplanung vielfältige Aufgaben. Es wird nicht mehr nur ein Kanal belegt, sondern die Buchung von Spotzeiten richtet sich nach dem Umfeld, den Sendungen, in denen ein Werbeblock plaziert ist.

Hierbei ist es kaum noch relevant, um welchen Sender es sich handelt, da auch die Zielgruppe mit dem Sendeangebot von Sender zu Sender wandert. Die Mediaplanung berücksichtigt in zunehmendem Maße, wo ein Spot innerhalb eines Werbeblocks plaziert wird. Aufgrund der Flut von Spots ist eine Plazierung am Anfang eines Blocks günstiger, da in zunehmendem Maße bei Werbeeinblendungen zum nächsten Sender geschaltet wird („Zapping"). Sie werden in diesem Kapitel daher keine Individuallösungen finden, wie etwa eine Checkliste für den bedruckten Bleistift oder die faltbare Schallplatte (die gab es wirklich!) mit Ihrer Werbebotschaft.

Vielmehr finden Sie hier Checklisten, die Ihnen helfen sollen, bei der Auswahl von geeigneten Werbeträgern die richtigen Fragen zu stellen bzw. Antworten zu finden. Auf einem Medienmarkt, der nahezu unüberschaubar geworden ist und sich ständig wandelt, kann die falsche Medienauswahl das Budget in erheblichem Maße belasten.

2. Medienauswahl und Budget

Leider ist dies auch häufig der Bereich, dem am wenigsten Aufmerksamkeit gewidmet wird. Wir haben hierzu eine empirische Untersuchung durchgeführt, die auf anschauliche Weise mögliche Fehlerquellen aufdeckt. Beim Nachwiegen von 1000 Direktwerbebriefen zeigten sich folgende Ergebnisse:

Mehr als 25 Prozent der Briefe waren um wenige Gramm in eine höhere Gewichtsklasse gerutscht und damit im Porto deutlich teurer geworden. Durch eine einfache Gewichtsreduktion von oft nur ca. 3 bis 5 Gramm, die den werblichen Inhalt nicht beeinträchtigt hätte, wäre dem Versender ein Mehrporto von mehreren 1000 DM erspart geblieben.

Ähnliches finden wir bei anderen Punkten immer wieder. Aufgrund persönlicher oder geschäftlicher Beziehungen werden Anzeigen in Printmedien geschaltet, die sich an keines der üblichen Standardformate anpassen lassen. Sie zahlen also nicht nur die „Gefälligkeitsanzeige" unnötigerweise, da diese nicht im Rahmen eines Kommunikationskonzeptes einer Kampagne und eines verabschiedeten Mediaplanes eingesetzt wird, sondern tragen auch noch zusätzlich die Kosten der Druckunterlagenerstellung. Diese zum Teil nicht unerheblichen Kosten können durch eine gut strukturierte Vorplanung berücksichtigt werden.

Ein weiteres Beispiel: So hat ein Unternehmen für drei verschiedene Zielgruppen drei Schulungsprogramme mit ähnlichen Inhalten auflegen wollen. Es sollten unbedingt Filme sein. Natürlich haben Filme einen hohen Aufmerksamkeitswert. Lerndidaktisch sind sie jedoch nicht zwingend notwendig.

Hätte man als visuelle Umsetzung die Tonbildschau genutzt, so hätte man sicherlich aus jeder einzelnen Tonbildschau Elemente für eine der anderen übernehmen können. Dadurch wäre das gesamte Schulungskonzept bei genau dem gleichen Effekt preiswerter geworden.

Diese Beispiele verdeutlichen sehr gut, wie wichtig unseres Erachtens die richtige Medienauswahl ist. Zur richtigen Auswahl gehört natürlich auch, daß Sie sich zu jeder Zeit bewußt sind, daß das Timing (siehe dort) Geld kostet. Diese beiden Bereiche sind aufs engste miteinander verknüpft.

Checkliste **44**

Mediaplanung

	entfällt	verfolgen	Anmerkungen/Daten/Hinweise

Geben Sie im Briefing möglichst keine Medien verbindlich vor! In den strategischen Überlegungen können Medien im Mix zum Einsatz kommen, die wirkungsvoller und kostengünstiger sind als Ihre Vorgaben. Überlassen Sie die Selektion aus der Medienvielfalt den Fachleuten, und beurteilen Sie deren Ergebnisse nach folgenden Fragestellungen:

☐ Welche Kontakte bestehen schon ohne Medieneinsatz?

⇨ bei der Produktverwendung

⇨ mit Personen, die das Produkt verwenden

⇨ am Kaufort des Produktes

☐ Welche Probleme sollen die im Rahmen der zusätzlich über Medien zu schaffenden Kontakte lösen helfen – und auf welche Weise?

⇨ Kompensation der schwachen Markenpräsenz zum Zeitpunkt der Produktnutzung durch optische Verbindung von Nutzerfolg und Produktpackung

⇨ Anreichern durch sachliche oder emotionale Assoziationen (z.B. *Marlboro*-Cowboy beim Rauchen)

⇨ Simulation von Kontakt-Situationen mit dem Produkt (z.B. *Axe*-Spots = Kontakt mit dem Duft des Deos in unglaubhaften Situationen)

⇨ Aktivieren von potentiellen Verwendern durch überzeugende Aussagen tatsächlicher Verwender

☐ Sind die angestrebten Werbeziele unabhängig von den Zielen der Wett-

VII. Non-Live-Kommunikation

44 Checkliste
Mediaplanung

	entfällt	verfolgen	Anmerkungen/Daten/Hinweise

bewerber, oder stehen sie in direkter Konkurrenz zu deren Werbezielen?

☐ Ist die Zielgruppenfestlegung nach möglichst detaillierten Angaben erfolgt, wie:

⇨ Geschlecht

⇨ Alter

⇨ Familienstand

⇨ Ausbildung

⇨ Beruf/Position

⇨ Einkommen

⇨ Hobbys/Sport

⇨ Vereinsmitgliedschaft

⇨ Größe des Wohnorts

⇨ Region des Wohnorts

Neben Angaben zur Person und dem Lebensumfeld sind auch Einstellungsmerkmale wichtig:

⇨ Typenbeschreibung mit allgemeinen Einstellungen

Eine noch detailliertere Charakterisierung der interessierenden Zielgruppe wird durch die Verwendung von konsumbezogenen Merkmalen erreicht:

⇨ verwendete Marken

⇨ Verwendungsintensität

⇨ Besitz oder Kauf bestimmter Produkte

☐ Wie ist die Kernzielgruppe beschrieben?

Checkliste **44**

Mediaplanung

	entfällt	verfolgen	Anmerkungen/Daten/Hinweise

☐ Sind regional oder zeitlich gesplittete Ansprachen notwendig?

☐ Prüfen Sie alle Werbemedien erst auf Zielgruppengerechtigkeit und eventuelle Einschränkungen durch erforderlichen Split:

⇨ Fernsehen (öffentlich-rechtlich; privat; Pay-TV)

⇨ Funk (öffentlich-rechtlich; privat)

⇨ Kinowerbung (Dia oder Film)

⇨ Video (Kaufkassetten; Leihkassetten; Video on Demand)

⇨ Videotext

⇨ Online-Anbieter

⇨ Anzeigen, Beilagen, Beikleber in:

- Publikumszeitschriften
- Fachzeitschriften
- Tageszeitungen
- Kundenzeitschriften
- Supplements
- Stadtteilzeitungen

⇨ Plakatanschlag (Großflächen oder DIN A1?)

⇨ Verkehrsmittelwerbung

⇨ Direktwerbung

⇨ Adreß- und Fernsprechbücher

⇨ Lesezirkelwerbung

⇨ Postwurfsendungen/Handzettel

⇨ Telefax

⇨ Messen/Kongresse

VII. Non-Live-Kommunikation

44 Checkliste
Mediaplanung

	entfällt	verfolgen	Anmerkungen/Daten/Hinweise

☐ Haben Sie geprüft, ob Sie Ihre Zielgruppe noch über andere Wege erreichen können? (Z.B. Diaserien in Ausbildungsstätten)

☐ Was ist laut Ihrer Strategie und der Zielsetzung vorrangig?

⇨ Reichweite

⇨ Kontakthäufigkeit

⇨ Kontaktqualität

☐ Sind die vorher ausgewählten Medien nach dieser Frage erneut selektiert und noch richtig?

☐ Kannte der Mediaplaner schon bei der Vorauswahl der Medien alle Gesichtspunkte der endgültigen Planung, oder wurden Medien vorschnell ausgeschieden, die später vielleicht interessante Alternativen ergeben hätten?

☐ Vergleichen Sie die ausgewählten Medien mit Ihren Marketing-Vorgaben und anderen Kommunikationsmaßnahmen, und gleichen Sie die Auswahl an.

☐ Wurden – ob nun nur eine oder mehrere Mediengattungen benutzt werden – die jeweiligen Grundsätze für mono- bzw. multimediale Ansprache beachtet?

☐ Was kostet die Zielgruppenansprache jeweils in den ausgewählten Medien? Wählen Sie entsprechend aus.

☐ Haben Sie das von den Verlagen und Werbemittlern zur Verfügung gestellte Material sowie die Marktdaten der Wettbewerber in bezug auf

Checkliste **44**

Mediaplanung

	entfällt	*verfolgen*	*Anmerkungen/Daten/Hinweise*

die Medienauswahl gesichtet? Muß Ihre Auswahl angeglichen werden?

☐ Koppeln Sie die nach diesen Überprüfungen festgelegten Medien miteinander, und beziehen Sie hier auch die Medien „Außendienst" und „PR-Arbeit" auf einer Zeitachse mit ein. Ist die Medienauswahl immer noch sinnvoll, und/oder können Sie einige Medien streichen bzw. anders gewichten?

☐ Beziehen Sie jetzt Ihr Budget in die Planung ein. Haben Sie an die technischen Vorlaufkosten gedacht?

☐ Haben sich aus diesen Überlegungen bereits „Zentralmedien" und eine Gewichtung der einzusetzenden Medien ergeben?

☐ Wurde vor Verabschiedung des endgültigen Mediaplanes noch einmal anhand der Kontaktverteilung (nicht nur nach Durchschnittskontakten!) kontrolliert, wie oft einzelne Zielpersonen wirklich erreicht werden?

☐ Ist es sinnvoll, die konzeptionelle Umsetzung (Graphik, Text) in Umfang und Farbigkeit der Mediaplanung anzupassen, oder ist der umgekehrte Weg sinnvoller?

☐ Ist die Adaption der Konzeption jeweils mediengerecht? (Siehe auch Checklisten zu Gestaltung und Text)

▽ Mediaplanung ist heute ein kaum überschaubarer Bereich geworden, der sich zudem so schnell wandelt, daß selbst die Fachleute Schwierigkeiten haben, mit der Entwicklung Schritt zu halten. Ziehen Sie auf

VII. Non-Live-Kommunikation

44 Checkliste
Mediaplanung

	entfällt	verfolgen	Anmerkungen/Daten/Hinweise

jeden Fall Fachleute zu Rate, bevor Sie das kostspielige Unterfangen der Mediaplanung in Eigenregie angehen.

Neben Verlagen und Werbemittlern bieten eigenständige Media-Agenturen die Möglichkeit, über Datenverarbeitung Informationen über Zielgruppen und Mediennutzung individuell auszuwerten.

Nutzen Sie diese Datenquellen, und lassen Sie sich die Kontaktchancen Ihrer Planung in Kosten-Nutzen-Relationen auswerfen. So haben Sie die Möglichkeit, Mediengruppen untereinander zu vergleichen (Inter-Media-Selektion), und bekommen wertvolle Informationen über die jeweilige Mediengruppe (z.B. Publikumszeitschriften), die Ihnen helfen, innerhalb einer Mediengruppe eine geeignete Auswahl zu treffen (Intra-Media-Selektion).

Die Planung für die Belegung der einzelnen Mediengruppen – zumindest der weitaus gebräuchlichsten – entnehmen Sie bitte den folgenden Checklisten.

Checkliste **45**

Fernsehspot/Film/Video

	entfällt	verfolgen	Anmerkungen/Daten/Hinweise
1. Ist das Briefing im Treatment zielgetreu umgesetzt?			
2. Ist die Umsetzung im Rahmen aller anderen Kommunikationsmaßnahmen konzeptionstreu?			
3. Sind die Umsetzungsidee und die Hauptaussagen juristisch einwandfrei?			
4. Ist das daraufhin angelegte Storyboard bzw. Drehbuch vollständig und zeitlich angemessen?			
5. Haben Sie die vorgeschlagenen Darsteller/Modelle in Bewegung (auf Video) gesehen?			
6. Sind die Darsteller entsprechend der Zielgruppe ausgewählt? (Identifikationsmöglichkeit des Zuschauers mit den Darstellern)			
7. Ist der Sprecher festgelegt, haben Sie vorher seine Stimme gehört und auf Einschätzung durch die Zielgruppe geprüft?			
8. Sind alle Stimmen gut zu unterscheiden und exakt den Personen zuzuordnen?			
9. Ist das Tempo nicht zu schnell angelegt, kommt der Zuschauer noch zu Reaktionen? (Bis zu 20 % schneller als normal wird, was die Sprachgeschwindigkeit betrifft, noch akzeptiert.)			
10. Wird bereits in den ersten Minuten eine Zielgruppenselektion durch die Ansprache vorgenommen und so bei der Zielgruppe besonderes Interesse geweckt?			

VII. Non-Live-Kommunikation

45 Checkliste
Fernsehspot/Film/Video

entfällt   verfolgen   Anmerkungen/Daten/Hinweise

11. Sind nicht zu häufige und zu schnelle Bildwechsel angelegt? Auch der „langsamste" Zuschauer der Zielgruppe muß mitkommen!

12. Bilden Bild und Ton eine harmonische Einheit, damit der Betrachter nicht verwirrt wird und weder dem einen noch dem anderen Element folgen kann?

13. Ist die Menge der angebotenen Informationen mit der zur Verfügung stehenden Zeit abgestimmt?

14. Ist die Information leicht lernbar dargebracht und einleuchtend aufbereitet?

15. Sind nicht zu viele Schriften eingeblendet? Statische Elemente im Film stoßen beim Betrachter auf Widerstand.

16. Bleibt die Musik/jedes Geräusch Kulisse, ohne als zu laut, als Lärm empfunden zu werden bzw. ohne von der Werbebotschaft abzulenken?

17. Ist die Handlung so aufgebaut, daß sie dem Zuschauer vermittelt: Hier passiert etwas?

18. Ist die Botschaft innerhalb des dramaturgischen Spannungsbogens lokalisiert?

19. Zeichentrick bringt hohe Identifikationswerte. Kann und sollte diese Umsetzungsform in Ihrem Film eingebracht werden?

20. Haben Sie den Text einmal probegesprochen?

☐ Entspricht er dem täglichen Sprachgebrauch?

Checkliste **45**

Fernsehspot/Film/Video

entfällt   verfolgen   Anmerkungen/Daten/Hinweise

- ☐ Ist er dialektfrei, oder soll ein Dialekt klar erkennbar sein?
- ☐ Ist der Text nicht zu umfangreich für die zur Verfügung stehende Zeit?
- ☐ Sind die Sätze klar und kurz, ist die Wortwahl einfach und einprägsam?
- 21. Haben Sie sich von Ihrer Produktionsgesellschaft verbindlich bestätigen lassen, daß Ihr Film nicht gegen irgendwelche fernsehrechtlichen oder sonstigen allgemeinen Bestimmungen verstößt?
- 22. Haben Sie zumindest überlegt, ob der TV-Spot länger als 30 Sekunden sein soll? Bei Direct-Response-Aufforderungen (z.B. Bestellungen) bringen 2-Minuten-Spots überdurchschnittlich mehr an Anfragen/Bestellungen als 30-Sekunden-Spots.
- 23. Ist der Direct-Response-TV-Spot im richtigen Senderumfeld plaziert?
- 24. Werden die wesentlichen Angaben für einen Direct-Response wiederholt eingeblendet?
  - ☐ Bestellaufforderung (Bestellen Sie jetzt!)
  - ☐ Telefonnummer (Hinweis auf gebührenfreien Anruf)
  - ☐ Preis der Ware
  - ☐ Bestellnummer
  - ☐ Rückgaberecht
- 25. Sind ausreichend Telefonplätze für eingehende Bestellungen vorhanden? Bedenken Sie, daß ca. 80% aller Anrufe unmittelbar im Anschluß an den Spot erfolgen und Kunden nicht zu

VII. Non-Live-Kommunikation

45 Checkliste
Fernsehspot/Film/Video

	entfällt	verfolgen	Anmerkungen/Daten/Hinweise

lange in Warteschleifen warten wollen.

26. Achten Sie bei der Auswahl der geeigneten Telemarketing-Agentur auf das Vorhandensein einer guten Ausrüstung, die Ihnen die Abwicklung der eingehenden Bestellungen wesentlich erleichtert.

27. Die Ausstrahlung von Response-TV-Spots ist genehmigungspflichtig, dazu müssen Sie im Vorfeld der Aktion zusammen mit der Telekom eine Berechnung der voraussichtlich eingehenden Anrufe vornehmen.

28. Kennen Sie die Hinweise vom Alt-Vater der Werbung – *David Ogilvy* – zu TV Spots?

☐ Nennen Sie den Namen in den ersten 10 Sekunden.

☐ Zeigen Sie die Packung am Ende: Das verändert Markenpräferenzen.

☐ Lebensmittel aktivieren besser in Bewegung (z.B. Schokoladensoße, die über Eis läuft).

☐ Arbeiten Sie mit Großaufnahmen.

☐ Faszinieren Sie von Anfang an. (Wenn Sie für Feuerlöscher werben, so beginnen Sie mit Feuer.)

☐ Wenn Sie nichts zu sagen haben, dann singen Sie.

☐ Geräuscheffekte erhöhen die Verkaufswirksamkeit von TV-Spots (z.B. das Zischen einer Bratwurst in der Pfanne).

☐ Zeigen Sie die Personen, die sprechen: Untersuchungen haben

Checkliste **45**

Fernsehspot/Film/Video

	entfällt	verfolgen	Anmerkungen/Daten/Hinweise
gezeigt, daß im Hintergrund gesprochene Texte wesentlich weniger Interesse auslösen.			
☐ Verwenden Sie Texteinblendungen, denn diese bringen nach Untersuchungen höhere Umsätze. Schrifttext und gesprochener Text sollen dabei völlig identisch sein.			
☐ Zeigen Sie das Produkt im Gebrauch.			
▽ Die Verbreitung von Breitbandkabelnetzen mit Rückkanälen erweitert die Möglichkeiten der Nutzung des Fernsehens in Kombination mit weiteren elektronischen Medien als Entwicklung hin zu einem interaktiven Medienverbund erheblich. Hierzu werden Fernsehapparat, Personalcomputer, Telefon und Telefax miteinander verbunden. Diese neue Form eines interaktiven Medienverbandes wird einen echten Dialog zwischen Käufer und Verkäufer bzw. Dienstleister ermöglichen und von den werbetreibenden Unternehmen und den Werbeagenturen eine andere Form der Konsumentenansprache erfordern.			

46 Checkliste
Funkspots

	entfällt	verfolgen	Anmerkungen/Daten/Hinweise
1. Ist das Briefing zielgetreu umgesetzt?			
2. Ist die Umsetzung im Rahmen aller anderen Kommunikationsmaßnahmen konzeptionsgetreu?			
3. Sind die Umsetzung und die Hauptaussagen juristisch einwandfrei?			
4. Haben Sie die Sprecher/Sprecherinnen nach Zielgruppenakzeptanz ausgesucht? Ist das abgesichert? (Tests, Erfahrungswerte)			
5. Sind alle Stimmen exakt zu unterscheiden und den Personen zuzuordnen?			
6. Sind die musikrechtlichen Bedingungen geprüft und berücksichtigt?			
7. Ist die Hintergrundmusik wirklich „im Hintergrund", ohne den Zuhörer zu irritieren?			
8. Ist das Tempo nicht zu schnell angelegt, hat der Zuhörer Zeit zu Reaktionen?			
9. Sind nicht zu viele Informationen verarbeitet, ist die Informationsmenge lernbar?			
10. Entspricht der Text dem Sprachgebrauch des Alltags?			
11. Sind Dialekt-Worte – wenn nicht gewünscht – ausgeschlossen?			
12. Es sollen kurze, leicht verständliche Sätze verwendet werden.			
13. Setzen Sie Aktionswerte ein, z. B. „Gehen Sie heute zum Einkauf in den xy-Markt!" Nicht: „Im xy-Markt ist heute ein attraktives Einkaufen möglich."			

Checkliste 46

Funkspots

	entfällt	verfolgen	Anmerkungen/Daten/Hinweise
14. Ist der Spot aufmerksamkeitsstark und regt zum „Hinhören" an?			
15. Führen die Gags auch zum Produkt?			
16. Ist auch für Spätzuhörer erkennbar, worum es geht (Produktname)?			
17. Haben Sie sich von der Produktionsgesellschaft verbindlich bestätigen lassen, daß Ihr Spot nicht gegen irgendwelche rechtlichen oder sonstigen allgemeinen Bestimmungen verstößt?			
18. Haben Sie den Spot in bezug auf branchenspezifische Bestimmungen überprüft?			
19. Beachten Sie bitte auch die allgemeinen Checklisten zu Text- und Gestaltungsrichtlinien.			
20. Beachten Sie bei der Senderauswahl, ob der Spot national oder regional ausgestrahlt werden soll.			
21. Bietet eine Kombination mehrerer regionaler Sender eine Alternative zum nationalen Einsatz?			
22. Lassen Sie sich von den Sendern Angaben über das Sendeumfeld Ihres Spots machen.			
☐ Art der Sendungen im Werbeumfeld			
☐ Anzahl und Länge der Spots im Werbeblock			
23. Viele Sender bieten günstige Konditionen bei der Buchung mehrerer Schaltungen. Sprechen Sie mit den Sendern über günstige Tarife und Kombinationsmöglichkeiten der Schaltungen bei mehreren verbundenen Sendern.			

VII. Non-Live-Kommunikation

47 Checkliste
Funkspot: Geräusche/Musik

	entfällt	verfolgen	Anmerkungen/Daten/Hinweise
1. Geräuschkulisse nicht vergessen – Geräusche sind die Farbe der Funkwerbung.			
2. Geräusche			
☐ Man kann versuchen, mit einem Geräusch als Teaser am Anfang des Spots die Aufmerksamkeit des Hörers zu gewinnen. Das geht, da ein solches Geräusch meist nichts mit dem Produkt zu tun hat, fast immer daneben. So ein Geräusch am Anfang ist wie eine Art Initialschock, der Abwehr hervorruft.			
☐ Geräusche können als Hintergrund dienen. Dann machen sie eine Szene real, lassen Bilder entstehen, in die sich der Hörer hineinversetzen kann. Die Forschung sagt, daß die Wirkung von Spots mit gut eingesetzten Geräuschen wesentlich höher ist als ohne Geräusche.			
3. Musik			
Wenn wir uns daran erinnern, daß ungerichtete Aufmerksamkeit der vorherrschende Bewußtseinszustand des Radiohörers ist, und dabei berücksichtigen, daß der größte Teil der Funkberieselung aus Musik besteht, dann ist klar, daß Musik ein hervorragender Träger von Botschaften ist. Musik wird in der Funkwerbung auf drei verschiedene Weisen eingesetzt:			
☐ als Hintergrundmusik für Stimmen. Dabei hilft die Musik, die Botschaft mit Emotionen anzufüllen oder die Persönlichkeit der Marke zu charakterisieren. In der Forschung kommt diese Gattung relativ schlecht weg.			

Checkliste 47

Funkspot: Geräusche/Musik

	entfällt	verfolgen	Anmerkungen/Daten/Hinweise

Offenbar überwuchert die Musik in vielen Fällen die Botschaft. Oder die Sache wird einfach zu emotional und dadurch abgelehnt.

☐ als Signalmusik. Sie dient wie ein Markenzeichen dazu, den Hörer auf die Botschaft einer bestimmten Marke einzustimmen. Meistens sind diese Signale Passagen aus Jingles, die eine hohe Penetration erreicht haben. Der Nachteil solcher Signale ist, daß Hörer, die die Marke ablehnen oder die Botschaft zu kennen glauben, rechtzeitig aussteigen können.

☐ als Song oder Jingle. Hierbei wird der Text gesungen, d. h., Stimmen und Musik verbinden sich zu einer Einheit. Die Funkwerbung ist voll davon, und man könnte vermuten, daß hier der garantiert sichere Weg zur Wirkung liegt. Die Forschung zeigt aber, daß Songs und Jingles sowohl extrem hohe als auch verheerend niedrige Ratings erreichen. Offenbar muß die Musik einfach sein, muß sich der Text gut von der Musik trennen, muß der Text einfach sein. Und man darf an den Interpreten nicht sparen. Der Song muß keine Konstanz in Text und Musik haben. Er kann immer wieder neu und frisch daherkommen.

4. Mixen

   Zum Schluß noch das Wichtigste: Der ganz große Erfolg beim Mixen der Bestandteile Stimmen, Geräusche und Musik stellt sich erst dann ein, wenn es gelingt, damit in der Vorstellung des Hörers Bilder zu

47 Checkliste
Funkspot: Geräusche/Musik

	entfällt	verfolgen	Anmerkungen/Daten/Hinweise

erzeugen. Bilder vom Produkt, wie es angewendet wird, welchen Nutzen es hat; Bilder von den Leuten, die da im Funk für das Produkt sprechen, aus der TV- oder Print-Werbung zu reaktivieren.

Funkkampagnen in den USA, die eigenständig, ohne Unterstützung durch weitere Medien, gelaufen sind, haben auf Testpersonen eine so starke Wirkung gezeigt, daß diese sich an Bilder erinnerten, die sie, wie sie sagten, bereits aus anderen Medien kennen.

Checkliste **48**

Online

	entfällt	verfolgen	Anmerkungen/Daten/Hinweise

1. Zielsetzung

Wer soll mit dem Online-Programm erreicht werden?

Welches sind die Detailziele?

- ☐ Marketing
  - ⇨ Umsatzsteigerung
  - ⇨ Produkteinführung
  - ⇨ neuer Distributionsweg
  - ⇨ Gewinnung von Neukunden
  - ⇨ _____

- ☐ Kommunikation
  - ⇨ mit dem Kunden und Interessenten
  - ⇨ mit dem Außendienst
  - ⇨ innerhalb der Firmengruppe oder Verbandsorganisation
  - ⇨ im Rechnerverbund

- ☐ Organisation
  - ⇨ des Außendienstes
  - ⇨ der Lagerhaltung
  - ⇨ firmen- und verbandsintern
  - ⇨ im Rechnerverbund

2. Konzeption

- ☐ Inhalt des Online-Programms soll sein:
  - ⇨ Produkt- und Angebotsbeschreibung
  - ⇨ Eigendarstellung
  - ⇨ allgemeiner Informationsteil
  - ⇨ spezielle Angebote

VII. Non-Live-Kommunikation

48 Checkliste
Online

	entfällt	verfolgen	Anmerkungen/Daten/Hinweise
⇨ Bestell- und/oder Buchungsmöglichkeit			
⇨ Witze/Unterhaltung			
⇨ Spiele			
⇨ graphische Darstellungen			
⇨ _____			
☐ Soll das Programm hauptsächlich			
⇨ aktuell informieren?			
⇨ mit den Teilnehmern kommunizieren?			
⇨ beraten?			
☐ Aktualisierungsgrad der einzelnen Programmteile:			
⇨ stündlich, täglich			
⇨ wöchentlich, 14tägig			
⇨ monatlich			
⇨ halbjährlich			
☐ Dialog mit den Teilnehmern in Form von:			
⇨ Buchungs- und/oder Bestellmöglichkeit			
⇨ Mitteilungsseiten			
⇨ Informationsanforderung			
⇨ Datenaustausch über PC			
☐ Sind die angebotenen Informationen, Dienstleistungen, Produkte etc.:			
⇨ vielfältig?			
⇨ verständlich?			
⇨ einfach?			
☐ Umfang des Online-Programms:			

Online

Checkliste 48

	entfällt	verfolgen	Anmerkungen/Daten/Hinweise

⇨ bis 20 Seiten

⇨ bis 50 Seiten

⇨ bis 100 Seiten

⇨ über 100 Seiten

☐ Wurden die einzelnen Programmteile gewichtet nach:

⇨ Wichtigkeit?

⇨ Aktualität?

⇨ Umfang?

3. Realisation

☐ Soll eine Spezialagentur beauftragt werden, oder soll das Online-Programm im Hause erstellt werden?

☐ Bei eigener Programmerstellung muß vorhanden sein:

⇨ Anlage und Editiergerät

⇨ Personal mit dem nötigen technischen Know-how

⇨ Personal für Konzeptionierung, Suchbaumerstellung, aktuelle Programm- und Antwortkastenpflege

⇨ Graphiker

⇨ Texter

☐ Bei der Wahl einer Spezialagentur achten Sie auf folgenden Service:

⇨ Online-Präsentationen und Beratungen

⇨ Erledigung von Postformalitäten

⇨ Suchbaumerstellung

⇨ Programmstrukturierung

48 Checkliste
Online

	entfällt	verfolgen	Anmerkungen/Daten/Hinweise
⇨ Erstellung von Text- und Graphikseiten			
⇨ Verknüpfungen und Anbindungen			
⇨ Aktualisierungen			
⇨ Antwortkastenpflege			
⇨ Rechnerverbundservice			
⇨ Auswertungen über die Akzeptanz des Programms			
⇨ Dokumentation der Seiten im System			
⇨ Erstellung von Telespielen			
⇨ Flankierende Werbemaßnahmen (Bekanntmachung Ihres Online-Programms)			
⇨ Hardwareberatung			
⇨ Beratung über Inhouse-Systeme			
☐ Welche Referenzen hat die Agentur?			

Checkliste **49**

Erstellung einer Home-Page

	entfällt	verfolgen	Anmerkungen/Daten/Hinweise

Generelles

1. Welches ist das Kommunikationsziel Ihres Auftrittes im Internet? Zum Beispiel:

   ☐ Erhöhung des Bekanntheitsgrades

   ☐ Steigerung des Abverkaufs

   ☐ Neukundengeschäft

   ☐ Beziehungspflege zu bestehenden Kontakten

   ☐ Marktforschung

2. Welche Zielgruppe wollen Sie ansprechen?

3. Ist diese Zielgruppe im Internet präsent?

4. Welches Budget steht Ihnen zur Verfügung?

5. Wie lange wollen Sie sich im Internet präsentieren?

6. Verfügen Sie über einen Internetzugang?

7. Wie oft nutzen Sie selbst das Internet?

8. Welche Grundkenntnisse haben Sie?

Vorbereitung

1. Erstellen Sie Ihren gesamten Text in einem Textverarbeitungsprogramm und speichern ihn mit dem Dateiformat txt.

VII. Non-Live-Kommunikation

49 Checkliste
Erstellung einer Home-Page

	entfällt	verfolgen	Anmerkungen/Daten/Hinweise

2. Wenn Sie Bilder verwenden, achten Sie beim Scannen auf einen geringen Speicherumfang.

3. Erstellen Sie eine Skizze, wie Sie Ihre jeweiligen Inhalte plazieren wollen.

4. Holen Sie sich Ideen von anderen Internet-Seiten.

Realisation/Umsetzung

1. Die Internet-Adresse

☐ Adressen im Internet erfahren Sie direkt im Internet über die Seite des Deutschen Network Information Center, das seinen Sitz am Rechenzentrum der Universität Karlsruhe hat (http://www.nic.de/).

Dort können Sie ermitteln, ob Ihre Wunschadresse noch vorhanden ist. Denn jede Adresse wird nur einmal im Internet vergeben.

☐ Falls Ihre Adresse noch frei ist, können Sie über einen Provider oder Dienstleister die Adresse reservieren und eintragen lassen.

☐ Da sich die Preise ständig verändern, fordern Sie die aktuellen Preislisten an.

☐ Starten Sie eine Abfrage, ob Ihre Adresse im Internet noch verfügbar ist (http://www.nic.de/).

☐ Wenn ja, reservieren Sie Ihre Adresse kurzfristig.

Damit sind einmalige Einrichtungskosten verbunden.

Checkliste **49**

Erstellung einer Home-Page

	entfällt	verfolgen	Anmerkungen/Daten/Hinweise

2. Speicherplatz

   Um im Internet verfügbar zu sein, muß auf einem der mit dem Internet permanent verbundenen Rechner die eigene Programmierung abgelegt werden. Hier gibt es zwei Möglichkeiten:

3. Speicherplatz bei einem Provider

   ☐ Ein Provider ist mit einem eigenen Rechner, einem sogenannten Server, direkt mit dem Internet verbunden. Dort müssen Sie Speicherplatz für Ihre Seite(n) mieten, auf der Sie dann Ihre Programmierung aufspielen können. Hier gibt es unzählige Kalkulationen, um die Kosten dafür zu ermitteln. Der Markt ist dabei z.Zt. noch sehr unübersichtlich.

   ☐ Holen Sie sich mehrere Angebote von unterschiedlichen Providern ein, und machen Sie eine Kostengegenüberstellung.

   ☐ Achten Sie dabei nicht nur auf den Preis, sondern auch auf die Kapazität des Providers und wie schnell er seine Dienstleistung abwickeln kann.

   ☐ Je mehr Kunden ein Provider pro Standleitung bedient, um so langsamer wird die Zugriffsgeschwindigkeit auf einzelne Daten. Lassen Sie sich daher ein paar Adressen nennen, die bei einem Provider abgelegt sind, und testen Sie selbst die Geschwindigkeit, indem Sie diese Adressen im Internet aufsuchen.

VII. Non-Live-Kommunikation

49 Checkliste
Erstellung einer Home-Page

	entfällt	verfolgen	Anmerkungen/Daten/Hinweise

4. Speicherplatz bei einem Online-Anbieter

☐ Verschiedene Online-Dienste wie America-Online (AOL), T-Online und CompuServe bieten ihren Mitgliedern ebenfalls Speicherplatz im Internet an. Der Umfang pendelt zur Zeit zwischen 1 bis 5 MB. Dabei können diese Seiten jedoch nicht mit anspruchsvollen Programmierungen wie etwa Datenbankprogrammierungen oder Formularabfragen versehen werden.

Eine eigene Adresse wird zwar in der Regel vergeben, versteckt sich jedoch zumeist in sehr langen Namen, die vor der eigenen Wunschadresse stehen, und kann nicht nach eigenen Wünschen festgelegt werden.

5. Programmierung

☐ Da die Programmierung einer Internet-Seite für Computereinsteiger z.Zt. noch sehr kompliziert ist, sollte man die Programmierung extern vergeben. Falls Sie dennoch den Schritt machen möchten und Ihre Seite selbst programmieren wollen, benutzen Sie ein geeignetes Programm zur Seitenherstellung.

☐ Suchen Sie sich einen Programmierer, der Ihre Seite umsetzt. Kontakte finden Sie bei

⇨ Providern

⇨ Agenturen

⇨ Universitäten/Hochschulen (freie Mitarbeiter)

Checkliste **49**

Erstellung einer Home-Page

	entfällt	verfolgen	Anmerkungen/Daten/Hinweise

⇨ auf regionalen Computermessen

⇨ bei Fortbildungseinrichtungen, die sich mit Computern oder sogar dem Internet beschäftigen

☐ Wenn Sie sich selbst an die Programmierung begeben, benutzen Sie ein geeignetes Programm zur Erstellung Ihrer Seite(n).

Achten Sie auf einen Datenumfang pro Seite von maximal 50 KB. Im Internet sind sehr geringe Übertragungsgeschwindigkeiten die Regel!

☐ Holen Sie sich bei einer Eigenprogrammierung Rat in geeigneter Fachliteratur, oder besuchen Sie eventuell eine Fortbildung zu diesem Thema.

VII. Non-Live-Kommunikation

50 Checkliste
Anzeige

	entfällt	verfolgen	Anmerkungen/Daten/Hinweise

1. Format und Farbe

☐ Genügt das vorgesehene Format dem Informationsumfang der Werbebotschaft und ihrer Darstellungsform (Mindestgröße)?

☐ Wird es in den dafür vorgesehenen Werbeträgern genügend Aufmerksamkeit finden? (Umfeldkonkurrenz aller Art)

☐ Wird es darin auch für das angebotene Produkt und das dahinterstehende Unternehmen überzeugend genug wirken?

☐ Liegen über den gesamten Fragenkomplex direkt anwendbare Erfahrungen oder Untersuchungsergebnisse vor, oder läßt sich eine entsprechende Untersuchung durchführen?

☐ Wie stark schwanken die Formate der unmittelbaren und mittelbaren Konkurrenz?

☐ Wie unterschiedlich waren die Konkurrenzformate in den letzten 3 Jahren?

☐ Lassen sich zwischen diesen Formaten und den Marktanteilen Ihrer Produkte Beziehungen finden?

☐ Wie groß ist nach dieser Konkurrenzbetrachtung der Bewegungsspielraum für das Format?

☐ Wie lauten die o. g. Antworten in bezug auf zusätzliche Farben?

☐ Falls Bewegungsspielraum besteht, kann dann das Format oder die Farbigkeit reduziert werden, weil im Vergleich zur Konkurrenz

Checkliste **50**

Anzeige

	entfällt	verfolgen	Anmerkungen/Daten/Hinweise

⇨ die Produktgestaltung sichtbare Vorzüge aufweist?

⇨ die Argumentation schlagkräftiger ist?

⇨ die Gestaltung fesselnder ist?

2. Text und Bilder

☐ Steht der Textanteil in einem ausgewogenen Verhältnis zum Bildanteil?

☐ Erfüllt das Bild eine Funktion, die vorher genau definiert wurde?

⇨ Erläuterung des Produktes

⇨ Assoziationen hervorrufen

⇨ Erinnerung schaffen

⇨ Aufmerksamkeit erwecken

⇨ Aktion (Kauf/Probe) initiieren

☐ Ist der Text auf die Funktion des Bildes abgestimmt?

☐ Steht die Headline in einem spannenden Widerspruch zum Bild?

☐ Folgt die Positionierung des Textes den grundlegenden Regeln des Anzeigenaufbaus (natürlicher Blickverlauf etc.)?

3. Zielgruppe

☐ Wird die Zielgruppe klar und zielgruppengerecht angesprochen?

☐ Ist die Sprache der Zielgruppe und dem Produkt angemessen?

50 Checkliste

Im Original Gelb.
Farbige Schriften
werden oft nur
plakativ empfunden,
aber nicht gelesen!

Blickverlauf lenkt
vom Auto ab.
Wahrscheinlich eine
einzige Katastrophe ...

Abb.: Beispiel einer 2seitigen „unkonventionellen" Zeitungsanzeige

Checkliste 50

Hintergrund: Den Bezug wissen vielleicht die Konzeptionisten. Optisch muß das Bild jedoch „entrümpelt" werden, um Ausdrucksruhe hineinzubekommen.

erster Funster!

Der Suzuki Vitara X-90. Zweisitzig wie ein Roadster. *Offen* wie ein Speedster. *Fun* wie kein anderer. Und mit *Allrad* für Vergnügen auf allen Wegen. Mit allem drum und dran für **29.950,– Mark***. Das Serienfahrzeug ohne Zubehör (ohne Abb.) gibt es schon ab 25.950,– Mark*.

Fragen Sie jetzt Ihren Suzuki-Vertragshändler nach einem für Sie maßgeschneiderten Angebot.

Natürlich von Suzuki.

SUZUKI

* Unverbindliche Preisempfehlung von Suzuki Auto GmbH Deutschland & Co. KG zzgl. Überführungs- und Zulassungskosten.

Ist der Begriff klar?

Nicht nur Negativschrift.

Andere Typo als in der Headline. Why?

Typo ist für Zielgruppe zu konservativ!

Unruhiger Hintergrund vermindert Lesefähigkeit vehement.

VII. Non-Live-Kommunikation

50 Checkliste

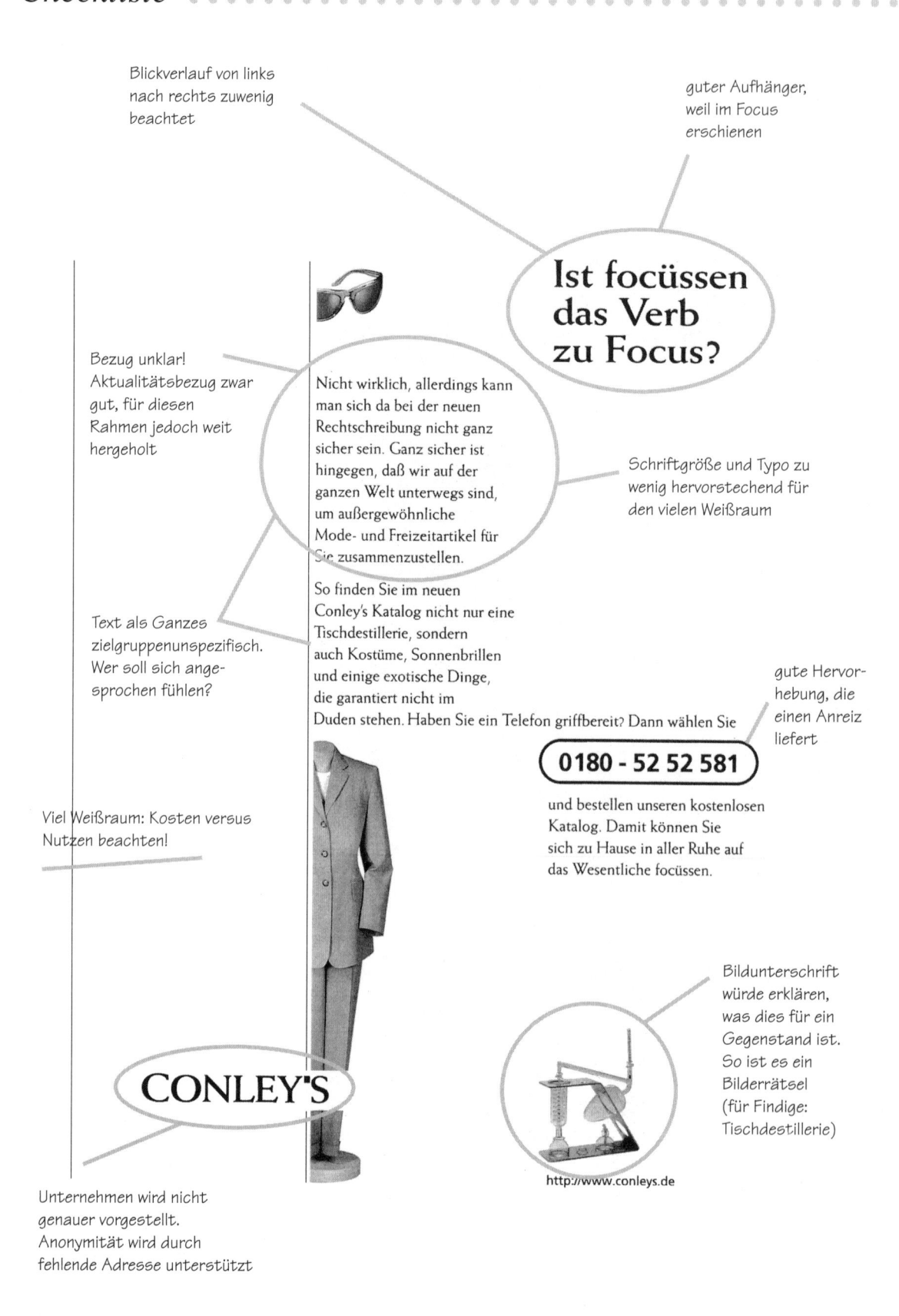

Blickverlauf von links nach rechts zuwenig beachtet

guter Aufhänger, weil im Focus erschienen

Ist focüssen das Verb zu Focus?

Bezug unklar! Aktualitätsbezug zwar gut, für diesen Rahmen jedoch weit hergeholt

Nicht wirklich, allerdings kann man sich da bei der neuen Rechtschreibung nicht ganz sicher sein. Ganz sicher ist hingegen, daß wir auf der ganzen Welt unterwegs sind, um außergewöhnliche Mode- und Freizeitartikel für Sie zusammenzustellen.

Schriftgröße und Typo zu wenig hervorstechend für den vielen Weißraum

So finden Sie im neuen Conley's Katalog nicht nur eine Tischdestillerie, sondern auch Kostüme, Sonnenbrillen und einige exotische Dinge, die garantiert nicht im Duden stehen. Haben Sie ein Telefon griffbereit? Dann wählen Sie

Text als Ganzes zielgruppenunspezifisch. Wer soll sich angesprochen fühlen?

0180 - 52 52 581

gute Hervorhebung, die einen Anreiz liefert

und bestellen unseren kostenlosen Katalog. Damit können Sie sich zu Hause in aller Ruhe auf das Wesentliche focüssen.

Viel Weißraum: Kosten versus Nutzen beachten!

CONLEY'S

Bildunterschrift würde erklären, was dies für ein Gegenstand ist. So ist es ein Bilderrätsel (für Findige: Tischdestillerie)

http://www.conleys.de

Unternehmen wird nicht genauer vorgestellt. Anonymität wird durch fehlende Adresse unterstützt

Abb.: Beispiel einer unzusammenhängenden Anzeige im Stil des „Baukastensystems"

Checkliste **51**

Coupon-Anzeige

	entfällt	verfolgen	Anmerkungen/Daten/Hinweise

1. Allgemeine Überlegungen

☐ Welche Marketing- bzw. Verkaufsförderungs (VFK)-Ziele soll diese Maßnahme realisieren?

⇨ Bekanntmachung eines Produktes

⇨ Aktualisierung eines Produktes

⇨ Gewinnung neuer Verbraucher

⇨ Aufbau der Produkttreue

⇨ Ausgleich saisonaler Absatz- und Umsatzschwächen

☐ Wer sind die Zielgruppen?

☐ Können die Ziele auch durch eine andere VKF-Maßnahme realisiert werden, die u.U. kostengünstiger ist?

☐ Gibt es Erkenntnisse aus vorangegangenen Coupon-Anzeigen-Aktionen?

☐ Können diese Ergebnisse mit in die Planung einbezogen werden?

☐ Wie häufig wurden in der letzten Zeit (2 bis 3 Jahre) solche Aktionen in der Branche von der Konkurrenz durchgeführt?

☐ Mit welchem Erfolg?

☐ Wie sieht die momentane Markt- und Wettbewerbssituation aus?

☐ Welche Akzeptanz findet diese Maßnahme im Unternehmen?

☐ Stimmt diese Maßnahme mit der Unternehmensphilosophie überein?

2. Planung

☐ Sind die anfallenden Kosten budgetiert?

VII. Non-Live-Kommunikation

51 Checkliste
Coupon-Anzeige

	entfällt	verfolgen	Anmerkungen/Daten/Hinweise
☐ Für welches Produkt/Sortiment soll diese Maßnahme durchgeführt werden?			
☐ Welchen Auftritt, welche Anmutung soll diese Maßnahme erhalten?			
☐ Wer soll für die Maßnahme verantwortlich zeichnen?			
⇨ Idee			
⇨ Planung/Konzeption			
⇨ Durchführung			
⇨ Kontrolle			
☐ In welchem Raum soll diese Maßnahme durchgeführt werden?			
⇨ regional			
⇨ national			
⇨ in Ballungsräumen			
⇨ _____			
☐ Welche Medien bzw. Werbeträger werden für diese Maßnahme eingesetzt?			
☐ Zu welchem Termin soll die Maßnahme beginnen?			
☐ Wann soll diese Maßnahme beendet werden?			
☐ Soll eine Agentur eingeschaltet werden?			
☐ Soll die Agentur für diesen Auftrag „Full-Service" leisten?			
⇨ Idee			
⇨ Kreation			
⇨ Reinzeichnung			

Coupon-Anzeige

Checkliste 51

	entfällt	verfolgen	Anmerkungen/Daten/Hinweise

⇨ Druck und Drucküberwachung sowie Terminüberwachung

⇨ Verpackung und Versand der Lithos etc. an die Verlage

⇨ Erstellung der Streupläne

⇨ Kostenabrechnung

⇨ Abwicklung der Coupons

☐ Wurden – wenn notwendig – alle Handelspartner von dieser Maßnahme informiert?

☐ Sind der Außendienst und die internen Unternehmensstellen über diese Maßnahme informiert?

☐ Werden für die Einsendungen der Coupons Preise ausgegeben?

⇨ Welche Preise?

⇨ Wie viele Preise?

⇨ Kosten der Preise (Gesamtkosten)?

⇨ Sind diese Kosten in der Jahresplanung (Budget) berücksichtigt?

⇨ Aus welchem Budget werden die Kosten gedeckt?

☐ Wie und wohin sollen diese Coupons verschickt werden?

☐ Steht fest, wie die Rückmeldungen ausgewertet werden sollen?

☐ Ist diese Coupon-Anzeige juristisch überprüft worden?

3. Durchführung/Beurteilung

☐ Ist der Coupon richtig plaziert?

☐ Ist der Coupon optimal im Textverlauf integriert?

VII. Non-Live-Kommunikation

51 Checkliste
Coupon-Anzeige

	entfällt	verfolgen	Anmerkungen/Daten/Hinweise
☐ Hebt sich der Coupon ausreichend vom gesamten Textablauf und von den Bildelementen etc. ab?			
☐ Gibt es ausreichende Anweisungen in dieser Anzeige, wie, wo und welcher Teil des Coupons abzutrennen und einzuschicken ist?			
☐ Ist der Coupon großzügig angelegt worden, damit der Text auch leserlich ist?			
☐ Ist der Text leserlich gedruckt (Größe der Schrift und Schrifttype)?			
☐ Bietet der Coupon ausreichend Platz für folgende Angaben des Einsenders?			
☐ Nachname/Vorname/Anrede (Herr/Frau)			
⇨ Straße/Hausnummer			
⇨ PLZ/Ort			
⇨ Telefon			
⇨ Alter			
⇨ evtl. Unterschrift			
☐ Ist der Coupon überhaupt so aufgebaut, daß eine problemlose Weiterverarbeitung möglich ist?			
☐ Ist der Coupon in der Anzeige auch als Coupon bezeichnet worden, ist er als solcher auch deutlich erkennbar?			
☐ Enthält der Coupon eine klare Anweisung, wie, wann und wohin die Rücksendung zu erfolgen hat?			
☐ Enthält der Coupon klare Anweisungen über das, was geschieht, wenn der Coupon eingeschickt wird etc.?			

Checkliste 51

Coupon-Anzeige

	entfällt	verfolgen	Anmerkungen/Daten/Hinweise
☐ Enthält die Gesamtaussage des Coupons ausreichende Motivation zur Aktion?			
☐ Sind juristische Hinweise klar und deutlich erkennbar und verständlich eingefügt?			
☐ Ist der Coupon so in die Anzeige eingearbeitet, daß er problemlos ausgeschnitten werden kann?			
☐ Sind in dem Coupon die gleichen Formulierungen etc. aufgeführt wie im Fließtext der Anzeige?			
☐ Stimmt die Gesamtausstattung Anzeige und Coupon mit der Konzeption überein?			
☐ Verspricht die Gesamtaussage Erfolg durch Einsendung des Coupons?			
☐ Hebt sich die Gesamtanzeige deutlich von den anderen Konkurrenzanzeigen ab?			

4. Kontrolle

- ☐ Wie hoch ist die Rücklaufquote (Rücksendungen in ‰ oder % von der Gesamtstreuung)?
- ☐ Aus welchen Postleitzahlengebieten kommen die meisten Rücksendungen?
- ☐ Können die Adressen und Analysen gespeichert werden?
- ☐ Können die Adressen nach soziodemographischen Merkmalen analysiert werden?
- ☐ Wie ist das Verhältnis zwischen Kosten und Erfolg?

VII. Non-Live-Kommunikation

51 Checkliste
Coupon-Anzeige

	entfällt	verfolgen	Anmerkungen/Daten/Hinweise

☐ Wie ist die Gesamtsituation dieser Aktion zu bewerten?

5. Spezielle Hinweise

☐ Bei Coupons gilt die Regel: Ein Schnitt ist genug. Das heißt, daß der Coupon unten rechts über die Ecken gehen und ein Scherenschnitt reichen sollte. Besonders schlimm sind Coupons in Kleeform („mit uns ein goldenes Glückskleeblatt gewinnen") oder – wie bereits gesehen – in Schweinchenform. Scherenschnitte bedeuten Arbeit: Die Rücklaufquote wird bedeutend geringer.

☐ Füllen Sie unbedingt den Coupon selber einmal aus. Gehen Adressen hinein wie: Prof. Dr. Hans-Jürgen Meierling, Theodor-Fontane-Str. 123/IV, 20431 Hamburg Poppenbüttel?

▽ Zur Erinnerung, weil man es auch nicht oft genug sagen kann: *In den Coupon gehört Ihre Anschrift.* Denn: Wenn jemand den Coupon ausschneidet, um ihn später einzusenden, dann fehlt ihm sonst die Adresse.

Nutzen nicht herausgearbeitet!

Gut! Man weiß (in etwa), was man bekommt.

Alle Fehler gleichzeitig:

1. Coupon nicht in die Mitte plazieren: löst Widerstand beim Herausschneiden aus.

2. Adresse im (!) Coupon fehlt.

3. Größe nicht immer ausfüllbar.

Geht in der Größe in einem Briefumschlag unter und evtl. verloren!

Abb.: Beispiel einer nicht durchdachten Couponanzeige

VII. Non-Live-Kommunikation

51

unspezifischer Nutzen!

Paßt diese „Hinterwald"-Schrift zum Abenteuer „heute"?

schwer lesbare Typographie

Besser wäre ein Schnitt für den Coupon als zwei! Dadurch wäre der Coupon auch größer.

unübersichtliche Gliederung. Besser wäre es gewesen, die Städte vornan zu schreiben.

gute Aufforderung

sehr gut! Man hat eine Kontrolle über den Kontakterfolg.

Jetzt aktuell im Trentino!

Mehr Abenteuer

Winter abseits der Pisten bietet einen besonderen Kitzel. Im Trentino ermöglichen 25 ganzjährig geöffnete Schutzhütten, urig zu übernachten - mitten in der Bergwelt der Dolomiten. Ganz im Trend der Zeit, der die ursprünglichen Arten des Wintersports fern der Massen wiederentdeckt - wie auch Telemark und Skiteller, die immer häufiger im Trentino gesichtet (und auch gelehrt) werden.

Allein in unglaublicher Natur: Für Langläufer gibt es 480 km Loipen, die sich durch Tannen- und Lärchenwälder ziehen und unvergeßliche Ausblicke auf die Bergwelt erlauben. Wer es extremer will, ist mit Schlittenhunden unterwegs. Oder entdeckt das Trentino von oben - als Drachenflieger oder Paraglider.

Skikarussells - die Faszination für Pistenfans: Abenteuer auf der Piste bieten die vier großen Skikarussells, wie »Sellaronda«, das vier Dolomitenpässe verbindet, oder »Tre Valli« beim S. Pellegrino-Paß, das Skikarussell im Val di Fiemme oder das »Skirama di Brenta«. Sie alle bieten garantierten Skispaß und Vielfalt fürs Geld.

Extratip: Die Panorama-Camera für Schnellentschlossene: Aktuelle Schneeinfos und Wetterbericht dank Live-Fernseh-Übertragung in 3sat und Eurosport.

Genaue Informationen in deutscher Sprache, auch über Schnee und Wetter, erhalten Sie bei: **PUNTO TRENTINO**
Maximilianstr. 40, 80539 München
Tel. (089) 29 16 46 24
Fax (089) 29 16 46 25
oder **A.P.T. TRENTINO**
Corso 3 Novembre 132
I-38100 Trento
Tel. (0039) 461-91 44 44
Fax (0039) 461-39 00 05
http://patio.cs.unitn.it/apt
E-Mail: apt@lii.unitn.it

Direkt-Informationen über folgende Telefon-Nummern der in der Karte aufgeführten Gebiete:

1. 0039 461 94 71 28
2. 0039 462 24 11 11
3. 0039 462 50 12 37
4. 0039 462 57 31 22
5. 0039 462 60 11 45
6. 0039 439 76 88 67
7. 0039 461 70 61 01
8. 0039 464 72 11 33
9. 0039 464 39 51 49
10. 0039 465 50 10 07
11. 0039 465 44 20 00
12. 0039 463 75 71 34
13. 0039 364 90 38 38
14. 0039 463 75 31 00
15. 0039 463 83 01 33
16. 0039 461 58 58 36
17. 0039 461 58 69 24

TRENTINO IST DAS LAND AUF DER ALPENSÜDSEITE ZWISCHEN GARDASEE UND DOLOMITEN

TRENTINO

Coupon: Schicken Sie mir gratis Informationen zu folgendem Thema:

Name/Vorname
Straße
PLZ/Ort

an: **PUNTO TRENTINO**
Maximilianstr. 40, 80539 München
Tel. (089) **29 16 46 24**, Fax **29 16 46 25**

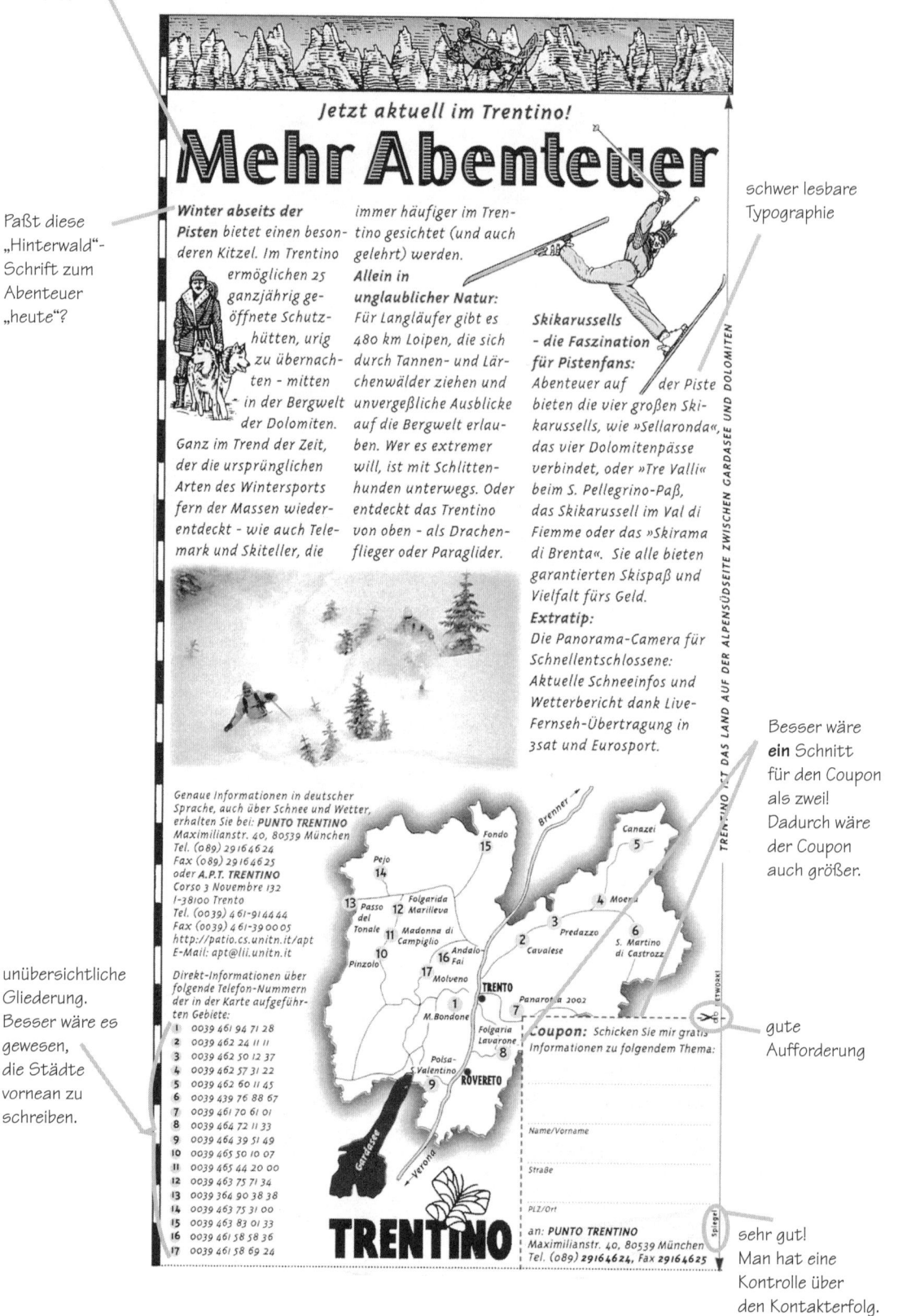

Abb.: Beispiel einer nicht nur bzgl. des Coupons „auffälligen" Anzeige

Plakat

Checkliste 52

	entfällt	*verfolgen*	*Anmerkungen/Daten/Hinweise*
☐ Ist der Text auf die wichtigsten Mindestinformationen begrenzt?			
☐ Sind die Schriften lesbar und groß genug?			
☐ Ist die Information leicht lesbar und erinnerungsfähig aufbereitet?			
⇨ kurze und klar verständliche Headlines			
⇨ Schriftteil im oberen Plakatbereich			
☐ Ist die Gestaltung großzügig genug, um aus der Entfernung und im Vorbeigehen gut aufgenommen zu werden?			
☐ Bildet der Bildteil das wesentliche Kommunikationselement in einer auffälligen Weise?			
☐ Kann das Auge die Gestaltung mit einem Blick aufnehmen?			
☐ Bilden Text und Bild eine optische Einheit im Sinne der ganzheitlichen Wahrnehmung?			
☐ Haben Sie berücksichtigt, daß Signalfarben bei Großflächen nicht erlaubt sind?			
☐ Haben Sie produktionstechnische Einschränkungen in der Farbwahl berücksichtigt? Vorsicht bei Metallic-Farben!			
☐ Ist die Gestaltung gemäß den Gestaltungs- und Textrichtlinien originell und eigenständig?			
☐ Ist die Umsetzung briefing- und konzeptionsgetreu?			

VII. Non-Live-Kommunikation

52 Checkliste
Plakat

	entfällt	verfolgen	Anmerkungen/Daten/Hinweise
▽ Informieren Sie sich im Vorfeld Ihrer Planungen über die verschiedenen Formen des Plakatanschlags:			

Großflächen haben den Vorteil, daß diese nur durch einen Werbetreibenden belegt werden können. Litfaßsäulen erfordern aufgrund ihrer Form eine Auswahl des geeigneten Motivs. Allgemeine Anschlagstellen werden zumeist von mehreren Werbetreibenden gleichzeitig belegt. Abribus erwecken eine hohe Aufmerksamkeit dadurch, daß sie nachts beleuchtet sind, Farben erzielen hier eine andere Wirkung. Die unterschiedlichen Formen und Formate der Anschlagstellen sind als ein wesentlicher Faktor bei der Gestaltung von Plakaten zu berücksichtigen!

Checkliste **53**

Konzeption Direktwerbung

	entfällt	verfolgen	Anmerkungen/Daten/Hinweise

1. Welcher Kommunikationsanlaß ist der Grund für die Aussendung?
   - ☐ Einführung
   - ☐ Erinnerungswerbung
   - ☐ Wiedereinführung
   - ☐ Produktforcierung
   - ☐ zusätzliche Angebotsform
   - ☐ Preisveränderungen
   - ☐ Abwehrargumentation (Wettbewerb/Öffentlichkeit)

2. Handelt es sich um eine Einzelaktion, oder ist es ein Bestandteil einer Kommunikationsstrategie innerhalb des Marketing-Planes?

3. Welche kommunikativen Hauptziele wollen wir erreichen?
   - ☐ Steigerung des Bekanntheitsgrades
   - ☐ Entwicklung oder Veränderung des Produktprofils
   - ☐ Steigerung der Produkttreue
   - ☐ Erhöhung der Firmentreue
   - ☐ Verbesserung des Produktimages
   - ☐ Erhöhung des Außendienstimages
   - ☐ Erwirkung von Zusatzkäufen
   - ☐ Erwirkung von Neukäufen
   - ☐ Gewinnung von Neukunden
   - ☐ Änderung der Einstellungen, Kaufgewohnheiten
   - ☐ Erhöhung der Zahl von Meinungsbildnern unter den Käufern

VII. Non-Live-Kommunikation

53 Checkliste
Konzeption Direktwerbung

	entfällt	verfolgen	Anmerkungen/Daten/Hinweise
☐ Verstärkung der Kooperationsbereitschaft des Handels			
☐ Beseitigung von Unsicherheiten bei auftretenden Reklamationen			
☐ _____			
4. Wollen und können wir unmittelbar verkaufen?			
5. Soll die Aktion Anfragen auslösen?			
☐ Musteranforderungen			
☐ Informationsmaterial			
☐ Literatur			
☐ Geschäftsbericht			
☐ Außendienstberatung			
☐ _____			
6. Liegen überhaupt schon Erfahrungen vor, ob sich die Aussendung zur Zielerreichung eignet?			
☐ aus der Literatur			
☐ durch eigene Tests			
☐ durch subjektive Schätzung alter Aussendungserfolge			
☐ durch Beraterangaben			

Checkliste **54**

Zielgruppen/Adressen Direktwerbung

	entfällt	verfolgen	Anmerkungen/Daten/Hinweise

1. Liegt Ihnen eine genaue Analyse über die Zusammensetzung der eigenen Kundenkartei vor?

2. Falls das nicht der Fall ist, haben Sie überprüft, ob sich eine solche Analyse nachträglich erstellen läßt?

3. Liegt eine genau und fest umrissene Zielvorstellung für den Einsatz von Mietadressen vor?

4. Ist die Zielgruppe detailliert und logisch definiert?

☐ Geschlecht

☐ Alter

☐ Familienstand/Haushaltsgröße

☐ Ausbildung

☐ Beruf/Position

☐ Einkommen/Kaufkraftkriterien

☐ Größe des Wohnorts

☐ Region des Wohnorts

☐ _____

5. Zeigen die zum Anmieten vorgesehenen Adressen möglichst viele gleichgerichtete Daten auf wie Ihre Kundenkartei?

6. Testen Sie die vorgesehenen Mietadressen vor dem eigentlichen Einsatz?

7. Falls Sie nicht testen: Haben Sie auf andere Weise gecheckt, ob die Adressen tatsächlich qualitativ hochwertig sind und folgende Überprüfungskriterien durchlaufen haben:

☐ Ermittlung von Negativ- und Risikoadressen

54 Checkliste
Zielgruppen/Adressen Direktwerbung

	entfällt	verfolgen	Anmerkungen/Daten/Hinweise

- ☐ Berücksichtigung der Robinson-Liste
- ☐ dubiose Adressen (Zahlungsverweigerer etc.)
- ☐ Vollständigkeit der Daten, d.h.
  - ⇨ Vor- und Zuname
  - ⇨ Straße/Hausnummer
  - ⇨ PLZ/Ort
  - ⇨ Telefon
  - ⇨ evtl. Telefax
- 8. Lassen Sie die Mietadressen untereinander und gegen Ihre eigene Liste zur Vermeidung von Mehrfachadressen abgleichen.
- 9. Haben Sie sich überzeugt, daß die angemieteten Adressen nach dem neuesten Stand der Gebiets- und Verwaltungsreform überarbeitet sind, um damit beim Abgleich Dubletten zu vermeiden?
- 10. Haben Sie einen klaren Auftrag über die Lieferform der Adressen erteilt?
- ☐ Schreibform (Listen, Etiketten, Disketten etc.)
- ☐ Groß-/Kleinschreibung
- ☐ Bündelung
- ☐ Codierung

Checkliste **55**

Text- und Gestaltungskriterien Direktwerbung

entfällt   verfolgen   Anmerkungen/Daten/Hinweise

Umschlag

1. Spricht der Umschlag den Empfänger bereits optisch aus der Menge heraus an?
2. Motiviert der Umschlag alle Beteiligten zum Lesen?
3. Enthält der Umschlag einen optischen und/oder verbalen Öffner?
4. Enthält der Umschlag:
   - ☐ Produktname?
   - ☐ Unternehmen?
   - ☐ Anschrift?
   - ☐ Botschaft?
5. Sind die Postbestimmungen berücksichtigt?
   - ☐ Format/Gewicht
   - ☐ Frankierung
   - ☐ Absender
6. Sind die technischen Fragen geklärt?
   - ☐ Werden fertige Umschläge bedruckt, oder muß erst gedruckt werden? (Produktionszeiten berücksichtigen!)
   - ☐ Ist die Farbigkeit qualitativ einwandfrei produzierbar?
   - ☐ Sind die technischen Raffinessen wie Stanzung, Perforation etc. abgecheckt?
   - ☐ Hält das Material des Umschlags den Inhalt?
7. Ist die Aussendung eine Einzelaktion, und ist sie als Post aus Ihrem Haus erkennbar?

VII. Non-Live-Kommunikation

55 Checkliste
Text- und Gestaltungskriterien Direktwerbung

entfällt | *verfolgen* | *Anmerkungen/Daten/Hinweise*

8. Ist die Aussendung Teil einer Kampagne und dann konzeptionell als Kampagnenteil erkennbar?

9. Soll der Umschlag in verschiedenen optischen/textlichen Varianten getestet werden (z.B. weil Serienfähigkeit angestrebt wird) und in welchen Varianten?

Brief

1. Wird gleich in der Schlagzeile und/oder im ersten Absatz noch einmal der wichtigste, problemlösende Vorteil für den Kunden genannt?

2. Gehen alle Texte grundsätzlich vom Interesse des Kunden aus?

3. Ist der Text klar auf die angesprochene Zielgruppe und deren Probleme ausgerichtet?

4. Stimmt die Spannung, d. h. Reihenfolge, Logik der Argumentation?

5. Ermöglicht der Text dem Schnellleser einen Überblick? Z.B. durch

    ☐ Unterstreichung

    ☐ handschriftliche Randbemerkungen

    ☐ Mehrfarbigkeit

    ☐ _____

    ☐ _____

6. Ist der Text verständlich, ohne technische Kurzworte und/oder lange Schachtelsätze geschrieben?

Checkliste **55**

Text- und Gestaltungskriterien Direktwerbung

	entfällt	verfolgen	Anmerkungen/Daten/Hinweise

7. Wird der Rücklauf sprachlich forciert?

8. Ist die Anrede immer direkt und persönlich (möglichst in jedem Absatz „Sie")?

9. Benutzt der Brief glaubwürdige Schmeicheleien?

10. Sind die Argumente durch Vergleiche/Testimonials etc. untermauert?

11. Enthält der Text möglichst viele Verben und aktive Formulierungen?

12. Ist der Brief übersichtlich gegliedert? (Absätze möglichst nicht länger als 8 bis 10 Zeilen!)

13. Enthält der Brief ein interessantes, aufforderndes PS?

14. Trägt der Brief eine Unterschrift (Vor- und Zuname ausgeschrieben!), möglichst in Blau?

15. Ist der Briefbogen als solcher eindeutig erkennbar, ohne auf der anderen Seite außer der Adresse belastende Informationen über Bankkonten usw. zu enthalten?

16. Ist die Briefrückseite sinnvoll genutzt?

    ☐ Literaturzitate

    ☐ Softwareangebote

    ☐ Referenzen in Auszügen

    ☐ _____

17. Ist die Typographie wirklich brieftypisch? (Typen nicht zu stark verkleinern!)

VII. Non-Live-Kommunikation

55 Checkliste

Text- und Gestaltungskriterien Direktwerbung

	entfällt	verfolgen	Anmerkungen/Daten/Hinweise
18. Ist in der Ansprache die persönliche Anrede (Herr Müller) möglich und realisierbar (Laserbriefe, Fill-in-Briefe)?			
19. Sind nur brieftypische Farben verwendet: Schwarz/Rot, Handschrift blau? (Nicht in der Firmenfarbe unterstreichen!)			
20. Ist mehrfarbiger Druck im Kosten-Nutzen-Verhältnis relativ gesehen günstiger oder teurer?			
21. Ist die Gestaltung mit den technischen Notwendigkeiten in Einklang zu bringen (Gewicht, eingeplante Zugaben etc.)?			
22. Achtung! Wörter in VERSALIEN hemmen den Leseablauf! Hervorhebungen aber auch nicht gesperrt drukken, sondern unterstreichen (auch farbig)!			
23. Wird der Brief in Ansprache (ich, wir), Argumentation, Aufbau, Gestaltung getestet, oder liegen hier bereits Erfahrungen vor?			
24. Auf den Brief ganz zu verzichten ist eine Todsünde der Direktwerbung! Haben Sie das berücksichtigt?			

Bestell- und Antwortkarte

1. Ist die Möglichkeit einer positiven Beantwortung auf der Antwortkarte durch Ankreuzen/Aufkleben so leicht wie möglich gemacht oder optisch klar herausgestellt?			

Checkliste **55**

Text- und Gestaltungskriterien Direktwerbung

	entfällt	verfolgen	Anmerkungen/Daten/Hinweise

2. Sind die Zahlungsbedingungen kurz und präzise formuliert?

3. Sind die postalischen Bedingungen berücksichtigt?

   ☐ Portovermerk

   ☐ Antwortkarte

   ☐ Absender/Adresse

   ☐ Papiergewicht

   ☐ Format

4. Ist ein Grund zur baldigen Ausfüllung eingebaut („solange Vorrat reicht"); also Sanktion oder Belohnung?

5. Ist die Karte rechtlich einwandfrei (Preisangaben-, Zugabeverordnung)?

6. Sind im Adreßfeld alle benötigten Daten von Ihrer Zielperson abgefragt (Position, Telefonnummer etc.)?

7. Sind die technischen Notwendigkeiten berücksichtigt (Codierung, Etikettierung)?

8. Stimmen Brief und Karte inhaltlich überein?

9. Ist der Raum für Eintragungen seitens des Empfängers groß genug? (Schriftproben machen!)

10. Ist es nötig, eine Unterschrift zu fordern? Wenn nicht, wenn also keine Bestellung, sondern nur eine Anforderung, möglichst nicht unterschreiben lassen – Hemmschwelle!

11. Ist die Karte als Drucksache vermerkt, wenn nur Anschrift und Datum vom Absender eingetragen werden sollen?

VII. Non-Live-Kommunikation

55 Checkliste

Text- und Gestaltungskriterien Direktwerbung

	entfällt	verfolgen	Anmerkungen/Daten/Hinweise

Prospekt, Produktinformation

1. Wird ein vorhandener Prospekt verwendet, ist dieser auch „direktwerbegerecht", d.h. verkaufsaktiv, leicht verständlich, leicht lesbar, übersichtlich und innerhalb der Gewichtsgrenzen der Frankierung?

2. Bei speziell erstellten Prospekten:
   - ☐ Sind vorhandene Prospektelemente verwendbar?
   - ☐ Ist der Prospekt übersichtlich?
   - ☐ Ist die Hauptaussage auch für Schnell-Leser erfaßbar?
   - ☐ Fordert der Prospekt zur Aktion auf?
   - ☐ Ist der rote Faden zwischen Brief (Problemlösung) und Prospekt (Produkt, Dienstleistung, Problemlösungsbeschreibung) klar erkennbar?

3. Stimmen Produktabbildung, Wertanmutung und Preis überein?

4. Ist der Text leicht verständlich, klar gegliedert und lesbar? Vorsicht bei langen negativ gedruckten Texten und unkoordinierter Raumaufteilung mit vielen „Stoppern"!

5. Wird der Nutzen für den Kunden auch in Bildern und graphischen Darstellungen dokumentiert?

6. Sind Firmenname und Sitz sowie Kontaktstelle angegeben?

7. Wird der Empfänger in seiner Entscheidung sicher gemacht (Testimonials, Literaturhinweise etc.)?

Checkliste **55**

Text- und Gestaltungskriterien Direktwerbung

	entfällt	verfolgen	Anmerkungen/Daten/Hinweise
8. Bieten Sie dem Empfänger einen ganz persönlichen Nutzen?			
9. Ist die Verbindung zur Antwortkarte klar geknüpft?			
10. Sind die technischen und postalischen Notwendigkeiten berücksichtigt (Kosten/Nutzen, Gewicht, Abmessungen etc.)?			

VII. Non-Live-Kommunikation

56 Checkliste
Ablaufplanung Direktwerbung

	entfällt	verfolgen	Anmerkungen/Daten/Hinweise

1. Ist es nötig, ein besonderes Postfach o.ä. für die Rückläufe zu installieren?
2. Sind die Aussendungen für die „Reagierer" versandfertig vorbereitet?
3. Wer übernimmt die Erfolgskontrolle?
4. Sind alle betroffenen Bereiche in Ihrem Unternehmen von der Aktion unterrichtet?
   - ☐ Telefonzentrale
   - ☐ Verkauf, Innendienst, Außendienst
   - ☐ Handel und Großhandel
   - ☐ EDV-Abteilung
   - ☐ _____
   - ☐ _____
5. Ist die Aktion termingerecht auch in die anderen Kommunikationsmaßnahmen eingebettet?
6. Ist der Aussendungstermin ungestört von Urlaubszeiten, Massenveranstaltungen usw.?
7. Sind alle Codierungen getroffen?
8. Erfolgskontrolle

Die 99 besten Checklisten für Ihre Werbung

Checkliste **57**

Rücklaufbearbeitung Direktwerbung

	entfällt	verfolgen	Anmerkungen/Daten/Hinweise
1. Wo lassen Sie die Rückläufe Ihrer Direktwerbeaussendung bearbeiten?			
▽ Die meisten Konfektionierungsfirmen bieten dieses Gebiet als zusätzlichen Service an. Aufgrund unserer Erfahrungen ist dies sehr empfehlenswert, da alles in einer Hand bleibt.			
2. Haben Sie in Ihrer Direktwerbeaussendung mehrere Abrufmöglichkeiten angegeben?			
3. Sind die abzufordernden Materialien vollständig und in ausreichender Menge an die Konfektionierungsfirma versandt worden?			
4. Ist die günstigste Verpackungs- und Versandart dieser unterschiedlichen Abrufstücke geklärt?			
5. Achten Sie darauf, daß die in den Rückläufen versprochenen Abrufstücke spätestens innerhalb von 2 bis 3 Wochen versandt werden.			
6. Achten Sie darauf, daß Sie und evtl. Ihr Kunde ständig über den aktuellen Stand der Rückläufe unterrichtet sind.			

58 *Checkliste*

Bus Reeds „Zehn Gebote" der Direktwerbung. Erfolgreiche Textregeln aus der Praxis

	entfällt	verfolgen	Anmerkungen/Daten/Hinweise
1. Seien Sie klar.			
2. Seien Sie überzeugend.			
3. Seien Sie interessant.			
4. Übersetzen Sie Eigenschaften in Vorteile für Kunden.			
5. Beantworten Sie die unbewußte Frage des Kunden: „Was steckt für mich in dieser Sache?"			
6. Verwenden Sie Adjektive sparsam.			
7. Verwenden Sie aktive Verben.			
8. Machen Sie nie ein Versprechen, das Sie nicht halten können.			
9. Geben Sie Ihrem Text Rhythmus.			
10. Verkaufen Sie nicht „hart" oder „weich", sondern „einfühlsam".			

Checkliste **59**

Paul Bringes „Zehn Gebote" der Direktwerbung. Erfolgreiche Textregeln aus der Praxis

	entfällt	verfolgen	Anmerkungen/Daten/Hinweise
1. Suchen Sie die richtige Liste für Ihr Produkt oder Ihre Dienstleistung aus; ohne die brauchen Sie gar nicht anzufangen.			
2. Sprechen Sie Ihren Text nur zu einer Person. Adressieren Sie niemals einen Brief „An unsere Kunden" oder „An unsere Lieferanten". Direktwerbung ist ein Medium, in dem eine Person mit einer anderen kommuniziert.			
3. Bieten Sie den wichtigsten Vorteil sofort an. Seien Sie sich bewußt, daß Ihr Leser genauso egoistisch ist wie Sie und ich.			
4. Widerstehen Sie der Versuchung, mit Ihrem Wissen zu glänzen. Verzichten Sie auf „elegante" Sprache. Verwenden Sie das einfachere Wort, wenn irgend möglich – und meistens ist es möglich.			
5. Beim Schreiben sind die Verben Ihre Freunde und die Adjektive Ihre Feinde. Streichen Sie unnötige Adjektive; das wird Ihre Erfolgschancen verbessern.			
6. Überschätzen Sie nicht das Wissen Ihres Lesers, aber unterschätzen Sie auch niemals seine Intelligenz. Er wird reagieren, wenn Sie ihm alle Fakten mitteilen.			
7. Sprechen Sie nicht über sich selbst und über Ihr Produkt. Sprechen Sie über Ihren Leser und seine Probleme. Ein Brief ist für ihn interessant, wenn sein Inhalt sich mit ihm befaßt.			

59 Checkliste

Paul Bringes „Zehn Gebote" der Direktwerbung. Erfolgreiche Textregeln aus der Praxis

	entfällt	verfolgen	Anmerkungen/Daten/Hinweise
8. Geben Sie Ihrem Leser einen Grund zu glauben, was Sie sagen. Sogar die Wahrheit ist unglaublich, wenn sie nicht logisch klingt.			
9. Wenn Sie nicht glauben, was Sie schreiben – dann hören Sie sofort mit dem Schreiben auf.			
10. Fordern Sie zum Bestellen auf – wieder und wieder …			

Checkliste **60**

G.J. Summers „Zehn Gebote" des Werbetextens. Erfolgreiche Textregeln aus der Praxis

	entfällt	verfolgen	Anmerkungen/Daten/Hinweise
1. Mache dir dein Vorhaben gründlich klar, ehe du beginnst, die erste Zeile zu schreiben.			
2. Verschaffe dir alle Unterlagen, ordne sie sorgfältig unter den Gesichtspunkten des Käuferinteresses – nicht deines eigenen.			
3. Bedenke, wem du schreibst. Vergiß nicht, es ist eine Person, kein Rundlauf, kein Verzeichnis. Schreibe einen Brief, keine Rede.			
4. Schreibe stets schlicht. Das bedeutet nicht, primitiv zu schreiben. Vermeide tönende Phrasen.			
5. Verwende inhaltsvolle Worte und Redewendungen – Worte, die das Gemüt ansprechen, den Mund wäßrig machen, das Herz schneller schlagen lassen.			
6. Versuche nicht, witzig zu sein. Es versuchen und dabei versagen, ist unverzeihlich. Wenige können humorvoll schreiben, und noch weniger Produkte eignen sich für humorvolle Direktwerbung.			
7. Vergiß nie: Es ist die ernsthafteste Sache der Welt, einen Menschen dazu zu bringen, daß er sich von seinem Geld trennt.			
8. Sei peinlich genau in allen Angaben, Namen, Adressen usw.			
9. Schreibe vertrauenerweckend – begründe dein Anliegen.			
10. Schreibe so ausführlich, wie es die Sache erfordert – und Schluß. Kein Text ist zu lang, wenn er das Interesse des Lesers fesselt. Ist das nicht der			

VII. Non-Live-Kommunikation

60 Checkliste

G.J. Summers „Zehn Gebote" des Werbetextens. Erfolgreiche Textregeln aus der Praxis

	entfällt	verfolgen	Anmerkungen/Daten/Hinweise
Fall, kann schon ein Satz zu lang sein. Gib deinem Leser etwas zu tun. Sage ihm, wo er kaufen kann, was du anbietest, wieviel es kostet – und warum er es gerade jetzt kaufen soll.			

Checkliste **61**

Telefax-Werbung

	entfällt	verfolgen	Anmerkungen/Daten/Hinweise

Telefax bietet die Möglichkeit, direkt und unmittelbar zu reagieren. Auch als Response-Instrument erfreut sich das Telefax immer größerer Wertschätzung und wird mittlerweile in Kombination mit anderen Medien eingesetzt. Bei Direktmarketing-Aktionen erhöht die Angabe der Telefax-Nummer bzw. das Beilegen eines vorformulierten Telefax-Antwortscheins die Rücklaufquote erheblich.

1. Welche Aufgaben soll die Telefax-Aussendung erfüllen?

   ☐ Bekanntmachung von Produktneuheiten

   ☐ Bekanntmachung von Aktionen

   ☐ Gewinnung von Neukunden

   ☐ _____

2. Wird Telefax als einzige Maßnahme eingesetzt, oder soll es weitere Maßnahmen unterstützen? Wenn ja, welche?

   ☐ _____

3. Als unterstützende Maßnahme ist die Telefax-Werbung inhaltlich und in der Erscheinung auf die zu unterstützenden Maßnahmen abzustimmen. Ist dies geschehen?

4. Als eigenständige Maßnahme ist eine Telefax-Aussendung einstufig oder mehrstufig zu konzipieren.

5. Welche rechtlichen Vorschriften gibt es in bezug auf Werbung durch Telefax, und sind diese in der Konzeption unserer Maßnahme berücksichtigt?

VII. Non-Live-Kommunikation

62 Checkliste
Außendienst-Informationsfolder

	entfällt	verfolgen	Anmerkungen/Daten/Hinweise

1. Grundforderungen
   - ☐ kein Ersatz für Broschüren/Prospekte/Briefe
   - ☐ Aufbau nach Gesprächsablauf
   - ☐ leicht verständlich
   - ☐ klare, einfache Sprache
   - ☐ keine schwierige Fachterminologie
2. Die Hauptaussage
3. Produktspezifischer Grundinhalt (Auswahlliste)
   - ☐ technische Grundinformationen
   - ☐ Produktname/Marke
   - ☐ internationaler Name
   - ☐ technischer/inhaltlicher Aufbau des Produktes/Angebotes

   Wirkstoffe/Hilfsstoffe/Materialien
   - ☐ Analyse der Produkte
   - ☐ Haltbarkeit
   - ☐ Kombinationsmöglichkeiten
   - ☐ Systemmöglichkeiten
   - ☐ Verträglichkeit mit anderen Produkten
   - ☐ Kompatibilität
   - ☐ Substitutionen
   - ☐ produktspezifische Fragen wie Zerfallszeit/Tropenfestigkeit/Materialfestigkeit/Brennbarkeit/Lichtschutz/Geschmack/Stabilität
   - ☐ Variationen

Checkliste 62

Außendienst-Informationsfolder

	entfällt	verfolgen	Anmerkungen/Daten/Hinweise
☐ Handhabung			
Handel/Käufer/Anwender			
☐ Handelsformen			
Packungsgrößen/Maschinentypen/ Packungsmaterialien/Gewichte/ Versandpackungen			
☐ Packungs- und Materialfarben (Farbenpsychologie/Farbenfunktionen), Produktwirkung/Produktnutzen			
☐ Anwendungsbereich/Einsatzbereich			
☐ Kontra-Anwendung (Nichtanwendung)			
☐ Dosierung/Mengeneinsatz/Maschinendurchfluß			
☐ evtl. Warnhinweise/Vorsichtsmaßnahmen			
☐ evtl. Preise/Preis-Nutzen-Verhältnis			
pro Tag/pro Anwendung/pro definierte Zeiteinheit/pro Stück/pro Lagerflächeneinheit/pro Käufer/pro Anwender/pro Bearbeiter etc.			
4. Zusatzargumentation/-information (Auswahlliste)			
☐ Probleme des Gesprächspartners			
Folgen bei Nichteinsatz des Angebotes/ Problemlösungen durch Angebotsannahme/Nutzen für den Anwender/soziale Aspekte des Angebotes (Ökologie, volkswirtschaftlicher Nutzen/neue Möglichkeiten durch Angebotsannahme)			
☐ Nutzen für weitere Gruppen			
☐ Angebotsvergleich (Systemvergleich juristisch möglich)			

VII. Non-Live-Kommunikation

62 Checkliste
Außendienst-Informationsfolder

	entfällt	verfolgen	Anmerkungen/Daten/Hinweise
☐ Abgrenzung zur Konkurrenz			
☐ Ergebnisse aus Forschung und Entwicklung			
Hinweise/Versuchsreihen/Prüfungen/ Gutachten/Leaderempfehlungen/Feedback-Aktionen von Anwendern/Nutzerempfehlungen/ Meinungen von Fachzeitschriften			
☐ Literaturzitate			
Beweisführung mit Quellenangabe			
☐ Hinweis auf besonders strenge Qualitätskontrolle/Produktionsvorschriften/ Normeneinhaltung			
☐ Hinweis auf Inland			
inländische Wirtschaftsleistung/ inländische Entwicklung/inländische Vertriebsleistung/ inländische Forschungs- und Entwicklungsleistung			
☐ Hinweis auf Weltunternehmen			
☐ allgemeine Erfolge			
Zielgruppe/Marktsegment/ Absatzländer			
☐ Preise/Auszeichnungen/ Belobigungen			
☐ Hinweis auf Neueinführung/ Weltneuheit			
☐ Hinweis auf mögliche zusätzliche Serviceleistungen/Kundenservice			
☐ „Überreicht durch": Name Außendienstmitarbeiter			
☐ Unternehmensname			
☐ evtl. Datum/Zeitraum/Termin			
☐ _____			

Checkliste **62**

Außendienst-Informationsfolder

	entfällt	verfolgen	Anmerkungen/Daten/Hinweise
5. Form			
☐ Redaktionscharakter, nicht (!) Werbecharakter			
☐ gesprächsrelevante Gestaltung			
viele Bilder, einfache Graphik/wenig Text/wenig Tabellen/wenig Seiten/ optisch gut = beeindruckend			
☐ Druckverfahren			
☐ Buchstabengröße			
☐ Papierqualität			
☐ Seitenzahl			
☐ Auflagenhöhe			
☐ Format			
☐ Einband			
☐ Farben			
Farbpsychologie/Farbfunktionen/ Produktfarben/Firmenfarben/Sortimentsfarben/ Divisionsfarben (siehe dazu auch Checklisten Kapitel IV Werbepsychologie/-moral/-recht)			
☐ evtl. andere Form (nicht 4eckig)			
☐ evtl. plastische (dreidimensionale) Gestaltung			
☐ Novität/Promotion-Achse auf erste Seite			
☐ Logo/Signet			
zusammen mit Produktnamen/Unternehmensnamen			
☐ Aufhänger/Gesprächsbeginn			
☐ optischer Blickfang			
☐ Abbildung des Produktes			

VII. Non-Live-Kommunikation

62 *Checkliste*
Außendienst-Informationsfolder

	entfällt	verfolgen	Anmerkungen/Daten/Hinweise
☐ Abbildung der Anwendung			
☐ Foto/Abbildung vorher – nachher			
☐ Foto AD-Mitarbeiter			
☐ Foto Gesprächspartner/Gesprächsunternehmen			
☐ Daten Gesprächspartner/Gesprächsunternehmen			
☐ Zusatznutzen			
⇨ Produkt integriert/Werbegeschenk integriert/Anforderungskarten: Bestellkarten integriert			
⇨ weiterverwendbar?			
6. Gesetzliche Bestimmungen/Selbstbeschränkung			
▽ Untersuchungen haben ergeben, daß fast alle Folder zu umfangreich sind und sich oft eine Reduzierung von bis zu 50 Prozent von großem Vorteil erweist. Häufig sind es simple Flüchtigkeitsfehler, die Mißverständnisse erzeugen und die Kommunikation erheblich erschweren. Denken Sie daran, daß der Folder auch aus einiger Entfernung (über den Schreibtisch hinweg) erkennbar/lesbar sein muß. Die Regel: Folder sind wie Overhead-Charts oder Flip-Charts zu verstehen. Hier verkürzen und verknappen Sie bei Präsentationen auf das Wesentliche.			

Checkliste **63**

Außendienst-Newsletter

	entfällt	verfolgen	Anmerkungen/Daten/Hinweise

7. Thema des Monats
- ☐ Gezielte Informationen
- ☐ Allgemeine Meinungsbildung
- ☐ Wichtige Neuentwicklungen
- ☐ Abarbeiten von Informationsdefiziten
- ☐ _____

8. Markt und Meinung
- ☐ Konjunktur
- ☐ Tendenzen
- ☐ Mitbewerber
- ☐ _____

9. Produkte und Preise
- ☐ Entwicklungen
- ☐ Fachliche Informationen
- ☐ Preiserhöhungen/-senkungen
- ☐ Rabattwesen
- ☐ Marktanteile
- ☐ _____

10. Presseinformation
- ☐ Eigene Werbung
- ☐ Presseberichte über das eigene Unternehmen
- ☐ Presseberichte über die Konkurrenz
- ☐ Auszüge von Fachartikeln aus den Fachmedien
- ☐ _____

11. Wettbewerbsinformationen

12. Unternehmen intern

VII. Non-Live-Kommunikation

63 *Checkliste*
Außendienst-Newsletter

	entfällt	verfolgen	Anmerkungen/Daten/Hinweise
☐ Jubiläen			
☐ Hobbys			
☐ Familiennachrichten/Personalien			
☐ _____			
☐ _____			
13. Attraktive Aufträge			
☐ Großerfolge bestimmter Mitarbeiter			
☐ Schwierige Erfolge, die vom Umsatzvolumen her nicht besonders attraktiv sind			
☐ _____			
14. AD-Wettbewerbsnachrichten			
☐ Zwischenergebnisse			
☐ Endergebnisse			
☐ _____			
15. Nachrichten aus den Gebieten			
☐ Die Gebietsleiter berichten			
☐ Neues von den Regionaltagungen			
☐ _____			
16. Schulung			
☐ Produktwissen			
☐ Allgemeines Wissen			
☐ Checkliste „Außendienstschulung"			
17. Glossen			

Checkliste **64**

Katalog/Prospekt/Broschüre

	entfällt	verfolgen	Anmerkungen/Daten/Hinweise

1. Welche Marketing- bzw. VKF-Ziele sollen mit dieser Maßnahme realisiert werden?

2. Analyse des eigenen Sortiments
   - ☐ Entwicklung der jeweiligen Produkte
     Absatz, Umsatz, Abverkäufe etc.
   - ☐ Saisonalität der Produkte
   - ☐ Abweichung zur Planung (Soll-Ist-Vergleich) der jeweiligen Produkte
   - ☐ Absatz/Umsatz, Durchschnittsabverkäufe pro Abbildung vorangegangener Kataloge/Prospekte
   - ☐ Entwicklung pro Katalog- bzw. Prospektseite (Absatz/Umsatz, Abverkäufe etc.)
   - ☐ Generelle Qualität der Elemente:
   - ⇨ Farbe
   - ⇨ Papier
   - ⇨ Druckwiedergabe etc.
   - ☐ Einfluß der Leitbilder bzw. Darsteller (Models/Dressmen)
   - ☐ _____

3. Analyse der Konkurrenzkataloge/Prospekte
   - ☐ Anzahl der Abbildungen im Katalog/Prospekt
     nach Größen ausgezählt
   - ☐ Abbildungsarten
     Plazierung der einzelnen Abbildungsarten und -größen
   - ☐ Schrifttypologie
   - ☐ Headline

VII. Non-Live-Kommunikation

253

Checkliste
Katalog/Prospekt/Broschüre

	entfällt	verfolgen	Anmerkungen/Daten/Hinweise
☐ textliche Erklärungen zu den Abbildungen			
☐ Fließtext/Blocktext/Blockbildungen etc. zur Abbildung			
☐ Auflagenhöhe			
☐ Streuweite			
☐ Streuzeitraum			
4. Katalog-/Prospektarten			
☐ Beilagenprospekte			
☐ Prospekte/Kataloge mit Produktproben („see and try" = Beweisanzeigen)			
☐ Prospektreihen/Kataloge			
☐ Vorprospekte zu Katalogen			
☐ Industrieprospekte/-kataloge			
☐ Fachprospekte/-kataloge			
☐ Aktionsprospekte/-kataloge			
☐ Spezialprospekte/-kataloge			
☐ Konsumprospekte/-kataloge etc.			
5. Fragen und Überlegungen zur Planung			
☐ Kosten			
☐ Zielgruppe (psychologisch/soziodemographisch)			
☐ Ausstattung/Niveau			
☐ Streuweite			
☐ Streuungsmethode			
☐ Streuungszeitraum			
☐ Umfang, Format			
☐ Auflagenhöhe			

Katalog/Prospekt/Broschüre

Checkliste 64

	entfällt	verfolgen	Anmerkungen/Daten/Hinweise
☐ Drucktechnik			
☐ Anzahl der Abbildungen (Größe, Format, Aufnahmetechnik etc.)			
☐ Art des Sortiments			
☐ Saisonalität berücksichtigt			
☐ Absatz/Umsatz, Durchschnittsabverkäufe pro Seite, je Abbildung			
☐ Welche Agentur wird für Layouts, Fotos, Color-Keys, Reinzeichnungen bis zur Druckunterlage etc. beauftragt?			
☐ Wie werden die Abbildungen (Fotos) in den Textteil integriert?			
☐ Sollen die Fotos als Beilage mitgegeben werden?			
☐ Welches Druckverfahren ist vorgesehen?			
☐ Wie wirkt sich das gewählte Druckverfahren auf die Bildqualität aus?			
☐ Welche Papierqualität muß ausgewählt werden?			
⇨ werbliche Aspekte			
⇨ wegen der Abbildungen			
⇨ drucktechnische Gründe			
⇨ wegen des Gewichts			
☐ Wie soll die Sortimentsgewichtung geplant werden? (Umsatz- bzw. gewinnstärksten Produkten etc. mehr Platz einräumen)			
☐ Welche Beilagen soll der Katalog enthalten?			
☐ Wer prüft das Gesamtmanuskript?			

VII. Non-Live-Kommunikation

64 Checkliste
Katalog/Prospekt/Broschüre

	entfällt	verfolgen	Anmerkungen/Daten/Hinweise

☐ Wer zeichnet verantwortlich für die Gesamtausgabe?

☐ Mit welcher Verpackungsart soll der Katalog/Prospekt verschickt werden?

⇨ Streifband

⇨ Karton

⇨ Umschlag

⇨ per Post

⇨ andere Versanddienstleister

☐ Soll der Katalog/Prospekt mehrsprachig angelegt werden?

⇨ Welche Änderungen ergeben sich daraus?

⇨ Was kann an Abbildungen vorgedruckt werden?

☐ Wie schwer darf die Verpackung sein?

☐ Aus welchem Material muß die Verpackung sein?

☐ Welche Eigenschaften muß die Verpackung aufweisen?

⇨ wasserabweisend

⇨ strapazierfähig

⇨ abrieb- u. kratzfest

⇨ hygienisch etc.

☐ Welche buchbinderische Verarbeitung?

6. Fragen zur Gestaltung

☐ paßt zum Unternehmen

☐ imageaufladend

☐ kaufauslösend

Checkliste **64**

Katalog/Prospekt/Broschüre

	entfällt	verfolgen	Anmerkungen/Daten/Hinweise
☐ Schrift und Typologie in guter Harmonie mit Abbildungen und sonstiger Ausstattung			
☐ Titelseite fotografisch, Illustration			
☐ Absender dominant (= Unternehmen)			
☐ Blocktext zu jeder Abbildung			
☐ stimmungsvoller Hintergrund bei jeder Abbildung			
☐ insgesamt informierende und interessierende Gestaltung			
☐ positiver Eindruck			
☐ Katalog- bzw. auch Prospektausstattung mit Coupon gestaltet			
☐ Sind alle wichtigen Produkte etc. richtig plaziert?			
☐ Stimmt der große Rahmen der Konzeption?			
☐ Unterstützt der Katalog/Prospekt die Werbung/PR?			
☐ Wurden alle nur möglichen werblich-psychologischen Aspekte bei der visuellen und verbalen Umsetzung berücksichtigt?			
☐ Ist die Gestaltung des Kataloges/Prospektes übersichtlich?			
☐ Haben die Leitbilder (Dressmen/Models) entsprechende Wirkung?			
☐ Ist die Gestaltung und Gruppierung der Sortimente etc. abwechslungsreich?			
☐ Können sich hochwertige Angebote (hoher Umsatz/DB etc.) optimal im Umfeld präsentieren?			

VII. Non-Live-Kommunikation

64 Checkliste
Katalog/Prospekt/Broschüre

	entfällt	verfolgen	Anmerkungen/Daten/Hinweise

- ☐ Hat die Gesamtausstattung genügend Zugkraft, um Nachbestellungen für die darauffolgenden Ausgaben zu realisieren?
- ☐ Sind die Produktpreise gut sichtbar?

7. Fragen zur technischen Abwicklung

- ☐ Informationsinhalt
- ☐ Bereitstellung der Produkte etc., die für die Aufnahmen gebraucht werden
- ☐ Produktvorteile und Argumente bereitstellen für die zu fotografierenden Produkte
- ☐ Verkaufspreise
- ☐ Auftrag an Agentur/Fotografen (Fotos und Layouts)
- ☐ Festlegen des Termins für Erstfotos und Final-Fotos
- ☐ Festlegen des Termins mit Art-Director (Agentur) zur Erstellung
- ☐ Layouts und Reinzeichnungen
- ☐ Repros und Reinzeichnungen fertig
- ☐ Fertigstellung des Manuskriptes
- ☐ Fertigstellung des Textsatzes
- ☐ Montage
- ☐ Korrektur Satz und Text
- ☐ Ablieferung der Tableaus an Druckerei
- ☐ Andruckabnahme (Text, Druckqualität, Farbe etc.)
- ☐ endgültige Druckphase

Checkliste **64**

Katalog/Prospekt/Broschüre

	entfällt	verfolgen	Anmerkungen/Daten/Hinweise
☐ Auslieferung ab Druckerei an Bestimmungsort (zusätzliche Aufgaben der Druckerei dann: Umschläge bedrucken, Kuvertieren der Druckschriften und Versand)			
▽ Allzu viele Prospekte sind heute nach verkäuferischen Regeln der Vergangenheit erarbeitet. Nur wenige Unternehmen haben daran gedacht, sich auf den „neuen Verbraucher" einzustimmen, der den Angeboten kritischer, abwägender gegenübersteht. Dieser Verbraucher erwartet nicht mehr, daß Prospekte eine Selbstbelobigung des Unternehmens darstellen. Er erwartet, daß er informative Nachrichten über die Angebote erhält, Warentestergebnisse, genaue Einsatzdetails. Antworten zur Umwelttauglichkeit, Aussagen über Produkte, Informationen über die Herstellungsverfahren, über die Zusammensetzungen und vieles mehr müssen Werbebotschaften der Zukunft auszeichnen.			

VII. Non-Live-Kommunikation

65 Checkliste
Werbeartikelplanung

	entfällt	verfolgen	Anmerkungen/Daten/Hinweise

1. Welches Ziel haben Werbeartikel in Ihrer Planung?
   - ☐ Verkaufsförderung
   - ☐ PR
   - ☐ Bekanntheitsgraderhöhung über Streuartikel
   - ☐ Schaffung einer Vertrauensbasis
   - ☐ Belohnung für Sonderleistungen
   - ☐ Verstärkung besonderer Themen oder Botschaften
   - ☐ Schaffung von Goodwill
   - ☐ _____

2. Zu welchen Anlässen setzen Sie Werbeartikel, Präsente oder Incentives ein?
   - ☐ Ostern
   - ☐ Geburtstage
   - ☐ an Besuchergruppen
   - ☐ Geschäftseröffnung
   - ☐ Jubiläen
   - ☐ Einladungen
   - ☐ Gratisgaben-Aktion
   - ☐ VKF-Aktionen
   - ☐ Pensionierung
   - ☐ Händlertagung
   - ☐ Stammkunden
   - ☐ Neukunden
   - ☐ Interessenten
   - ☐ Produkteinführung
   - ☐ Streuaktionen

Checkliste **65**

Werbeartikelplanung

	entfällt	verfolgen	Anmerkungen/Daten/Hinweise

- ☐ Pressekonferenzen
- ☐ Sonderaktionen
- ☐ Wettbewerbe
- ☐ Tagungen
- ☐ Weihnachten
- ☐ Preisausschreiben
- ☐ Kinderpräsente
- ☐ Kundendienst
- ☐ besondere Leistung
- ☐ Beförderung
- ☐ Messen
- ☐ Einkaufstage
- ☐ Lehrabschluß
- ☐ Verbesserungen
- ☐ Seminare
- ☐ Jahreswende

3. Zu welchen Anlässen fahren Sie Sonderaktionen?

4. Wie groß sind Ihre Zielgruppen zu welchem Anlaß?

- ☐ Anlaß
- ☐ Größe der Zielgruppe

5. Wie hoch beziffern Sie Ihr Jahresbudget für Werbeartikel?

6. Können Sie eine Unterteilung nach Anlaß, Zielgruppe und Budget pro Zielgruppe vornehmen?

- ☐ Anlaß
- ☐ Größe der Zielgruppe
- ☐ Budget

65 Checkliste
Werbeartikelplanung

	entfällt	verfolgen	Anmerkungen/Daten/Hinweise

7. Nach welchen Vorgaben wurden Ihre Werbeartikel ausgewählt?
   - ☐ Kommunikationskonzept
   - ☐ Agentur-Briefing
   - ☐ Preisvorstellung
   - ☐ Anlaß/Thema
   - ☐ Materialvorgaben
   - ☐ Unternehmensslogan
   - ☐ Zielgruppenbeschreibung
   - ☐ Händlerforderungen

8. Welche Informationsquellen nutzen Sie für den Einkauf?
   - ☐ Katalog
   - ☐ Prospekt
   - ☐ Fachanzeigen
   - ☐ Messen
   - ☐ Fachartikel
   - ☐ Werbeagentur
   - ☐ VKF-Agentur
   - ☐ eigene Werbeabteilung
   - ☐ Werbeartikel-Berater
   - ☐ Freunde/Empfehlungen
   - ☐ Konkurrenzartikel
   - ☐ eigener Entwurf

9. Wann beginnen Sie mit der Einkaufsplanung?

10. Wann schließen Sie die Einkäufe ab?

11. Für welchen Zeitraum?

Checkliste **65**

Werbeartikelplanung

	entfällt	verfolgen	Anmerkungen/Daten/Hinweise

12. Liegen dem Einkauf besondere zusätzliche Bedingungen zugrunde? Z.B.:

☐ Hausfarbe

☐ Schriftbild

☐ Image des Hauses

☐ Formen

☐ Themen

☐ Niveau der Artikel

13. Benutzen Sie für bestimmte Anlässe Sonderentwicklungen?

14. Haben Sie schon einmal Sonderentwicklungen anfertigen lassen?

15. Wer hat Ihnen Idee und Umsetzung geliefert?

16. Kennen Sie die folgenden Verfahren zur Werbeanbringung auf Werbeartikeln?

☐ Ätzung

☐ Prägung

☐ Gravur

☐ Siebdruck

☐ Tamponprint

☐ _____

VII. Non-Live-Kommunikation

66 Checkliste
Tragetaschen

	entfällt	verfolgen	Anmerkungen/Daten/Hinweise
1. Welche Marketing- bzw. VKF-Ziele soll die Tragetasche realisieren?			
☐ „Türöffner" für den AD beim Handel			
☐ Einführung			
☐ Erinnerung			
☐ Stabilisierung			
☐ Eröffnungswerbung			
☐ Produkteinführung auf Testmärkten			
☐ _____			
2. Erfüllt die Tragetasche die Funktion, Werbeträger und Verkaufsförderer zugleich zu sein?			
3. Soll die Tragetasche kooperative Werbung tragen (Hersteller/Handel)?			
4. Wie soll die Kostengestaltung bzw. auch Kostenteilung (Hersteller/Handel) bei kooperativer Planung aussehen?			
5. Stehen die Nutzenfunktion und die mögliche Zielerreichung in vernünftiger Relation?			
6. Wie hoch sind die Kontaktkosten pro 1000 Kontakte?			
7. Hilft die Absenderangabe des Herstellers dem Handel bei seinen Imagebemühungen?			
8. Stehen dem Handelspartner bei kooperativer Planung gleiche Werbeflächen zur Verfügung?			
9. Welche Maße muß die Tragetasche aufweisen?			
☐ Höhe			
☐ Breite			

Checkliste **66**

Tragetaschen

	entfällt	verfolgen	Anmerkungen/Daten/Hinweise

- ☐ Tiefe
10. Welches Material soll verwendet werden?
11. Welches Druckverfahren soll angewendet werden?
12. Wie soll die Gestaltung angelegt sein?
  - ☐ signalisierend/Fernwirkung
  - ☐ dezent/exklusiv
  - ☐ lernend
  - ☐ imageaufladend
  - ☐ produktspezifische Informationen
  - ☐ unternehmensspezifische Informationen etc.
13. Wie soll die Konstruktion der Tragetasche aussehen? (Insbesondere Griffeinheit: soll beim Tragen nicht einschnüren)
14. Ist die Tragetasche umweltfreundlich?
15. Ist das Druckbild lesbar?
16. Ist die Druckqualität gut?
17. Besitzt die Tragetasche eine hohe Wahrnehmungschance?
18. Sind das Material und die Konstruktion stabil?
19. Soll die Tragetasche kostenlos abgegeben werden?
20. Soll die Beschaffenheit der Tragetasche so angelegt sein, daß sie mehrmals benutzt werden kann?
21. Nimmt die Gestaltung der Tragetasche die Funktion wahr, eine echte

VII. Non-Live-Kommunikation

66 Checkliste
Tragetaschen

	entfällt	verfolgen	Anmerkungen/Daten/Hinweise
Ergänzung (auch vom wiedererkennbaren Motiv) zur klassischen Werbung zu sein?			
22. Wie hoch soll die Auflage der Tragetaschen sein (Kosten-Mengen-Relation)?			
23. Ist bei der Streuung das zukünftig immer mehr anvisierte Thema Ballungsraum-Marketing berücksichtigt worden? (Wo sollen die Tragetaschen verstärkt eingesetzt werden? = Kontaktchancen)			

Checkliste **67**

Verpackung/Packung

entfällt   verfolgen   Anmerkungen/Daten/Hinweise

Wichtige Erkenntnisse aus der Marktforschung

1. Sind sämtliche umsetzbaren Erkenntnisse der Marktforschung in der Verpackung/Packung integriert?

2. Welche Zielgruppen (Verbraucher/Handel) sollen mit dieser Verpackung/Packung angesprochen werden?

3. Wie sind die soziodemographischen und psychologischen Merkmale gekennzeichnet? (Faktorenbündlungen), u. a. auch:

☐ Vorstellungen

☐ Bedürfnisse

☐ Gewohnheiten

☐ Praktikabilität

☐ _____

4. Ergeben sich aus dieser Verpackung/Packung neue Bedürfnisse sowie neue Nutzenvorteile und Bedürfnisbefriedigung?

Planung und Entwicklung

1. Soll die Verpackung/Packung eine Einweg- oder Mehrwegverpackung sein (Aufwand der Ausstattung etc.)?

2. Wird die Verpackung nach Gebrauch weiterverwendet (Zweitnutzen)?

3. Wie und wo wird die Verpackung/Packung gebraucht?

VII. Non-Live-Kommunikation

67 Checkliste
Verpackung/Packung

	entfällt	verfolgen	Anmerkungen/Daten/Hinweise

4. Wird die Verpackung/Packung konzipiert für:
   - ☐ Monoprodukt
   - ☐ Monoprodukt, das zu einem späteren Zeitpunkt zu einer Range ausgeweitet wird
   - ☐ eine Range, die zu einem späteren Zeitpunkt erweitert werden soll
   - ☐ ein hoch- oder niedrigpreisiges Monoprodukt
   - ☐ eine hoch- oder niedrigpreisige Range

5. Entspricht die Verpackung/Packung dem Image des Unternehmens?

6. Läßt sich die Verpackung/Packung gut in das übrige Sortiment des Unternehmens integrieren?

7. Besitzt sie trotzdem eine signifikante Eigenständigkeit gegenüber dem eigenen und dem Konkurrenzsortiment?

8. Welche gesetzlichen Vorschriften sind zu beachten?
   - ☐ Deklaration
   - ☐ Verpackung/Packungsgröße
   - ☐ Schriftgröße bei Inhaltsangabe etc.
   - ☐ Gewichtsangabe etc.

9. Kann die Verpackungs-/Packungsform geschützt werden, oder ist diese Verpackungs-/Packungsform schon geschützt (Musterschutz)?

10. In welchen Abständen kann und muß mit einer Änderung der Verpackung/Packung gerechnet werden?

Checkliste **67**

Verpackung/Packung

	entfällt	verfolgen	Anmerkungen/Daten/Hinweise

11. Wie sieht die Beschaffungssituation der Rohware für die Verpackung/Packung aus?

12. Wie hoch ist der Verpackungs-/Packungskostenanteil an den Herstellungskosten?

13. Welche Mengen werden gebraucht?

Technische Faktoren

1. Aus welchem Material soll die Verpackung/Packung bestehen?

☐ Pappe

☐ Papier

☐ Glas

☐ Metall (Weißblech etc.)

☐ Plastik

☐ Leichtglas

☐ Folien

☐ Metallpapiere

☐ Holz

☐ Kunststoffe

☐ _____

2. Welche Anforderungen werden an die Verpackung/Packung gestellt?

☐ Feuchtigkeit

☐ Festigkeit

☐ Temperatur

☐ Druck, Stoß, Rütteln, Biegen, Kratzen, Scheuern

67 Checkliste
Verpackung/Packung

	entfällt	verfolgen	Anmerkungen/Daten/Hinweise
☐ Geruchs- und Geschmacksempfindlichkeit			
☐ Haltbarkeit			
☐ Regalraumausnutzung (Handel)			
☐ Selbstbedienungsgerechtigkeit			
☐ Verwendungseignung			
☐ Display-, Schaupackung oder zusätzlicher Informationsträger etc.			
3. Welche Drucktechniken können angewandt werden?			
☐ Buchdruck (Karton, Papier etc.)			
☐ Siebdruck (fast alle Materialien)			
☐ Offsetdruck (Karton, Papier, Kunststoff-Folien etc.)			
☐ Tiefdruck (Papier, Karton, Kunststoffe)			
☐ Flexodruck (Papier, Karton, weiche Kunststoff-Folie)			
☐ _____			
4. Läßt sich der Produktinhalt optimal in diese Verpackung/Packung abfüllen?			
5. Welche Qualitätsansprüche (physisch und psychologisch) muß die Verpackung/Packung erfüllen?			
6. Kann die Verpackung/Packung im eigenen Unternehmen kostengünstig bedruckt und etikettiert werden?			
7. Wie hoch sind die evtl. zusätzlichen Aufwendungen für zusätzliche Maschinenteile für die Produktionsstraße, um selbst etikettieren zu können?			

Checkliste **67**

Verpackung/Packung

	entfällt	verfolgen	Anmerkungen/Daten/Hinweise

8. Kann und/oder muß eine Teiletikettierung manuell vorgenommen werden, und wenn ja, wie lange, und welche Kosten entstehen dadurch?

9. Kann diese Situation unter langfristigen Aspekten kostengünstig geändert werden?

10. Wenn nein, kann diese Teilarbeit ein Co-Packer übernehmen?

11. Wie stark wird der Produktdeckungsbeitrag durch solche möglichen Maßnahmen reduziert?

12. Entspricht die Verpackung/Packung den heutigen Umweltbedingungen?

13. Lassen sich dadurch zusätzliche Werbeaussagen entwickeln? (Z. B.: „Der umweltbewußte Verbraucher kauft Produkte mit umweltfreundlicher Verpackung.")

Handelsgerechte Erkenntnisse

1. Ist die Verpackung/Packung regalgerecht?

2. Ist die Verpackung/Packung stapelbar?

3. Ist die Verpackung/Packung mit der EAN-Codierung versehen?

4. Ist die Verpackung/Packung palettisierbar?

5. Besitzt die Verpackung/Packung Kennzeichnungen, um das Produkt ordnungsgemäß lagern zu können?

6. Garantiert die Verpackung genügend wirkungsvolle Warenpräsentation?

VII. Non-Live-Kommunikation

67 Checkliste
Verpackung/Packung

	entfällt	verfolgen	Anmerkungen/Daten/Hinweise
7. Läßt die Verpackung/Packung eine handelsgerechte Preisauszeichnung zu?			
8. Signalisiert die Verpackung/Packung sofort Sortimentszugehörigkeit?			
9. Ist die Verpackung/Packung lagerraumgerecht?			
10. Ist die Verpackung/Packung raumsparend?			
11. Ist das Handling der Verpackung/Packung zeit- und kostensparend?			

Kommunikation

	entfällt	verfolgen	Anmerkungen/Daten/Hinweise
1. Ist die Verpackung/Packung aufgrund der Erkenntnisse der Marktforschung (psychologische Faktoren) umgesetzt, bzw. kann sie entsprechend umgesetzt werden?			
2. Hat die Verpackung/Packung eine(n) optimale(n) ☐ Signalwert (Fernwirkung)? ☐ Informationswert? ☐ emotionale Wirkung? ☐ Handlungsaufforderung (= „Sieh"-Wert)?			
3. Ist der USP (manchmal auch nur der UAP = einzigartiges werbliches Versprechen) sofort zu erkennen und zu verstehen?			
4. Liefert die Verpackung/Packung schon die Information, um welche Produktkategorie es sich handelt?			
5. Ist die Verpackung/Packung „unternehmenscharakter-like"?			

Checkliste **67**

Verpackung/Packung

	entfällt	verfolgen	Anmerkungen/Daten/Hinweise

6. Besitzt die Verpackung Bedürfnisdringlichkeitsfunktionen (Auslösefunktionen)?

7. Segmentiert die Verpackung/Packung klar und deutlich?

8. Sind alle Angaben korrekt und optimal entsprechend den Marktforschungstestergebnissen umgesetzt?

- ☐ Herstellerangabe
- ☐ Typographie
- ☐ Bildelemente
- ☐ Qualitätsniveau
- ☐ Farben, Preis, Gewicht etc.
- ☐ _____

9. Sollen die Bildelemente illustriert oder fotografiert werden?

10. Soll der Inhalt sichtbar sein?

11. Hebt sich die Verpackung optimal vom eigenen und vom Konkurrenzsortiment ab?

12. Läßt die Verpackung/Packung noch einen Freiraum für mögliche Promotion-Maßnahmen am Produkt (Coupon etc.)?

13. Besteht ein Freiraum, oder kann er mit einkalkuliert werden (für mögliche nachträgliche Zusatzinformationen aufgrund von gesetzlichen Verordnungen etc.)?

14. Ist der Markenname und/oder das Markensymbol klar und deutlich zu erkennen?

VII. Non-Live-Kommunikation

67 Checkliste
Verpackung/Packung

	entfällt	verfolgen	Anmerkungen/Daten/Hinweise
▽ Die Packungsgestaltung ist eine Wissenschaft für sich. In diesem Experimentierstadium kann man nicht genug Zeit aufwenden, um zu formal schönen Lösungen zu kommen. Hier entscheidet aber nicht nur das eigene Gefühl, was gut ist und was weniger gut ist. Hier muß mit den Mitteln der Marktforschung festgestellt werden, was wirklich beim Verbraucher ankommt.			
Deshalb sollte jede Packungserarbeitung von der Marktforschung mitgeleitet werden, die sowohl vorher die Produktakzeptanz und die Produktvorteile herauskristallisiert als auch die Ergebnisse dem Verpackungshersteller zur Verfügung stellt. Denn Ihre zukünftigen Konsumenten sehen in der Regel erst die Packung. Diese muß die Wertanmutung ausstrahlen, die dazu führt, das Produkt zu kaufen.			

Generelle PR-Aktionen und -Mittel im Werbeumfeld

Checkliste 68

	entfällt	verfolgen	Anmerkungen/Daten/Hinweise
☐ Mailings			
☐ Plakate			
☐ Ausstellungen			
☐ Betriebsbesichtigungen			
☐ Stiftungen			
☐ Geschenke und Preise			
☐ Seminare			
☐ Jubiläumsveranstaltungen			
☐ Interviews			
☐ Einweihungsveranstaltungen			
☐ Einladungen			
☐ Stipendien			
☐ Werksmuseum			
☐ Sonderbriefmarken			
☐ Kundenzeitschrift			
☐ Geschäftsbericht			
☐ Pressekonferenz			
☐ Redaktionelle Artikel			
☐ Leserbriefe			
☐ PR-Anzeigen			
☐ Referate			
☐ Filme			
☐ CDs			
☐ Broschüren			
☐ Telefonsonderansagen			
☐ Telefon-Informationsservice			

VII. Non-Live-Kommunikation

VIII. Live-Kommunikation

1. Der neue Begriff „Live-Kommunikation"

Es tut sich was in der Marketing-Betrachtung. Die Bewegung ging von den statischen zu dynamischen Instrumenten, von der passiven zur aktiven Botschaftsvermittlung, von Low zu High involvement. Bei genauer Analyse stellt man jedoch auch fest, *daß Marketing vornehmlich am Reißbrett gemacht und umgesetzt wird.* Die Instrumente, die dies besonders gut zulassen, werden in jedem Marketing-Plan deutlich bevorzugt; so Anzeigen, Mailings, Broschüren, Ratgeber, Videofilme …

Sehr schwer tut und tat man sich zum Beispiel bei der Planung von Außendienstgesprächen. Im Endeffekt versuchte man, hier auch alles reißbrettartig vorzuplanen und abzusichern. *Ein Ausdruck dieses bis heute mißlungenen Versuches ist der immer mehr reduzierte Salesfolder,* den erfolgreiche Außendienstmitarbeiter interessanterweise als erstes nennen, wenn man sie nach „Problemen" befragt. Der Mißerfolg kommt nicht von ungefähr: Wurden doch statische und monologisierende Instrumente genauso betrachtet und geplant wie der direkte Dialog, die persönliche Kommunikation. Das hat nichts mit „Erlebnis", sondern mit „live" zu tun.

Das Fernsehen ist den Weg konsequent anders gegangen. Alles wird perfekt gemacht – mit der Aufzeichnung und dem Playback. Die große Live-Show existiert nicht mehr. Die Zuschauer übrigens haben das nicht honoriert. In der Kommunikation unserer Produkte und Dienstleistungen können wir live aber sowieso nicht abstellen. Das Außendienstgespräch ist eben nicht einmal aufzuzeichnen und dann als Video dem Kunden zuzusenden. Darum benennen wir für die Konzeption ganz klar Non-Live-Instrumente und Live-Instrumente, sprechen von Live-Kommunikation.

Zur Live-Kommunikation gehören u. a.:

- Außendienstgespräche
- Telefongespräche
- Präsentationen vor Key-Accounts
- Präsentationen im Unternehmen
- Tage der offenen Tür
- Fortbildungsseminare
- Symposien, Kolloquien
- Einführungsveranstaltungen
- Jahrestagungen
- Händlertage
- Messen/Ausstellungen
- Vorträge
- Veranstaltungen
- Propagandisteneinsätze
- Szeneveranstaltungen
- Straßen-Performances

Diese können nicht genauso wie Non-Live-Instrumente geplant und entwickelt werden, sondern benötigen eine andere, eigenständige Dramaturgie, Vertrauen in die Freiheit der Beteiligten, die Erkenntnisse von Unikaten, selbst bei „Wiederholungen" von Veranstaltungen.

Selbstverständlich bleibt in einem Marketing-Mix der Grundgedanke bestehen, daß Live-Kommunikation und Non-Live-Kommunikation sinnvoll miteinander verknüpft werden müssen.

Wir haben uns für diesen Begriff „Live-Kommunikation" entschieden, weil unseres Erachtens diese Instrumente „Erlebnis" haben können – aber nicht müssen. Weil *live* sowohl Low als auch High involvement bedeuten kann, weil live „below the line" oder wo und wie auch immer eingesetzt werden kann. *Live-*

Kommunikation bedeutet aber immer andere massenkommunikative, psychologische und soziologische Plattformen als Non-Live-Kommunikation.

Eine Anzeige können Sie evtl. psychobiologisch absichern, wenn Sie meinen, diese „Kommunikationsschule" böte Hilfestellung. Ein Live-Instrument läßt diese psychobiologische Analyse jedoch nie zu. *Hier wird uns das soziologische Forschungsinstrumentarium sicherlich mehr helfen.*

Interessanterweise werden oft Live- und Non-Live-Methoden analog betrachtet:

☐ Außendienstgespräch = Directmail
☐ Seminar = Fachbroschüre
☐ Kongreß = Fachbuch/Fachzeitschrift
☐ Einführungsvortrag = Leitartikel
☐ Tag der offenen Tür = Unternehmensbroschüre

Und doch: Ein Kongreß ist keine Zeitschrift, ein Vortrag kein Leitartikel. Letztendlich bricht das Analog-Denksystem zusammen, *weil sich in der Live-Kommunikation auch ganz eigenständige Instrumente wie z. B. Straßen-Performances entwickeln lassen,* die kein Non-Live-Äquivalent kennen.

2. Gratifications-Management in der Kommunikation

In der Betriebswirtschaft kennen wir zwei verschiedene Grundparadigmen:

☐ *Die einen wollen die Kosten senken,* rationalisieren, den Umsatz pro Mitarbeiter erhöhen, die Lager-Umschlagsgeschwindigkeit verbessern, den Einkauf kostengünstiger gestalten ...
☐ *Die anderen wollen dagegen mehr Kunden an sich binden,* den Umsatz pro Kunde erhöhen, Stammkunden gewinnen, Bedarfsbündel anbieten, den Kunden emotional an das eigene Unternehmen fesseln ...

Während der erste also in die schwarzen Zahlen kommt, indem er so wenig Geld wie möglich ausgibt, versucht der zweite Geld zu verdienen, indem er in den Markt investiert. *Es muß deutlich gesagt werden, daß nur das Unternehmen nicht in den Konkurs schlittert, das zwischen diesen beiden Polen – Kostenmanagement und Marktmanagement – eine Balance erreicht.*

Aber auch auf der Marktseite kennen wir zwei unterschiedliche Pole der Betrachtung:

☐ *Die einen haben das Sortiment,* Produkt, die Beratung, Grundversorgung im Auge.
☐ *Die anderen denken an Erlebnis,* Unterhaltung, Spaß beim Kaufen oder beim Kontakt mit dem Unternehmen oder Spaß beim Anwenden des Produktes, somit auch an Kommunikation.

Auch hier sei darauf hingewiesen: Es ist sehr schwer, eine dieser Denkwelten so umzusetzen, daß der Kunde deswegen an das Unternehmen gebunden wird. Die meisten Unternehmen versuchen es darum – wenn überhaupt – eher mit Mischmethoden und erreichen dabei nicht das Optimum, weil sie kein gedankliches, planerisches Gerüst und Gebilde für ihre Maßnahmenoptionen haben.

Viele Zukunftsbetrachtungen machen uns jedoch heute schon klar, daß sich die Anbieter deutlicher positionieren werden. Eine (!) Möglichkeit besteht in der Betrachtungsweise nach

- [ ] versorgungsorientierten Angeboten,
- [ ] beratungs- und serviceorientierten Angeboten,
- [ ] erlebnisorientierten Angeboten.

Wenn wir davon ausgehen, daß die Unternehmen als Anbieter in den Sortimenten und Grundangeboten alle ähnlich ausgerichtet sind, wenn wir weiterhin unterstellen, daß sich auf Dauer die Beratungsleistung auf einem ähnlichen Niveau einpendelt, dann bleibt als persönliche Differenzierung, als emotionale Bindung des Kunden nur noch die Individualität der Mitarbeiter und das Bindungserlebnis zwischen Kunde und Unternehmen als solchem. *Es handelt sich also um eine Differenzierungsnotwendigkeit.*

3. Erlebnismethoden präzise unterscheiden

Nun, was ist ein Erlebnis? Es ist der Inhalt des Erlebens oder noch besser „jedes beeindruckende Geschehen". *Wir sind sicher, daß das Wort „Erlebnis" uns bei unserem Thema nicht weiterhilft.* Eine Trauerfeier kann in diesem Sinne ein beeindruckendes Geschehen sein – und doch würden wir es nicht gerne wiederholen wollen. Was wir also suchen, sind positive Erlebnisse.

Unter Erlebnis verstehen wir einen angenehmen Zeitvertreib. Der Begriff ist mit Muße, Geselligkeit zur psychischen und physischen Entspannung verbunden. Erlebnisse können geplant und organisiert werden (Aufführungen, Fernsehen, Zirkus, Sportveranstaltungen) oder sich unvermittelt entwickeln (spielen, tanzen, lesen, musizieren). Um das alles in unser betriebswirtschaftliches Weltbild einzupassen, machen wir folgenden Vorschlag, den wir aus der Unterhaltungs- und Informationstheorie ableiten:

Um eine Beziehung befriedigt abzuschließen, interessieren den Kunden bezahlte und unbezahlte Komponenten.

Zum bezahlten Bereich gehört die *Kernleistung:* das Produkt, die Verpackung, die Gebrauchsanweisung o.ä.

Bezahlt oder unbezahlt (je nach Konzeption) ist dagegen die *Zusatzleistung:* die Beratung, das Muster, wissenschaftliche Seminare, Informationsvideos.

Gänzlich unbezahlt bleiben die *Gratifications-Leistung:* Ausstieg aus dem Alltag, physisch-psychische Entspannung, und die *Werbeleistung:* Anzeigen, Giveaways, Streuartikel (vornehmlich monologisierenden Charakters).

Statt von Erlebnis oder Unterhaltungsbeziehungen sprechen wir also lieber von Gratifications-Management. *In diesem Wort steckt einerseits das Wort „Bedürfnis", aber andererseits auch die Assoziation „gratis, kostenlos".* Beides ist gewollt, denn beides ist gemeint.

In Zukunft wird u. E. derjenige einen Wettbewerbsvorsprung besitzen, der konsequente Entscheidungen trifft, welche Leistungsbereiche und in welchem Mix er sie anspricht.

Eine Typologie der Gratification leitet sich aus verschiedenen Befragungen ab, sie gibt gleichzeitig den Grund der Attraktivität wieder (vgl. folgende Checkliste).

69 Checkliste
Typologie der Beziehungs-/Gratifications-Attraktoren

	entfällt	verfolgen	Anmerkungen/Daten/Hinweise

1. Gratification durch Vergnügen/Amüsement

- ☐ Flucht vor den Nötigungen der Lebensroutine („Das war mal was anderes.")
- ☐ Entkommen vor der Last der Lebensprobleme („Das hat mich meine Probleme vergessen lassen.")
- ☐ Emotionale Befreiung und Erlösung vom Lebensdruck („Ich konnte mal wieder richtig lachen.")

2. Gratification durch persönliche Beziehungen

- ☐ Auflösung des Alleinseins durch Kameradschaft („Während wir zusammen waren, entwickelte sich so etwas wie Kameradschaft.")
- ☐ Zusammengehörigkeitsgefühl durch soziale Nützlichkeit

3. Gratification durch Entwicklung oder Bestätigung der persönlichen Identität

- ☐ Identitätsentwicklung durch persönliche Erwähnung/Einbindung („Ich durfte mitmachen." „Der hat mich sogar genannt.")
- ☐ Beziehungseinordnung des Ich durch Wirklichkeitserforschung („Mit Ihnen über das Leben/Kochen/Auto fahren etc. zu reden hat mir geholfen, mein Leben zu verstehen.")
- ☐ Wertverstärkung der persönlichen Bedeutung durch Bestätigung des eigenen Denkens/Handelns anhand von (populären) Mitmenschen/Handlungen („Sogar der Professor war meiner Meinung.")

Checkliste **69**

Typologie der Beziehungs-/Gratifications-Attraktoren

	entfällt	verfolgen	Anmerkungen/Daten/Hinweise

4. Gratification durch Kontrolle des Lebensgeschehens

☐ („Als ich das Angebot gesehen habe, war mir sofort klar, daß ich mein Leben zukünftig besser führe.")

☐ Prüfen Sie, inwieweit Sie besonders bei Live-Kommunikation konzeptionell einen der drei Punkte in den Vordergrund stellen sollten:

⇨ Amüsement/Vergnügen

⇨ Beziehungs- und Identitätsaufbau sowie

⇨ Lebensbeherrschung

70 Checkliste

10 Regeln der erfolgreichen Live-Kommunikation

	entfällt	verfolgen	Anmerkungen/Daten/Hinweise

1. Jede Live-Kommunikation braucht ein *Konzept*, ein inhaltliches Gerüst mit Leitidee.

   Erst den Messestand zu bauen und dann über Inhalte nachzudenken führt zwangsläufig zu erfolgsschmälernden Kompromissen. Auch die Auswahl eines Abgabemittels braucht ein kommunikatives Dach.

2. Live-Kommunikation braucht eine *Umsetzung,* die die Inhalte direkt erlebbar macht, die Aktion und Reaktion zuläßt.

   Alle drei Sekunden ein Statistik-Dia macht die dargestellte Unternehmensentwicklung auch bei modernster Kommunikationstechnik nicht erlebbar.

3. Live-Kommunikation braucht wie Non-Live-Kommunikation auch eine emotionale *Dramaturgie,* damit sich die Teilnehmer persönlich damit identifizieren können, ihre Aufmerksamkeit geweckt und ihre Aufnahmebereitschaft unterstützt wird.

   Unter Dramaturgie verstehen wir nicht die vom Thema der Veranstaltung völlig losgelösten Unterhaltungsprogramme, sondern eine inhaltliche Dramaturgie, integriert in das kommunikative Dach.

4. Live-Kommunikation braucht *Flexibilität und Freiheit.*

   Vorträge und Diskussionen, die bis aufs letzte abgestimmt sind, sind eben nicht „live" und meist erstaunlich seelenlos. Hier gilt es, Vertrauen

Checkliste **70**

10 Regeln der erfolgreichen Live-Kommunikation

	entfällt	verfolgen	Anmerkungen/Daten/Hinweise

in die Fachkompetenz der Beteiligten zu setzen.

5. Live-Kommunikation braucht *Auseinandersetzung*.

   Nur die Vorteile eines Produktes zu erfahren führt den Mitarbeiter des Verkaufs in eine Falle: Beim ersten Einspruch des Kunden fühlt er sich allein, bei der nächsten Produktschulung ist er demotiviert und mißmutig.

6. Live-Kommunikation braucht *Neues* und/oder Unerwartetes, das aber direkt mit dem Thema verbunden ist.

   Wenn sowohl die Menschen als auch die Inhalte, die eine Veranstaltung prägen, interessant sind, kann der Veranstaltungsort auch „um die Ecke" sein.

7. Live-Kommunikation braucht *Individualität und Einzigartigkeit*.

   Es müssen nicht die bekanntesten Koryphäen die interessantesten sein. Gerade von außergewöhnlichen Themen, projiziert auf die eigenen Inhalte, kann man erstaunliche Einblicke bekommen.

8. Live-Kommunikation braucht *Ehrlichkeit und Offenheit*.

   Jeder Versuch einer Verheimlichung oder Vertuschung, jede verschwiegene Unsicherheit wird eben auch aufgenommen.

9. Live-Kommunikation braucht die *Verknüpfung*.

   Verknüpfung mit Non-Live-Kommunikation, sie ist nur erfolgreich als

VIII. Live-Kommunikation

70 Checkliste

10 Regeln der erfolgreichen Live-Kommunikation

	entfällt	verfolgen	Anmerkungen/Daten/Hinweise
ein Bestandteil des Marketing-Mix. Eigentlich klar.			
10. Live-Kommunikation braucht exakte, detaillierte und gastliche *Organisation*. Das beste Programm ist wenig erfolgreich, wenn keiner so ganz genau weiß, wann es wo stattfindet.			

Checkliste **71**

Außendienstkonferenzen/-tagungen

	entfällt	verfolgen	Anmerkungen/Daten/Hinweise

Konferenzarten

1. Jahreskonferenz

2. Halbjahreskonferenz

3. Quartalskonferenz

4. Arbeitskonferenz

5. Terminkonferenz

6. Festveranstaltungen

    Fest/Festival/Gala

7. Einführungskonferenzen

    auch: Startveranstaltung/Vertriebstagung/Sales-Force-Meeting/Verkäufertreffen/Round-Table-/Beratergespräche/Vertreterversammlung

8. Mottokonferenzen/Themenkonferenzen

    Bedarfsbündelungstagung/Wissenschaft als Partner/Lieferanten als Informanten/AD als Marktforscher

9. Ein-Mann-Konferenz

    Jeder Teilnehmer spricht isoliert auf Band/Videoband, die Bänder werden dann ausgetauscht (versandt).

10. Zwei-Mann-Konferenz (Direktgespräch)

    AD-Leiter – AD-Mitarbeiter; Vertriebsleiter – AD-Mitarbeiter; Marketing-Leiter – AD-Mitarbeiter

11. Kontaktkonferenz

    Mitarbeiter kommen zusammen, die sich sonst nicht sehen würden = Innendienst/Außendienst, Außendienst Ausland/Außendienst Inland,

VIII. Live-Kommunikation

71 Checkliste
Außendienstkonferenzen/-tagungen

	entfällt	verfolgen	Anmerkungen/Daten/Hinweise

Unternehmensspitze/Außendienst etc.

12. Großkonferenz

    Gesamte Marketing- und Vertriebsabteilung auf Konferenztournee/Auslandskonferenz

13. Teamkonferenz

    Gebietskonferenz/Regionalkonferenz

14. Erlebniskonferenzen

    Konferenz am Kamin, Konferenz im Schloß, Konferenz im Tophotel, Konferenz nach Ritterart, Konferenz auf der Schiene (Eisenbahnwagen), Konferenz in der Luft (Konferenz während einer Flugzeugrundreise), Schwimmende Konferenz (Schiff), Klausurkonferenz (Berghütte, Jagdhütte), Leistungskonferenz (Sportzentrum, Leistungszentrum), Orientierungsfahrt zur Konferenz

15. Konferenz mit (Abschluß-)Show

    Musical, TV-Sendung, Tanzveranstaltung, Kostümkonferenz, Konferenz im Shop (Nachbildung des Kundengeschäftes), Prominenzkonferenz (direkt oder auf Videobändern vorgespielt)

Organisation

1. Konferenztitel
2. vom: bis:
3. Konferenzhotel/Konferenzraum im Hause
4. Referenten (intern/extern)

Checkliste **71**

Außendienstkonferenzen/-tagungen

	entfällt	verfolgen	Anmerkungen/Daten/Hinweise
5. Aufgaben			
6. Bestimmung des Verantwortlichen für die Konferenzhotelbuchung/für die Fixierung des internen Konferenzraumes			
7. Zielsetzung der Konferenz			
☐ Ziel der Tagung			
☐ Teilnehmerkreis und Zahl			
☐ vorhandener Etat			
8. Terminvorstellungen			
☐ Abstimmung mit Aktionsterminen			
☐ Abstimmung mit Urlaubsterminen			
☐ Kollision mit anderen Anlässen			
9. Auswahl Tagungshotel/interner Konferenzraum			
☐ Standort			
⇨ gleichmäßiger Zeitaufwand für Anreise der Teilnehmer			
⇨ verkehrsgünstige Lage			
⇨ Lage im Grünen			
☐ Anforderungen an Konferenzräume/Hotelzimmer			
⇨ Größe Konferenzraum und Nebenräume			
⇨ Belüftung/Heizung/Klima			
⇨ Beleuchtung			
⇨ Verdunkelung			
⇨ Bestuhlung			
⇨ Sitzordnung			
⇨ Ausschaltung Fremdgeräusche			

VIII. Live-Kommunikation

71 Checkliste
Außendienstkonferenzen/-tagungen

	entfällt	verfolgen	Anmerkungen/Daten/Hinweise
⇨ elektrische Anschlüsse			
⇨ notwendige Anzahl Hotelzimmer mit Bad			
⇨ gewünschte Freizeitmöglichkeiten			
⇨ Quellen			
⇨ bisherige positive Erfahrungen mit Tagungshotels			
⇨ Vorschläge von Referenten			
⇨ Varta-Führer/Michelin			
⇨ Einschaltung Kongreßagentur			
☐ Konferenzorganisation			
⇨ Leistungsumfang im Rahmen der Vollpension			
⇨ Klärung Essensfrage/Getränke			
⇨ vom Unternehmen bewilligte Nebenleistungen (Dinnerdiskussion am Abend; gemeinsamer Theaterbesuch etc.)			
⇨ Freizeitgestaltungsmöglichkeiten			
10. Vorbereitung der Konferenz			
☐ Information der Beteiligten			
⇨ Einladung an Teilnehmer, beinhaltet Motivation			
⇨ Programm/Zeitplan			
⇨ Referenten			
⇨ Tagungshotel/Anreiseweg/Konferenzraum im Hause			
⇨ mitzubringendes Material			
⇨ Kleidung			
⇨ Spesenregelung			

Checkliste 71

Außendienstkonferenzen/-tagungen

	entfällt	verfolgen	Anmerkungen/Daten/Hinweise

⇨ Teilnehmerliste an Referenten (inkl. Position, Alter, Vorbildung etc.)

⇨ Teilnehmerliste an Hotel, evtl. hauseigene Kantine etc.

☐ Benötigte audiovisuelle Hilfen

⇨ Tagungsunterlagen/Schreibzeug für Teilnehmer

⇨ Mikrofon

⇨ Lautsprecher

⇨ Rednerpult

⇨ Leinwand

⇨ Tageslichtprojektor/Ersatzbirnen (!)

⇨ Diaprojektor/Ersatzbirnen

⇨ Filmprojektor/Ersatzbirnen

⇨ Podest

⇨ Namensschilder

⇨ Flip-Charts/Tafel

⇨ Tonbandgerät

⇨ Kabelrolle

⇨ Videoaufzeichnungsanlage

⇨ Fotoapparat

☐ Sonstiges Material

⇨ Erinnerungsgeschenk

⇨ Hausapotheke

⇨ Büromaterial

⇨ Freizeitprogramm

11. Kontrollen nach der Konferenz

☐ Vollständigkeit Geräte und Material

☐ Überprüfung der Abrechnungen

VIII. Live-Kommunikation

71 *Checkliste*
Außendienstkonferenzen/-tagungen

	entfällt	verfolgen	Anmerkungen/Daten/Hinweise

☐ Auswertung der Kommentare der Teilnehmer zur Tagung

☐ Beurteilung des Referenten, seiner Zuhörer und Teilnehmer

12. Teilnahmezertifikate an Teilnehmer versenden

▽ Außendienstkonferenzen sowie -tagungen und Seminare, die von internen Trainern veranstaltet werden, werden vom Außendienst weniger akzeptiert.

Unsere Empfehlung: Suchen Sie sich externe Referenten. Außendienstmitarbeiter suchen die Abwechslung, die Provokation in den Thesen, „wollen Leben in der Bude haben". Das heißt nicht, die Sache zum Theater zu degradieren, sondern durch Abwechslung Spannung zu erzeugen (zielbezogen) und damit die Lerneffekte zu vergrößern.

Checkliste **72**

Messen

	entfällt	verfolgen	Anmerkungen/Daten/Hinweise

Beteiligung

1. Sind Ihnen alle Messe- und Ausstellungstermine in Ihrem Bereich bekannt?

▽ Auch viele Fachkongresse haben eine angegliederte Ausstellung.

2. Haben Sie alle Informationsquellen ausgeschöpft, um rechtzeitig über derartige Veranstaltungen informiert zu sein?

☐ Außendienst

☐ Verbände

☐ Institutionen

☐ Messegesellschaften

3. Haben Sie in Ihrem Unternehmen eine Stelle, die die Messetermine laufend aktualisiert?

4. Nach welchen Zielvorstellungen nehmen Sie an den Messen teil?

☐ Präsentation neuer Produkte

☐ Verkauf

☐ Kontaktanbahnung und -pflege mit

⇨ Kunden

⇨ Fachhandel

⇨ eigenen Vertretern

⇨ Vorlieferanten

⇨ anderen Fachleuten

⇨ Wirtschafts- und Fachpresse

☐ Absatzförderung

☐ Ausbau bestehender Absatzmärkte im In- und Ausland

VIII. Live-Kommunikation

72 Checkliste
Messen

	entfällt	verfolgen	Anmerkungen/Daten/Hinweise

☐ Ausbau bestehender Geschäftsverbindungen

⇨ Vergabe von Lizenzen

⇨ Firmenzusammenschluß

⇨ Kooperation

⇨ _____

☐ Allgemeine Orientierung über die eigene Branche und die benachbarten Branchen

☐ Beobachtung des Marktgeschehens

⇨ Angebotspalette der Konkurrenz

⇨ allgemeine Preispolitik

⇨ Konjunkturlage

☐ Leistungsvergleich gegenüber den Mitbewerbern

☐ Fachlicher Gedankenaustausch mit anderen Ausstellern sowie der Messeleitung (Z.B.: Wohin geht der Branchentrend?)

☐ Entwicklung neuer Marktstrategien

☐ Imagepflege

5. Beachten Sie in der Vorplanung folgende Punkte

☐ Messekonzeption

☐ koordinierender Terminplan

☐ Finanzierung

☐ Ausstellungsprogramm

☐ Werbung

☐ Pressearbeit

☐ Standgestaltung

☐ Auswahl des Standpersonals

Checkliste 72

Messen

	entfällt	verfolgen	Anmerkungen/Daten/Hinweise

☐ Stellenbesetzung für den Stand

☐ Unterkünfte

☐ Transporte

☐ Aufbau

☐ Messeveranstaltungen

☐ Besuchertermine

☐ Abbau

☐ Erfolgskontrolle

6. Läßt sich die Auswahl der Beteiligungen mit Ihrem Budget vereinbaren?

▽ *Achtung:* Preissteigerungen gegenüber dem Vorjahr einplanen!

7. Sind die Messebeteiligungen mit Ihren sonstigen Kommunikationsaktivitäten koordiniert?

☐ terminlich

☐ inhaltlich

☐ optisch (Corporate Design)

8. Wenn Sie einen eigenen Messestand haben:

☐ Muß dieser technisch oder konzeptionell überarbeitet werden?

☐ Ist das System ausbaubedürftig, oder sollen die „größeren" Veranstaltungen mit einem gemieteten Stand beschickt werden?

☐ Ist es auch aus Kosten-Nutzen-Sicht (Lagerung!) sinnvoll, den Stand zu behalten?

9. Ist es sinnvoll, einen Messebauer für diese Objekte hinzuzuziehen?

VIII. Live-Kommunikation

72 *Checkliste*
Messen

	entfällt	verfolgen	Anmerkungen/Daten/Hinweise

☐ technische Gründe (Systemüberwachung, Arbeit mit einem Leasing-Stand etc.)

☐ personelle Gründe (Abwicklungsaufwand)

☐ konzeptionelle Gründe (neue Gestaltung)

▽ Achtung: Rechtzeitig Kontakte aufnehmen und Angebote einholen!

Anmeldung

1. Ist gesichert, daß die Anmeldungen rechtzeitig erfolgen?
2. Erfolgen die Anmeldungen durch eine eigene Abteilung oder durch den Messebauer?
3. Sind die jeweiligen Teilnahmebedingungen bekannt und in der Planung berücksichtigt?
4. Sind die jeweiligen besonderen Bestimmungen bekannt und in der Planung berücksichtigt?

☐ Standbauvorschriften

☐ Baupolizeiliche Vorschriften

☐ Feuerpolizeiliche Vorschriften

☐ Gewerberechtliche Vorschriften

☐ Wettbewerbsrechtliche Vorschriften

☐ Arbeitsrechtliche Vorschriften

☐ Urheberrechtliche Vorschriften

☐ Versicherungsrechtliche Vorschriften

☐ Zollrechtliche Vorschriften

Checkliste **72**

Messen

	entfällt	verfolgen	Anmerkungen/Daten/Hinweise

☐ Installationstechnische Vorschriften

☐ VDE-Bestimmungen

5. Ist gesichert, daß Sie frühestmöglich die Zulassung und Plazierung erfahren?

6. Haben Sie die Art des Standes mit Ihren Zielvorstellungen abgestimmt?

☐ Mindestgröße

☐ Maximalgröße

☐ Breite des Standes

☐ Tiefe des Standes

☐ Höhe des Standes

▽ Achtung: Besondere Bestimmungen bei zweigeschossiger Bauweise!

☐ Standform (Reihen-, Eck-, Kopf-, Blockstand)

☐ Sonderplazierung

⇨ Pavillon

⇨ Zelt

⇨ Traglufthalle

⇨ Container

⇨ Ausstellungsbus

⇨ Kleinbus

⇨ Caravan

⇨ Blockhaus

7. Besteht die Möglichkeit, sich an einem Gemeinschaftsstand zu beteiligen oder Unteraussteller aufzunehmen?

8. Sind alle Versorgungsleistungen beantragt?

VIII. Live-Kommunikation

72 Checkliste
Messen

	entfällt	verfolgen	Anmerkungen/Daten/Hinweise

- ☐ Elektroanschlüsse
- ☐ Wasseranschluß
- ☐ Druckluftanschluß
- ☐ Telefon-/Telefaxanschluß
- ☐ Gemeinschaftsantenne/Kabelanschluß
- ☐ ISDN-Universalanschluß

9. Sind Firmenstammdaten und Katalogeintragungen sowie Eintragungen in den Produktverzeichnissen beantragt und überprüft?

10. Sind ausreichend Ausstellerausweise beantragt worden?

11. Werden für VIP-Kunden Eintrittsgutscheine benötigt?

12. Welche Versicherungen und Absicherungen sind im Rahmen einer Messebeteiligung nötig?
   - ☐ Transportversicherung
   - ☐ Ausstellungsversicherung
   - ☐ Haftpflichtversicherung für Personenschäden auf dem Stand
   - ☐ Standbewachung

13. Ist die Abfallentsorgung vor, während und nach der Messe gesichert?

Standgestaltung

1. Überprüfen Sie anhand Ihrer Zielvorstellungen und des gebuchten Standplatzes, was Sie planen
   - ☐ offenen Stand

Checkliste **72**

Messen

	entfällt	verfolgen	Anmerkungen/Daten/Hinweise

☐ teiloffenen Stand

☐ geschlossenen Stand

2. Briefen Sie Ihren Messebauer bzw. die eigene Abteilung in Abstimmung mit Ihren Zielvorstellungen und dem Gesamtkommunikationskonzept mit Vorgaben für

☐ Bauweise

☐ Raumaufteilung

☐ Farbgestaltung

☐ Fußbodenbelag

☐ Blenden und Verkleidung

☐ Beschriftung (innen und außen)

☐ Deckengestaltung (offen oder geschlossen)

☐ Beleuchtung (innen und außen)

☐ Dekoration (innen und außen)

☐ Ausstattung

⇨ Displays für Exponate

⇨ Ausstellungsvitrinen

⇨ technische Modelle

⇨ Vorführmedien (Video, Dia etc.)

⇨ Schaubilder

⇨ Fotos

⇨ Grafiken

3. Überprüfen Sie anhand des danach angefertigten Standmodells die Vorgaben – auch in Zusammenhang mit der Plazierung.

☐ Ist die Laufrichtung am Stand vorbei berücksichtigt?

VIII. Live-Kommunikation

72 *Checkliste*
Messen

	entfällt	verfolgen	Anmerkungen/Daten/Hinweise
☐ Reichen die Schaukästen, Regale, Vitrinen zur Produktpräsentation?			
☐ Ist der eingeplante Lagerraum ausreichend für			
⇨ Produktmuster,			
⇨ Werbematerial und			
⇨ Verpflegung?			
☐ Sind genügend Besprechungsplätze (offen, geschlossen) vorhanden?			
☐ Ist ein Anziehungspunkt für die Besucher nötig und – wenn ja – eingeplant?			
☐ Sind die geplanten Maßnahmen technisch realisierbar? (Bestimmungen beachten!)			
☐ Sind die Vorschläge terminlich und finanziell realisierbar?			

Standbesetzung

1. Ist die Anzahl und Zusammensetzung des Standpersonals festgelegt?
2. Wer ist am Ausstellungsort zuständig für
   - ☐ Aufgabenverteilung an die Standbesatzung?
   - ☐ Bewirtung der Besucher (Verpflegung)?
   - ☐ Verpflegung des Standpersonals?
   - ☐ Blumendekoration?
3. Für die Standbesatzung sind abzuklären
   - ☐ Unterkunft am Messeort

Checkliste **72**

Messen

	entfällt	verfolgen	Anmerkungen/Daten/Hinweise

☐ Transport zum Messeort und zu den Unterkünften

☐ Ausstellerausweise

☐ Parkplätze/-scheine

☐ Messekleidung

☐ Namensschilder

4. Müssen am Messestand noch Hilfskräfte eingestellt werden (z. B. Hostessen)?

5. Wer übernimmt die Buchung dieser Hilfskräfte?

6. Ist ausreichend Werbematerial für die Veranstaltung vorhanden?

☐ Prospekte

☐ Preislisten

☐ Werbegeschenke

☐ Tragetaschen

☐ Auftragsblocks

☐ Formulare für Gesprächsnotizen

☐ _____

7. Stehen gegebenenfalls ausreichend Produktmuster zur Verfügung?

8. Ist dafür gesorgt, daß die Standbesatzung eine Besucherstatistik führt?

Standbau und Transport

1. Ist der Standbau in Auftrag gegeben? Inklusive

☐ Bestuhlung

☐ Vitrinen

VIII. Live-Kommunikation

72 Checkliste Messen

	entfällt	verfolgen	Anmerkungen/Daten/Hinweise
☐ Schautafeln			
☐ Elektroanschlüsse			
☐ Wasseranschlüsse			
☐ Beleuchtung			
☐ _____			

2. Sind die Transportfragen geklärt?

☐ Eigene LKWs

☐ Zug/Spedition

☐ Parkplätze an der Halle

☐ Unterbringung des Verpackungsmaterials während der Messe

☐ Zollbestimmungen

☐ Sicherheitsvorkehrungen bei Schwertransporten

☐ _____

3. Ist für Transport und Unterbringung des Aufbaupersonals gesorgt?

4. Sind die Eintrittskarten für die Aufbauzeit besorgt?

5. Sind Anlieferungs- und Aufbautermine koordiniert?

6. Wer ist für die Standabnahme zuständig, und sind dessen Reise und Unterbringung gebucht?

7. Ist für die Standreinigung vor und während der Messe gesorgt?

Checkliste **72**

Messen

| | entfällt | verfolgen | Anmerkungen/Daten/Hinweise |

Begleitende Maßnahmen

1. Werden die Einladungen (eventuell mit Eintrittskarten/-gutscheinen) an die Zielgruppen rechtzeitig versandt?

2. Ist eine Anzeige zur Messe in einem Fachblatt erforderlich?

3. Soll ein Besuchsanreiz über Gutschein (Geschenk/Information) geschaffen werden?

4. Ist das Presse-Informationsmaterial vorbereitet (Text/Bild)?

5. Wird das Material

    ☐ den Redakteuren zugeschickt?

    ☐ auf einer Pressekonferenz verteilt?

    ▽ Termin der Presse rechtzeitig bekanntgeben, möglichst zu Beginn der Messe!

    Raum für die Konferenz buchen und für die notwendige Ausstattung sorgen (Mikrofone, technische Vorführgeräte, Getränke, Gästebuch etc.)

    ☐ auf der Messe übergeben bzw. im Pressezentrum ausgelegt?

6. Ist der Eintrag und/oder eine Anzeige im Messekatalog geplant?

7. Sollen Plakate/Hinweisschilder auf dem Messegelände aufgestellt werden?

8. Ist Verkehrsmittelwerbung auf dem Messegelände geplant?

9. Ist Verkehrsmittelwerbung in der Messestadt geplant?

VIII. Live-Kommunikation

72 Checkliste
Messen

	entfällt	verfolgen	Anmerkungen/Daten/Hinweise

10. Sind die messebegleitenden Maßnahmen mit dem gesamten Kommunikationskonzept koordiniert?

Standabbau

1. Wer ist verantwortlich für den Abbau?
2. Wieviel Hilfskräfte werden benötigt?
   - ☐ betriebseigene Mitarbeiter
   - ☐ betriebsfremde Mitarbeiter
3. Vor Messeschluß sind von der Messegesellschaft zu besorgen
   - ☐ Einfahrtscheine für die Transportfahrzeuge
   - ☐ Räumungsscheine
4. Festlegung der Reihenfolge des Abbaus aller Ausstellungsgüter
5. Wohin mit der Blumendekoration?
6. Anforderung von Hebe- und Kranfahrzeugen für Schwerlasten
7. Anlieferung des Verpackungsleergutes
   - ☐ durch Messespediteur
   - ☐ firmeneigene Fahrzeuge
8. Koordinierung und Überwachung der ordnungsgemäßen Verladung
9. Bereitstellung von ggf. erforderlichen Versandpapieren
10. Abstimmung der Demontagetermine mit den betreffenden Installationsfirmen für
    - ☐ Strom

… **Checkliste 72**

Messen

	entfällt	verfolgen	Anmerkungen/Daten/Hinweise

☐ Gas
☐ Wasser
☐ Druckluft
☐ Telefon
☐ _____

11. Rückgabe aller gemieteten bzw. ausgeliehenen Einrichtungen, z.B.

☐ Leuchten
☐ Möbel
☐ Teppiche
☐ Kühlschränke
☐ Elektrogeräte
☐ Standbausystem
☐ _____

12. Wiederherstellung der Standfläche in den ursprünglichen Zustand, d.h.

☐ Beseitigung von Fundamenten
☐ Beseitigung von Gruben
☐ Beseitigung von Schachtkanälen

13. Reinigung der Standfläche
14. Übergabe an den Halleninspektor

Messeabschluß

1. Sind zu bearbeitende Terminfristen (z.B. Reklamationen an die Messebaugesellschaft) zu beachten?
2. Sind Transportschäden auszubessern und/oder den Versicherungen zu melden?

VIII. Live-Kommunikation

72 Checkliste
Messen

	entfällt	verfolgen	Anmerkungen/Daten/Hinweise
3. Kalkulationen und endgültige Ausgaben überprüfen (Budgetierungsschwächen?)			
4. Gründe für eventuelle Kostenüberziehung analysieren, um sie möglichst für die Zukunft auszuschalten			
5. Sammeln Sie alle Gesprächsnotizen, Coupons, Aufträge, und werten Sie diese aus.			
6. Die allgemeinen Berichte und Pressenotizen auswerten und zusammenstellen			
7. Messebericht über Konzept, Ablauf, Besucherquoten, Gespräche, Meinungen verfassen			

Checkliste **73**

Pressekonferenz

	entfällt	*verfolgen*	*Anmerkungen/Daten/Hinweise*

1. Besteht ein wichtiger Anlaß für eine Pressekonferenz? Z.B. eine wirkliche Neuheit im Produktbereich, ein neues Produktionsverfahren, ein bedeutendes Firmenjubiläum, Engagement im sozialen Bereich usw.

2. Wer ist zu einer Pressekonferenz einzuladen? Teilnehmerliste festlegen, dabei entscheiden, ob Fachpresse und allgemeine Presse gemeinsam oder getrennt eingeladen werden.

3. Umschläge tippen lassen

4. Rundruf bei den Redaktionen, um den besten Termin auszusuchen

5. Welcher Ort eignet sich aufgrund seiner zentralen Lage für die Konferenz?

6. Welche Räumlichkeiten sind am geeignetsten für die Konferenz?

7. Welche technischen Hilfsmittel werden benötigt, und wer liefert sie?

8. Umfang der Konferenz festlegen und dementsprechend Essen oder Getränke bestellen

9. Vorabeinladungen per Telefax mit der Bitte um Terminblockade versenden

10. Einladungen versenden, falls nötig Antwortkarte und Straßenplan beilegen

11. Telefonisch bei der Redaktion nachfragen, ob die Einladung angekommen und registriert ist

12. Pressemappen zusammenstellen

13. Tischordnung festlegen

VIII. Live-Kommunikation

73 Checkliste
Pressekonferenz

	entfällt	verfolgen	Anmerkungen/Daten/Hinweise
14. Falls nötig, ein Schreibbüro einrichten			
15. Namensschilder bereitstellen			
16. Kurzvorträge für die Geschäftsleitung vorbereiten			
17. Auf mögliche kritische Journalistenfragen Antworten vorbereiten			
18. Zeitplan durchspielen			
19. Pressefotograf bestellen			
20. Ausschnittbüro mit der Dokumentation beauftragen (Liste der Eingeladenen überlassen)			
21. Diskussionsleiter festlegen			
22. Nach der Pressekonferenz Bericht an die Presse versenden			
23. Veröffentlichungen sammeln			
24. Bericht an die Geschäftsleitung zusammenstellen			
25. Bericht an die Werkszeitung			
26. Kritische Analyse der Veranstaltung durchführen, um Fehler beim nächsten Mal zu vermeiden			

Checkliste **74**

Handels-/Kundenkonferenzen/-touren

	entfällt	verfolgen	Anmerkungen/Daten/Hinweise

Allgemeine Überlegungen

1. Welche Marketing- bzw. VKF-Ziele soll diese Maßnahme realisieren?

- ☐ Neue Produkte bekanntmachen
- ☐ „Alte" Produkte aktualisieren
- ☐ Meinungsbildende Absatzmittler gewinnen (Goodwill)
- ☐ Allgemeine Marketing-Probleme (Politik) besprechen
- ☐ Sortimentsgestaltung dieser Absatzmittler erörtern
- ☐ Jahresgespräche auf ein höheres Niveau (Konferenzcharakter) stellen
- ☐ Aktionsabsprachen etc. gemeinsam mit mehreren meinungsbildenden Handelspartnern diskutieren
- ☐ Marktstärke gegenüber dem Handel dokumentieren
- ☐ _____

2. Sind die dafür anfallenden Kosten budgetiert?

3. Aus welchem Etat werden die Kosten gedeckt?

4. Können andere Maßnahmen die gleichen Ziele kostengünstiger realisieren?

5. Welche Akzeptanz findet diese Maßnahme im Unternehmen?

VIII. Live-Kommunikation

74 Checkliste
Handels-/Kundenkonferenzen/-touren

	entfällt	verfolgen	Anmerkungen/Daten/Hinweise

Planung

1. Wer ist für diese Maßnahme verantwortlich?
2. Wo soll diese Maßnahme stattfinden?
3. Wann soll diese Maßnahme stattfinden?
4. Wer soll an dieser Maßnahme teilhaben?
   - ☐ interne Mitarbeiter (Vertrieb, Marketing etc.)
   - ☐ Wer sind die Handelspartner (nach Umsatz, DB, m^2-Größe etc.)?
5. Sollten Einladungen etc. nach regionalen und/oder nationalen Problemen ausgesprochen werden?
6. Welches Niveau soll diese Maßnahme haben?
7. Wer sind die Personen, die referieren?
8. Sollten externe Referenten eingesetzt werden, wie z.B. Agentur etc.?
9. Stimmt die technische Ausstattung für diese Maßnahme?
10. Ist ausreichend für die Verpflegung und Servicepersonal gesorgt?
11. Wurde darauf geachtet, daß keine konkurrierenden Handelspartner daran teilnehmen bzw. diese nichts dagegen haben?
12. Welche Themen stehen auf dem Programm?
13. Wie sieht das Rahmenprogramm aus?

Checkliste **74**

Handels-/Kundenkonferenzen/-touren

	entfällt	verfolgen	Anmerkungen/Daten/Hinweise

14. Sind alle Teilnehmer in Besitz einer Agenda?

15. Wird ein Protokoll dieser Händlerkonferenz angefertigt?

16. Wer nimmt das Protokoll während der Konferenz auf?

17. Wie soll das Protokoll angefertigt und den Teilnehmern ausgehändigt werden?

18. Werden Ehefrauen mit eingeladen?

Kontrolle

1. Welche Kosten sind entstanden?

2. Wie groß war der Erfolg dieser Maßnahme? (Qualitative Daten)

3. Werden Erkenntnisse und Erfahrungen dokumentiert?

IX. Sozial akzeptierte Werbung

Die Grundfrage unserer Zeit ist wohl die, wie man Werbung „werbungslos" machen kann, daß sie dadurch wieder wirbt. Das Sozial- und Kommunikationsverhalten der gesamten Bevölkerung hat sich in den letzten Jahren deutlich verändert. Die Konsequenzen daraus für die Werbung:

1. Die Werbung ist mit vielen ihrer Techniken ausgereizt

Die Werbung hat viele Techniken hinter sich gebracht: von der einfachen Reklame zu Einstellungsmethoden, von der Verhaltensveränderung zur Motivationsbeeinflussung, von Werbeerinnerung zur Lifestyle-Werbung. Natürlich veränderte sich auch das Werbeumfeld: Die Informationsmenge wurde größer, die Konkurrenz nahm zu, die Medien splitteten sich, die Budgets mußten größer werden, um überhaupt noch durchdringen zu können. *Es sind also sowohl werbeinterne als auch werbeexterne Faktoren,* die dazu führten, daß die Werbung nicht mehr so wie früher greift und letztendlich die Luftblasen immer größer wurden.

Zum Beispiel sind Konsumenten häufiger der Meinung, Etats für einzelne Marken seien zurückgegangen, obwohl sie bis zu 100 % für die jeweilige national und international bekannte Marke gestiegen waren. Jede vierte der 500 werbeaktiven Kampagnen, die von der GfK beobachtet wurden, wurde bereits 1990 in Sachen Werbeerinnerung als ineffizient eingestuft. Heute hat sich der Werbedruck nochmals erhöht. Die Beispiele lassen sich auf der Ebene jeder Methodenbetrachtung unendlich weiterführen …

2. Die Ausreizung der Werbemethoden führte auch zu menschenschädigenden Entwicklungen

Auf der einen Seite ist es die Technik an sich, die unabhängig vom Werbeinhalt bei hoher Aktivierung Menschen sicherlich schädigen kann. Dies mögen sehr schnelle Schnitte in Filmen sein oder aggressiv machende Farbkombinationen. Es handelt sich aber nach unserer Beobachtung um Beta-Aktivierungen des Gehirns, die zu Schlaflosigkeit, Erregung etc. führen können.

Subtiler ist die Problematik der inhaltlichen Gefahren. *Fritjof Capra* („Wendezeit") formuliert das so: „Gleichzeitig tragen die von massiver Werbung erzeugten … Frustrationen, gesteigert durch soziale Ungerechtigkeit innerhalb der Nation, zum ständigen Ansteigen von Verbrechen, Gewalt und sonstigen Krankheitserscheinungen bei. Dieser traurige Zustand wird durch den schizophrenen Inhalt unserer Wochenzeitschriften gut illustriert. Die Hälfte ihrer Seiten ist mit düsteren Geschichten über Gewaltverbrechen, wirtschaftliche Katastrophen … gefüllt, während die andere Hälfte sorglose, glückliche Menschen hinter Päckchen von Zigaretten, Flaschen mit Alkohol und glänzenden Autos zeigt."

Ergänzen kann man Lebensversicherungen, Bankangebote, Arzneimittel, Lebensmittel usw. Denn dies ist kein produkt-, sondern ein marketing- und werbespezifisches Problem.

3. Die offiziellen „Werbekümmerer" sind meist nur Verhinderer

Natürlich kann Marketing und Werbung die Welt nicht retten. Das ist etwa die „Philosophie", auf die sich diejenigen zurückziehen, die sich offiziell um diese Thematik kümmern. Nein, mag man entgegnen, *alleine* wirklich nicht. Aber gar nichts tun ist ja auch keine Lösung. Doch alle „Verhaltensregeln" der Werbung und Verkaufsförderung der Internationalen Handelskammer, des ZAW usw. sind vornehmlich formuliert worden, große Problembereiche aus dem geschilderten Tatsachenkreis (Punkt 2) zu verhindern. Sie müssen – von ihrem Auftrag her – deutlich Stellung beziehen, was man nicht tun sollte. Damit hinken sie zwar selten dem Recht, jedoch den gesellschaftlichen Gegebenheiten fast immer hinterher.

Um beide Tatsachenbereiche – die Werbung wirkt immer schlechter, die Werbung hat zuviel sozialzerstörendes Potential – deutlich in eine positive Entwicklung zu bringen, machen wir folgenden Vorschlag für eine gemeinsame Lösung:

4. Werbung muß Basis-Sozialqualitäten beinhalten

Da wir niemals genau und exakt für alle definieren können, was eigentlich sozial ist, können wir natürlich auch nicht alle möglichen/denkbaren Sozialfaktoren im Marketing und in der Konsequenz in der Werbung berücksichtigen. Wir glauben jedoch, mit einigen wenigen Oberbegriffen Elemente gefunden zu haben, die einen breiten Konsens in der gesellschaftlichen Diskussion besitzen. Dazu gehören:

☐ Die *Information* in der Kombination mit der *Wahrhaftigkeit:* Das ist nicht zu verwechseln mit Wahrheit. Wahrhaftigkeit liegt näher an dem Begriff der Glaubwürdigkeit denn an positivistisch-objektivierbaren Tatbeständen.

☐ Der *Anstand:* Hier greifen wir Begriffe auf, die in der Werbung schon immer als obsolet diskutiert werden, wie die Ausbeutung von Menschen mittels ihres Körpers (z.B. durch rein sexistische Darstellungen), unmoralische Verlockungen (wie Bestechung) oder Drohungen, Verherrlichung von Gewalt.

☐ *Sicherheit und Gesundheit:* Dabei gehen wir einerseits die technische Seite der Werbung an, die krank machen kann. Auf der anderen Seite sind aber auch inhaltliche Aspekte wie Verharmlosung von Sucht angesprochen. So wäre z.B. zu überlegen, inwieweit eine Werbung für ein Eis mit dem Slogan „Macht garantiert süchtig" überhaupt sozial erwünscht ist.

☐ *Toleranz:* Neben den bekannten Begriffen wie Rassismus, Klassen- und Religionstrennung sind auch die angesprochen, die in der Werbung im Bereich Lifestyle etc. gerne (aus-)genutzt werden, wie Klischeeförderung von Snobismus und Elitärszenen.

☐ *Kultur/Schönheit:* Hier stellt sich die Frage nach Humor, künstlerischer Gestaltung, ästhetischer Wirkung.

Wir nennen diese Begriffe Sozialqualitäten, die sowohl auf der Form- als auch auf der Inhaltsebene einer Werbung (Film/Mailing/Anzeige) abgearbeitet werden können.

5. Werbung sollte nicht „nur verhindern", sondern entwickeln

Es reicht aber nicht aus, mit diesen Basis-Sozialqualitäten als *Minimum* (jedes Unternehmen kann und soll diese Liste natürlich individuell erweitern) nur wieder aufzuzeigen, was nicht geschehen soll. Was wir benötigen, das ist ein Ansatz, aktiv und zukunftsgestaltend im Marketing und damit auch in der (Produkt-)Werbung tätig zu werden. Nur so erhält Werbung den Stempel „zukunftstauglich".

Zukunftstauglichkeit heißt nicht, ökologisch, humanistisch, sozial und spirituell nur minimale Probleme zu bereiten, sondern Zukunftstauglichkeit durch Zukunftsgestaltung zu entwickeln, evtl. später sogar die Begriffe einmal gleichzusetzen. Aus diesen Gründen beschäftigen wir uns zusätzlich im Rahmen der Basis-Sozialqualitäten mit *Zukunftsgestaltung:* Diese wiederum hat zwei verschiedene Komponenten:

☐ Zukunftsgestaltung durch aktive Bearbeitung sozial positiver Entwicklungen mittels bekannter Mechanismen und Instrumente.
☐ Dann aber auch Zukunftsgestaltung durch Sozialerfindungen, also ganz neue Ideen und Instrumente im Marketing.

6. „Social Advertising Quality" (SAQ) kann der erste Maßstab sein

Um diese neuen Komponenten neben den üblichen Werbewirkungszielen (also eher gleichgewichtig) einfach und pragmatisch umsetzen bzw. bewerten zu können, entwickelte das IFAM Institut „Social Advertising Quality" (SAQ). Dies ist eine Meßlatte, nach der jedes Werbemedium zusätzlich bearbeitet werden soll.

Wir vergeben in diesem Verfahren 100 Bewertungspunkte. Es wird deutlich, daß „Selbstverständlichkeiten" nur mit geringen Punktzahlen ausgestattet werden können: So ist eine wahrhaftige Aussage mit maximal 5 Punkten zu „belohnen". Auch etwas sozial Unerwünschtes nicht (!) eingesetzt zu haben, ist zwar ehrenhaft, führt jedoch nicht zu großen Punktzahlen (siehe Checkliste 75).

Viele Punkte erhält man also dort, wo man aktiv in die Verbesserung eines Zustandes eingreift. In den Kriterien wie Anstand, Information, Toleranz etc. ist dadurch die doppelte Punktzahl im Verhältnis zur „Nicht-Einsetzung" mit 10 Punkten von insgesamt 100 möglich.

Deutliche Schwerpunkte wollen wir jedoch in dem Bereich setzen, der bisher im Marketing und besonders in der Werbung auf den ersten Blick fast ausgeklammert scheint, nämlich in der Zukunftsgestaltung. Hier sind 2 x 15 Punkte von insgesamt 100 möglich. So ergibt sich ein SAQ zwischen 0 = sozial arm/unerwünscht bis SAQ 100 = sozial außergewöhnlich gut/vorbildlich (siehe auch folgende Checkliste).

Wenn Sie Ihre Werbung danach durchforsten, so werden Sie schnell feststellen, daß sie vornehmlich im „sozial armen" Bereich agiert und selten über ein „sozial durchschnittlich" hinausstößt. Das sollte nicht verwundern, da die Anzeigen ja eindeutig nicht nach diesen Kriterien konzipiert worden sind. Nachdenklicher kann uns jedoch machen, daß selbst Anzeigen für Soziales (Spenden, Anti-Ausländerhaß etc.) ebenfalls vornehmlich um einen SAQ 50 pendeln ...

7. Das Beurteilungsverfahren als Gruppenergebnis

Natürlich kann man „Social Advertising Quality" als Briefing für seine Arbeit nehmen. Natürlich kann man es auch als ein Verfahren einsetzen, persönlich und individuell eine Bewertung vorzunehmen. Da jedoch die Kriterien nicht positivistisch-objektiv meßbar sind, schlagen wir für ein Unternehmen zwei unterschiedliche Beurteilungsverfahren vor, die über einen Gruppenkonsens versuchen, die gesellschaftliche Realität einzufangen und kraftvoll zukunftsorientiert mitzugestalten:

Der SAQ-Rat: Hierunter verstehen wir ein externes, gesellschaftlich anerkanntes und unabhängiges Berater- und Expertengremium, das dem Unternehmen per Vertrag einmalig (!) verbunden ist und nicht abgewählt werden kann (Zeitmandat). Diese 7 bis ca. 25 Menschen geben ihre Punktzahlen ab. Über den dann ermittelten Durchschnitt ergibt sich, ob die Kampagne etc. aufgrund einer vorher vom Unternehmen definierten Mindestpunktzahl freigegeben wird.

Wichtig scheint es, nochmals darauf hinzuweisen, daß klassische Werbewirkungstests in bezug auf die Produktwirkung nicht ausgeschlossen sind, sondern weiter ihre Berechtigung haben. Die Kommunikation soll weiterhin für das Produkt die bestmögliche Leistung erbringen, aber gleichzeitig hochgradig sozial vorbildlich sein. Somit würden Kampagnen, die die Produktwerbeleistung, aber nicht die Sozialqualität erbringen, ebenso nicht im Markt erscheinen wie diejenigen, die zwar Sozialqualität aufweisen, aber die Produktwerbeleistung nicht genügend berücksichtigen.

Die repräsentative Zielgruppenbefragung: Bei gewissen Produkten und Werbeaufwendungen (Auto, Food, geschlossene Gruppen bei Business-to-Business-Advertising) bietet es sich an, die Zielgruppen anhand des SAQ direkt punkten zu lassen und diesen Wirkungsaspekt in der Marktforschung mit zu berücksichtigen.

8. Ein systemverändernder Vorschlag der Budgetierung

In England wird außerhalb der Wirtschaft diskutiert, inwieweit man Steuern nach Sozialverträglichkeit von Maßnahmen erheben sollte. Damit würde auch bei einer Werbesteuer die nach SAQ „sozial arme Werbung" hoch, die „sozial vorbildliche Werbung" dagegen niedrig oder gar nicht besteuert.

So befremdlich dies aussieht, so muß man doch bedenken, daß Steuern immer auch schon ein soziales Steuerungsinstrument waren. Steuern und Abgaben auf bestimmte Verpackungen oder umweltunfreundliche Autos seien in diesem Zusammenhang nur als Beispiel erwähnt.

Als Unternehmensberater und Werbeagentur *innerhalb* der Wirtschaft halten wir dieses Verfahren, das übrigens mit dem sozial erwünschten Faktor der höchstmöglichen Freiheit und des geringsten Zwanges kollidiert, absolut nicht für sinnvoll. Es scheint uns wichtiger, in der Wirtschaft Mechanismen und Verfahren zu entwickeln, die den Interessen aller Beteiligten und Betroffenen gerecht werden.

Wir schlagen darum vor, daß Marketing- und besonders Werbebudgets gesplittet werden. Generell existiert ein „Sockelbetrag", um die Produktziele zu erreichen. Aus dem zweiten (sozialen) Topf erhält der zuständige Manager jedoch zusätzliche Budgetmittel, und zwar um so mehr, je höher der SAQ der Kampagne im Rahmen der Bewertung gemäß unserem Ansatz (Punkt 4) ist. Dies macht insofern nicht nur sozialen, sondern auch betriebswirtschaftlichen Sinn, als wir viele Indizien besitzen, daß Kampagnen mit alleiniger Produktwirkung weniger arbeiten als Kampagnen mit Produkt- und Sozialwirkung. Denn: Nichts ist getan, solange nichts getan ist ...

75 Checkliste
SAQ: Social Advertising Quality

	Punkte	∑ Punkte	Anmerkungen/Daten/Hinweise

1. Information

☐ Inwieweit sind die Aussage zum Produkt und die Anmutung der Werbung informativ und wahrhaftig?
(5/100)

☐ Inwieweit wird aktiv ein soziales Geschehen in der Werbung durch Information und/oder Anmutung positiv angesprochen?
(10/100)

2. Anstand

☐ In welchem Ausmaß leistet die Werbung ihre Wirkung, ohne mutwillig die Körper von Frauen und Männern auszubeuten, Sex, unmoralische Verlockungen oder Gewalt zu verherrlichen?
(5/100)

☐ In welchem Ausmaß fördert die Werbung aktiv das Gegenteil?
(10/100)

3. Sicherheit/Gesundheit

☐ Inwieweit verzichtet die Werbeumsetzung auf Techniken, die auf Dauer krank/aggressiv/depressiv machen, wie schnellste Schnitte bei Filmen, schwarz-gelbe Farbkombinationen bei visuellen Medien, Lautstärke bei Musik-Jingles etc. (hochgradige Beta-Aktivierung des Gehirns)?
(5/100)

☐ Inwieweit verzichtet die Werbung inhaltlich auf Aussagen oder Anmutungen, die krankmachende Verhaltensweisen (z. B. Sucht) fördern?
(5/100)

SAQ: Social Advertising Quality

Checkliste 75

	Punkte	∑ Punkte	Anmerkungen/Daten/Hinweise

☐ In welchem Ausmaß fördert die Werbung Gewohnheiten, die geeignet sind, Gesundheit und Lebensqualität von Kindern und Erwachsenen in der sozialen Gemeinschaft zu aktivieren?
(10/100)

4. Toleranz

☐ In welchem Maße vermeidet es die Werbung, durch die Benutzung von Rassismus, Klassen- oder Religionstrennung, Klischees wie Snobismus (Vornehmtuerei und „Elitärsein") ihre Effekte zu erreichen?
(5/100)

☐ In welchem Ausmaß fördert die Werbung aktiv das Gegenteil?
(10/100)

5. Kultur/Schönheit

☐ In welchem Ausmaß erhöht die Werbung die Lebensqualität durch Schönheit, Humor, künstlerische/ästhetische Wirkung?
(5/100)

6. Zukunftsgestaltung

☐ In welchem Ausmaß fördert die Werbung weitere soziale Werte, Kontakte, sozial positive Entwicklungen und gestaltet dadurch aktiv die Zukunft?
(15/100)

☐ In welchem Ausmaß fördert die Werbung die schnellere Überwindung sozialer Problemfelder durch neue (!) eigenständige Sozialerfindungen/Sozialmaßnahmen?
(15/100)

IX. Sozial akzeptierte Werbung

75 Checkliste
SAQ: Social Advertising Quality

	Punkte	∑ Punkte	Anmerkungen/Daten/Hinweise

▽ Hinweise zur Methodik

Eine Anzeige, ein Film, ein Mailing sollen neben den üblichen Werbewirkungszielen zusätzlich nach folgenden *Basis-Sozialqualitäten* bewertet werden, wobei insgesamt 100 Punkte zu vergeben sind. Unter den jeweils zu bewertenden Komponenten ist die maximale Punktzahl im Verhältnis zur Gesamtzahl von 100 angegeben. Die „Social Advertising Quality" reicht in diesem Zusammenhang von

⇨ SAQ 0 = sozial arm/unerwünscht,

⇨ SAQ 50 = sozial durchschnittlich bis zu

⇨ SAQ 100 = sozial außergewöhnlich gut/vorbildlich.

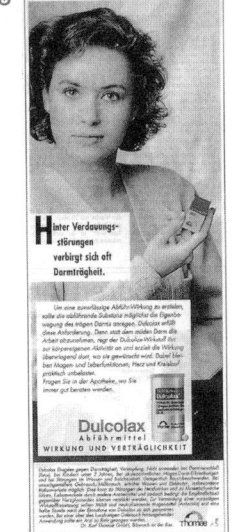

Ergebnisse der SAQ-Studie im einzelnen:

	Frage 1	Frage 2	Frage 3	Frage 4	Frage 5	Frage 6	Frage 7	Frage 8	Frage 9	Frage 10	Frage 11	Frage 12	Gesamtpunkte	Rangfolge
Anzeige 1	3,2	4,7	4,5	1,7	3,0	3,1	4,5	4,4	1,4	2,0	5,2	4,6	42,3	7
Anzeige 2	3,0	4,1	4,4	1,3	2,4	3,5	4,6	3,8	2,4	1,0	5,2	5,2	40,9	9
Anzeige 3	3,5	5,4	4,7	1,5	3,8	4,0	5,4	4,6	1,6	2,7	6,2	5,4	51,8	1
Anzeige 4	3,0	5,4	4,2	1,5	2,3	3,1	4,7	4,1	1,5	1,1	5,3	5,0	40,9	9
Anzeige 5	2,8	4,6	4,5	1,5	2,4	3,5	4,8	4,1	1,9	1,3	5,2	4,7	41,3	8
Anzeige 6	3,1	4,3	4,6	1,8	3,7	3,4	4,5	4,4	1,6	1,9	5,3	4,7	43,4	6
Anzeige 7	3,1	4,5	4,7	1,6	2,9	3,6	5,3	4,3	1,8	2,2	5,3	5,0	44,3	5
Anzeige 8	2,8	3,9	4,3	1,6	3,1	2,8	4,6	4,1	2,1	1,9	5,0	4,5	40,7	10
Anzeige 9	1,5	3,8	3,2	3,0	3,3	2,4	3,6	3,3	2,7	1,8	5,0	4,7	38,3	12
Anzeige 10	2,8	4,7	3,0	3,7	4,0	3,9	5,3	3,8	2,2	3,1	5,8	5,3	45,3	4
Anzeige 11	2,9	4,6	4,1	2,5	3,6	3,5	4,8	3,9	2,4	2,6	5,4	5,0	45,3	4
Anzeige 12	2,9	5,7	4,4	1,7	3,0	3,5	5,7	4,3	1,8	2,5	6,9	5,5	47,9	2
Anzeige 13	1,5	4,2	2,6	4,0	2,2	2,3	3,2	2,6	1,5	5,2	4,7	37,9	13
Anzeige 14	3,2	4,1	4,5	1,3	2,9	2,5	4,5	4,2	1,7	1,4	5,1	4,6	40,0	11

Abb.: Anzeigenauswertung von 10 Pharma-Anzeigen nach den SAQ-Kriterien

IX. Sozial akzeptierte Werbung

75

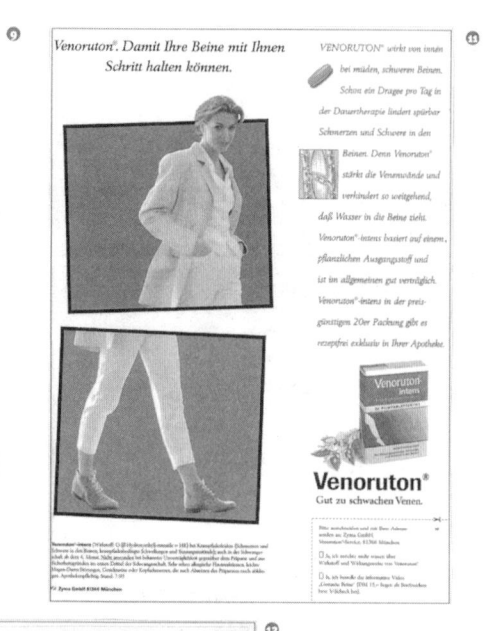

Abb.: Anzeigenauswertung von 10 Pharma-Anzeigen nach den SAQ-Kriterien

X. Produktion

In diesem Kapitel finden Sie einige Angaben, wie Sie sich die Produktion von Werbemitteln erleichtern können. Im Bereich der Produktion können Sie durch eine qualifizierte Abwicklung viel Geld einsparen. Vergleiche zwischen einzelnen Lithoanstalten, Druckern und anderen Weiterverarbeitern bergen nach unserer Erfahrung große Preisunterschiede. Aber achten Sie bei der Auswahl nicht nur auf ein preisgünstiges Angebot, sondern vielmehr auf die Kompetenz Ihrer Partner und die Qualität der Arbeit.

Sollten Sie die Produktion Ihrer Werbemittel im eigenen Haus und nicht über eine Werbeagentur abwickeln, so empfehlen wir Ihnen, eine/n Werbeverantwortliche/n anzulernen/einzustellen. Durch die Konzentration der Werbeobjekte können Sie in der Abwicklung Ihrer Werbemittel wesentliche Vorteile erlangen.

Der/die Werbeverantwortliche wird die komplette Abwicklung in Ihrem Hause übernehmen und ist dadurch in der Lage, Angebote besser zu vergleichen und Mengenrabatte zu erwerben. Durch einen eigenverantwortlichen Ansprechpartner in Ihrem Hause wird auch die Zusammenarbeit mit Zulieferanten (Lithographen, Drucker, Konfektionierungsfirmen) wesentlich einfacher, und es lassen sich günstigere terminliche und preisliche Konditionen erzielen.

Auch in Werbeagenturen wird so gearbeitet, daß es einen speziellen Produktioner oder eine Abteilung Produktion für die Werbemittelherstellung gibt. Er kennt die besten Einkaufsmöglichkeiten zu den gewünschten qualitativen Anforderungen und hat die schnellsten Verbindungen.

76 Checkliste
DTP-Satz/Reinzeichnung

	entfällt	verfolgen	Anmerkungen/Daten/Hinweise

1. Die klassischen Produktionsschritte Scribble, Layout, Satz und Reinzeichnung werden heute nur noch selten durchgeführt. Nach dem ersten Ideenentwurf (Scribble) wird das Layout in den meisten Fällen bereits in einem Computersystem (DTP: Desk-Top-Publishing) angelegt. Genau dieser Produktionsschritt ist für den Ablauf der weiteren Arbeitsschritte verantwortlich. Haben Sie ein solches Layout vorliegen?

2. Ist das DTP-Layout bereits als komplettes Datenmaterial mit sämtlichen Originaltexten und Standangaben für Fotos/Illustrationen angelegt und im Computersystem erfaßt?

    Zur Präsentation beim Kunden ist es möglich, über Laserfarbausdrucke ein fast verbindliches Farblayout zu erzeugen. Für den Kunden erscheint ein farbiges DTP-Layout schon wie ein fertiges Druckerzeugnis. Mögliche Kundenkorrekturen können sofort ins System eingegeben werden.

3. Wurde in unterschiedlichen Systemen gearbeitet?

    Nur wenn dies *nicht* der Fall ist, ist es nach Freigabe des Layouts ein leichtes, Blindtext durch Originaltext zu ersetzen.

4. Nach Durchführung aller Korrekturen und Kontrolle über einen Papierausdruck wird das Datenmaterial auf einem Datenträger sofort an eine Lithoanstalt zur weiteren Bearbeitung gegeben.

Checkliste **76**

DTP-Satz/Reinzeichnung

	entfällt	verfolgen	Anmerkungen/Daten/Hinweise

5. Originallogos und Firmenzeichen, die ggf. im DTP-Layout nur nachgebaut wurden, an die Lithoanstalt weiterleiten. Hier können sie dann im weiteren Produktionsablauf eingebaut und/oder ersetzt werden.

6. Das Layout wurde manuell angelegt. In diesem Fall wird nach der Layoutfreigabe entweder eine konventionelle oder eine DTP-Reinzeichnung mit Originaltexten und Standangaben für Fotos/Illustrationen angelegt. Danach wird dieses Datenmaterial auf einem Datenträger an die Lithoanstalt zur Ausbelichtung der Lithofilme weitergegeben.

77 Checkliste
Layout-/ Reinzeichnungskontrolle

	entfällt	verfolgen	Anmerkungen/Daten/Hinweise

1. Haben Sie ein endgültig freigegebenes Layout inkl. des verbindlichen Textes?

2. Achten Sie bei Layouts von Direktwerbeaussendungen unbedingt darauf, daß die Gestaltung von der Post zugelassen ist.

▽ Am besten gehen Sie mit einem Handmuster zur Postinformation und lassen es sich schriftlich freigeben.

3. Wurde das Ihnen vorliegende Layout manuell oder über DTP angelegt?

4. Liegt Ihnen ein DTP-Layout vor, so ist zu überprüfen, ob folgende Originale verwendet wurden:

☐ Fotos, Illustrationen

☐ Marken- und/oder Firmenzeichen (Logos)

☐ exakt festgelegte Schriftart, Schriftgrad

☐ exakt festgelegte Farbigkeit

☐ Originalformat – oder soll ein Basisformat angelegt werden, das sich für zukünftige Verwendungen beliebig vergrößern und/oder verkleinern läßt?

5. Haben Sie das DTP-Layout sorgfältig Korrektur gelesen?

▽ Lassen Sie es, um ganz sicher zu gehen, nochmals von einer unbeteiligten Person lesen! Oftmals ergeben sich wertvolle Verständnisfragen, anhand deren Sie Ihr DTP-Layout nochmals überprüfen sollten.

6. Haben Sie die angelegten Formate überprüft und nachgemessen?

Checkliste **77**

Layout-/ Reinzeichnungskontrolle

	entfällt	verfolgen	Anmerkungen/Daten/Hinweise

7. Bei einem DTP-Layout ist zu überprüfen, in welchem System dies erstellt wurde und wie der Datentransfer an die Lithoanstalt erfolgen soll. (Diskette/Wechselplatte, hier wird keine Reinzeichnung mehr benötigt.)

8. Liegt Ihnen ein manuell angelegtes Layout vor, ist zu überprüfen, ob Sie alle für das Anlegen einer Reinzeichnung erforderlichen Unterlagen zur Verfügung haben, wie

☐ Fotos, Illustrationen

☐ Marken- und/oder Firmenzeichen (Logos)

☐ exakt festgelegte Schriftart, Schriftgrad

☐ exakt festgelegte Farbigkeit

☐ Originalformat – oder soll ein Basisformat angelegt werden, das sich für zukünftige Verwendungen beliebig vergrößern und/oder verkleinern läßt?

9. Sie haben die Möglichkeit, Ihre Reinzeichnung weiter über den Graphiker oder über den Lithographen anlegen zu lassen. Prüfen Sie, was für Sie unter Zeit-Kosten-Nutzen-Aspekten günstiger ist.

10. Eine konventionelle Reinzeichnung können Sie nur über eine Satz- oder Lithoanstalt anlegen lassen.

11. Haben Sie die Reinzeichnung nach

☐ Format

☐ Satzfehlern

X. Produktion

77 Checkliste
Layout-/ Reinzeichnungskontrolle

	entfällt	verfolgen	Anmerkungen/Daten/Hinweise

☐ Stand der einzubauenden Fotos/Illustrationen

☐ Reproduzierbarkeit

angeschaut?

▽ Überprüfen Sie diese Details am besten mit dem Graphiker/Lithographen, so daß dieser mögliche Korrekturen sofort durchführen kann. Prüfen Sie mit ihm zusammen auch nochmals die Realisierbarkeit des Projektes, ohne Qualitätseinbußen in Kauf nehmen zu müssen.

12. Eine DTP-Reinzeichnung kann wie ein DTP-Layout sofort im System erstellt und farbig über einen Laserausdrucker ausgedruckt werden. Die korrekten Farbauszeichnungen sind allerdings trotzdem vorzunehmen.

13. Haben Sie alle Produktionsangaben auf der Reinzeichnung vermerkt?

☐ genaue Farbangaben, wenn möglich mit Farbmuster

☐ Welche Striche drucken mit und welche dienen lediglich der Begrenzung?

☐ Ist genügend Überfutterung gegeben für Motive, die im Anschnitt laufen sollen?

☐ Sind Passermarken vorhanden?

☐ Adresse mit Ansprechpartner für Rückfragen

☐ Auslieferungstermin

☐ _____

Checkliste **77**

Layout-/ Reinzeichnungskontrolle

	entfällt	verfolgen	Anmerkungen/Daten/Hinweise

14. Müssen noch Fotos, Illustrationen und/oder Firmenzeichen überarbeitet oder sogar neu erstellt werden?

15. Haben Sie dies im Auftrag angegeben und bei Lieferung exakt geprüft?

16. Geben Sie das/die komplette DTP-Layout/Reinzeichnung mit allen zusätzlich erforderlichen Daten an eine Lithoanstalt zur Herstellung der Lithofilme weiter. Führen Sie ein Übergabegespräch, und äußern Sie ggf. Ihre Bedenken, der Lithograph wird Ihnen wertvolle Lösungsansätze geben.

17. Brauchen Sie mehrere Lithofilme, zum Beispiel bei einem überregionalen Druck von Eigenmotiven in verschiedenen Zeitschriften?

▽ Alle Fehler in einem/einer DTP-Layout/ Reinzeichnung werden mitproduziert und kosten Geld. Prüfen Sie deshalb vorher alles besonders sorgfältig. Informieren Sie sich vor und während der Erstellung von Reinzeichnungen und Lithos immer genau, ob die Realisierung des freigegebenen Layouts in allen Produktionsschritten (DTP-Layout/Reinzeichnung, Lithos, Druck) auch technisch möglich ist.

X. Produktion 327

78 Checkliste
Lithographie

	entfällt	verfolgen	Anmerkungen/Daten/Hinweise

1. Prüfen Sie, ob Sie bereits ein im Computer erfaßtes DTP-Layout inkl. aller Originale oder eine Reinzeichnung (DTP/konventionell) vor sich liegen haben, denn dies bestimmt den weiteren Weg des Produktionsablaufes.

2. Haben Sie bei Ihrem DTP-Layout bereits alle Originalien berücksichtigt, oder sollen diese erst in der Lithographie eingesetzt werden?

3. Haben Sie alle Produktionsangaben auf dem DTP-Layout vermerkt?

   ☐ genaue Farbangaben, wenn möglich mit Farbmuster

   ☐ Welche Striche drucken mit und welche dienen lediglich der Begrenzung?

   ☐ Ist genügend Überfutterung gegeben für Motive, die im Anschnitt laufen sollen?

   ☐ Sind Passermarken vorhanden?

   ☐ Adresse mit Ansprechpartner für Rückfragen

   ☐ Auslieferungstermin

   ☐ _____

4. Haben Sie vor der Weitergabe der Reinzeichnung (DTP/konventionell) an den Lithographen oder Drucker (viele Druckereien bieten heute auch schon die komplette Lithoabwicklung an) die Reinzeichnung nochmals geprüft auf

   ☐ Vollständigkeit aller Unterlagen?

   ☐ Fehlerfreiheit des Satzes?

Checkliste **78**

Lithographie

| | entfällt | verfolgen | Anmerkungen/Daten/Hinweise |

☐ Auszeichnung der Druckfarben?

☐ eindeutige Formatangaben?

5. Sind alle Linien, die nur als Begrenzung dienen, auch als solche gekennzeichnet?

6. Sind alle Standangaben klar und eindeutig?

7. Lassen sich alle verwendeten Fotos/Illustrationen auch reproduktionstechnisch einwandfrei wiedergeben?

8. Haben Sie mit dem Lithographen oder Drucker das DTP-Layout/die Reinzeichnung (DTP/konventionell) besprochen?

9. Ist überprüft worden, daß es beim Datentransfer (Diskette/Wechselplatte) keine Probleme aufgrund unterschiedlicher Systeme gibt?

10. Haben Sie sich eine Kopie aller abgegebenen Unterlagen gemacht?

▽ Diese kann Ihnen zum einen für eine bessere Absprache mit dem Lithographen/Drucker und zum anderen auch als Rechtsgrundlage dienen.

11. Legt Ihnen der Produzent einen Andruck oder Proof vor?

12. Prüfen Sie den Andruck oder den Proof auf

☐ Vollständigkeit und Richtigkeit aller Bild- und Textelemente

☐ Qualität der Reproduktion (Klarheit, Sauberkeit von Schrift- und Bildelementen)

☐ Formate

☐ Standgenauigkeiten

X. Produktion

78 Checkliste
Lithographie

	entfällt	verfolgen	Anmerkungen/Daten/Hinweise

☐ bei Andruck: Richtigkeit der gewünschten Farbtöne

▽ Äußern Sie hier alle Bedenken beim Produktioner! Er wird Sie über Korrekturmöglichkeiten beraten. Zu dünne und zu kleine Schriften sind in Mischfarben bzw. negativ nur schlecht produzierbar.

13. Müssen Sie die Druckvorlage (und Korrektur) an einen anderen Lieferanten (Verlag, Druckerei) weitergeben, oder liegt alles in einer Hand?

14. Wenn Sie die Druckvorlage weitergeben, sind neben dieser noch weitere Details anzugeben:

☐ Andruck, Skala, Kopie

☐ Druckfreigabe (inkl. der zu berücksichtigenden Korrekturen)

☐ Adresse, Ansprechpartner für Rückfragen

15. Fertigen Sie sich auch von diesem Produktionsschritt inkl. Korrekturen und Absprachen eine Kopie an.

16. Ist das Objekt drucktechnisch so schwierig, daß an der Andruckmaschine noch Farbkorrekturen vorgenommen werden müssen und es somit notwendig ist, daß Sie den Andruck vor Ort abnehmen?

17. Haben Sie bei Stanzungen überprüft, ob Andruck und Stanzfilm richtig zusammenpassen?

▽ Am besten schneiden Sie sich ein Handmuster aus.

Checkliste 78

Lithographie

	entfällt	verfolgen	Anmerkungen/Daten/Hinweise
18. Haben Sie mit dem Produzenten über alle Details gesprochen und diese in einem schriftlichen Auftrag fixiert?			
☐ Farbangaben			
☐ Papierart			
☐ Auflagenhöhe			
☐ Weiterverarbeitung (zum Beispiel Konfektionierung)			
☐ Auslieferungstermin			
☐ Adresse und Ansprechpartner			
19. Müssen Sie die Druckunterlagen verschicken?			
▽ Immer als Einschreiben versenden und sorgfältigst verpacken!			

X. Produktion

79 *Checkliste*
Drucksache

	entfällt	verfolgen	Anmerkungen/Daten/Hinweise

1. Stimmt die Kalkulation auf Layoutbasis noch mit der realisierten Lithographie überein, oder haben sich Änderungen ergeben, die auch auf die Kosten Einfluß haben?

2. Haben Sie der Druckerei einen schriftlichen Auftrag erteilt, so daß diese schon Vorarbeiten leisten kann, wie

   ☐ Bestellung des gewünschten Papiers in ausreichender Menge

   ☐ Anlegen von Stanzen laut Stanzfilm (lange Vorlaufzeit, mindestens 2 Wochen!)

3. Muß bei der Papierauswahl das Gesamtgewicht des Objektes beachtet werden?

   ▽ Dies ist bei Direktwerbeversand hinsichtlich der Portokosten von entscheidender Bedeutung!

4. Stimmen Papierqualität und Druckqualität überein? (Durchscheinbarkeit zum Beispiel bei einem 2seitigen Druck!)

5. Wird das Druckobjekt buchbinderisch weiterverarbeitet, und erfolgte hier schon eine Terminabsprache?

   ☐ Stanzen

   ☐ Leimen

   ☐ Heften

   ☐ Perforieren

   ☐ Falzen

6. Fallen bei dem Druckobjekt Konfektionierungsarbeiten an? Wenn ja, werden diese in Ihrem Haus vorge-

Checkliste **79**

Drucksache

entfällt *verfolgen* *Anmerkungen/Daten/Hinweise*

nommen, von wem, wo und bis wann? Oder werden sie an eine Konfektionierungsfirma weitergegeben?

7. Werden dem Druckobjekt noch andere Werbeobjekte beigelegt, die angeliefert werden müssen? Wann und wohin? Ist geprüft, ob dies auch technisch in den Produktionsablauf integrierbar ist?

8. Müssen Sie bei der Druckabnahme an der Maschine dabei sein, weil noch Korrekturen oder Farbnuance-Änderungen ausgeführt werden müssen?

9. Stimmen Andruck und Verarbeitung hinsichtlich

☐ Format?

☐ Beschnitt?

☐ Reihenfolge der Seiten?

10. Sind folgende Punkte abgeklärt und im Auftrag schriftlich fixiert?

☐ Auflage

☐ Liefertermine

☐ Lieferanschriften

☐ Verpackungsart

11. Ist Lagerraum für die Drucksachen vorhanden?

X. Produktion

80 Checkliste
Film, Fernsehspot, Video

	entfällt	verfolgen	Anmerkungen/Daten/Hinweise

1. Da die Nachfrage nach Werbezeit sowohl in den öffentlich-rechtlichen als auch in den populären privaten Sendeanstalten die vorhandene Sendezeit für Werbung überschreitet, ist das Fernsehen ein Zuteilungsmedium.

▽ Darum gilt: Holen Sie als erstes den Stichtag für die Auftragserteilung und die entsprechenden Konditionen ein!

2. Haben Sie anhand des Treatments oder des Drehbuches eine verbindliche Festkalkulation eingeholt, auf dessen Basis der Produktionsauftrag für die Filmherstellung erteilt werden kann?

3. Haben Sie bei der Kalkulation der Herstellung folgende Faktoren berücksichtigt?

☐ Art und Länge des Filmes

☐ Anzahl der Schauspieler

☐ Umfang der Dekorationen

☐ Zahl der Aufnahmeorte oder Ateliertage

☐ Dauer der Drehzeit

☐ Probeaufnahmen

☐ geeignete Aufnahmetechnik

▽ Es ist empfehlenswert, das Projekt schon bei der Auswahl der Herstellerfirma mit dem Produzenten in allen Details zu besprechen.

4. Welche Aufnahmetechnik ist für Ihre Zwecke die geeignetste?

▽ 35-mm-Negativ-Filme sind qualitativ das beste, aber auch das aufwen-

Checkliste **80**

Film, Fernsehspot, Video

	entfällt	verfolgen	Anmerkungen/Daten/Hinweise

digste Verfahren. Sie können im Kino, auf Großbildflächen und im Fernsehen vorgeführt werden. Es lassen sich Kopien für alle Formate herstellen, und eine Überspielung auf MAZ-Bänder und Bildplatten ist ebenfalls möglich.

5. Wie viele Kopien benötigen Sie insgesamt und in welchen mm-Breiten?

6. Prüfen Sie bei der Abgabe Ihres Filmes (in vier Durchläufen)

☐ Gesamteindruck

☐ Bildqualität

⇨ Helligkeit

⇨ Farbqualität

⇨ Farbkontrast

⇨ Bildaufbau

⇨ Ruhe der Kameraführung

⇨ Präzision der Schnitte

☐ Tonqualität

⇨ Sprache

⇨ Musik

⇨ Geräusche

⇨ Lautstärke

⇨ Klarheit der Trennungen

7. Prüfen Sie, ob Bild und Tonablauf in dem genehmigten Storyboard übereinstimmen.

▽ Auf die Frage zu den einzelnen Prüftechniken wird Ihnen Ihre Produktionsgesellschaft sicherlich erklärend Auskunft geben.

X. Produktion

80 Checkliste
Film, Fernsehspot, Video

	entfällt	verfolgen	Anmerkungen/Daten/Hinweise

8. Haben Sie bei Ihrer Planung berücksichtigt, daß Ihr Fernsehspot in Form von zwei 35-mm-Negativ-Filmen oder zwei MAZ-Bändern drei bis vier Wochen vor Sendetermin der jeweiligen Sendeanstalt zugeschickt werden muß?

9. Haben Sie überprüft, welcher Sender für Ihre Zielgruppenabdeckung am geeignetsten ist?

10. Haben Sie der Sendeanstalt bei Auftragserteilung die Form der von Ihnen gelieferten Sendeunterlagen bekanntgegeben?

11. Als Kontrolle für die ordnungsgemäße Sendung erhalten Sie von der Fernsehanstalt eine rechtlich verbindliche Bestätigung. Geprüft?

12. Ist es sinnvoll, zusätzlich einen Teleskopie-Test in Auftrag zu geben?

13. Informieren Sie sich, zu welchen Sendezeiten Sie in den jeweiligen Rundfunksendern Ihre Werbung schalten können. Die Werbezeit hat u.U. je nach Produkt großen Einfluß auf die Werbewirkung.

▽ Öffentlich-rechtliche Sender haben von Montag bis Samstag in festen Werbeblöcken im Jahresdurchschnitt maximal 20 Minuten pro Werktag Werbeblöcke bis 20.00 Uhr. Bei privaten Sendern gibt es aufgrund der Vielzahl von Sonderwerbeformen keine so eindeutige Regelung. Die maximale Werbezeit umfaßt ganz grob ca. 20 % des redaktionellen Programms, wobei Werbeblöcke nur in bestimmten Programmformen zwischengeschaltet werden dürfen.

Film, Fernsehspot, Video

Checkliste 80

	entfällt	verfolgen	Anmerkungen/Daten/Hinweise
14. Eignen sich evtl. bestimmte Sonderwerbeformen (z.B. Gameshows, Product Placement in Filmen oder Serien etc.) für Ihr Produkt?			
15. In welchem Programmumfeld möchten Sie Ihre Werbung plazieren?			

▽ Beachten Sie hier neben der Zielgruppenansprache besonders den Kostenaspekt.

81 Checkliste
Funkspot

	entfällt	verfolgen	Anmerkungen/Daten/Hinweise

1. Zusätzlich zu den bekannten Rundfunk-Werbespots bieten die meisten Sender noch Sonderformen an wie z.B.

   ☐ Langsendungen

   ☐ Tandemspots

   ☐ moderierte Spots

   ☐ An- und Absagen

   ☐ Live-Durchsagen

2. Die Beschränkung der Werbesendezeit läßt bei einigen Programmen einen Nachfrageüberhang entstehen. Auch für die Rundfunkwerbung gilt es, den jeweiligen Stichtag für den Buchungstermin abzufragen.

3. Haben Sie anhand des Textmanuskriptes eine verbindliche Festkalkulation eingeholt, auf deren Basis der Produktionsauftrag für die Spotherstellung erteilt werden kann?

4. Haben Sie bei der Kalkulation der Herstellung folgende Faktoren berücksichtigt?

   ☐ Art und Länge des Spots

   ☐ Anzahl der Sprecher

   ☐ Umfang der Musikauswahl

   ☐ Zahl der Aufnahmetage

   ☐ Probeaufnahmen

   ☐ geeignete Aufnahmetechnik

   ▽ Es ist empfehlenswert, das Projekt schon bei der Auswahl der Herstellerfirma mit dem Produzenten in allen Details zu besprechen.

Die 99 besten Checklisten für Ihre Werbung

Checkliste **81**

Funkspot

	entfällt	verfolgen	Anmerkungen/Daten/Hinweise

5. Haben Sie bei der Planung berücksichtigt, wie viele Tage vor Erscheinen Sie Ihre Aufnahmen und Textmanuskripte einreichen müssen?

6. Haben Sie berücksichtigt, daß bei dem heutigen Stand der Technik eine Stereoproduktion das qualitativ Sinnvollste ist?

7. Prüfen Sie rechtzeitig, wieviel Text- und Tonbandkopien Sie insgesamt benötigen.

8. Prüfen Sie bei der Abnahme Ihres produzierten Rundfunkspots:

☐ die Tonqualität (Sprache, Geräusche, Musik, Klarheit der Tonwiedergabe)

☐ die Lautstärke

☐ die Klarheit der Trennungen

9. Haben Sie geprüft, ob der Spot wörtlich und inhaltlich mit dem Briefing und verabschiedeten Textmanuskript übereinstimmt?

▽ Auf Fragen zu einzelnen Prüftechniken wird Ihnen Ihre Produktionsgesellschaft sicher erklärend Auskunft geben.

10. Haben Sie geprüft, welche Sender Ihre Zielgruppe am besten erreichen?

11. Haben Sie geprüft, welche Präferenzzeiten für Ihren Werbespot sich daraus ergeben (vormittags, nachmittags, abends)?

12. Als Kontrolle für den gesendeten Spot erhalten Sie von den Sendern eine rechtsverbindliche Bestätigung. Liegt diese Ihnen vor?

X. Produktion

81 *Checkliste*
Funkspot

	entfällt	verfolgen	Anmerkungen/Daten/Hinweise

13. Ist es sinnvoll, zusätzlich eine unabhängige Spezialfirma mit dem Abhören (und/oder Anliefern der abgehörten Sendungen) zu beauftragen?

14. Haben Sie die genaue Reihenfolge der Sendemotive beim Versand an die Anstalten angegeben?

▽ Für die Durchführung der Werbeaufträge sind dieselben Werbegesellschaften zuständig wie für die Durchführung des Werbefernsehens.

Checkliste **82**

Plakatanschlag

	entfällt	verfolgen	Anmerkungen/Daten/Hinweise

1. Welche Grundformen sollen eingesetzt werden?

☐ *Allgemeinstellen* dienen mehreren Werbungtreibenden und zusätzlich öffentlichen Ankündigungen.

☐ *Ganzstellen* sind Werbeflächen, die nur jeweils einem Werbungtreibenden zur Verfügung stehen und auf öffentlichem Grund und Boden errichtet sind.

☐ *Großflächen* sind Tafeln, die nur einem Werbungtreibenden vorbehalten sind und auf privatem Grund stehen. Das Format von 356 cm Breite und 252 cm Höhe ist genormt.

☐ *City-Light-Poster* sind Vitrinenplakatierungen, die von mehreren Firmen genutzt werden. Es handelt sich um Plakatwerbung in beleuchteten Vitrinen an Wartehallen und Standinformationsanlagen mit einem Format von 4/1-Bogen (84 x 238 cm).

2. Entsprechen die Plakatformate den DIN-Normen? Ausgangspunkt aller Formate und der Berechnung für allgemeine Anschlagstellen ist der 1/1-Bogen (DIN A1). Die Plakate müssen diesem Format oder einem Vielfachen dieses Formates entsprechen oder darin teilbar sein.

▽ Achtung: Halten Sie sich an die vorgegebenen DIN-Formate!

3. Gehen die Schriften auch nicht an den Plakatrand? Die Bogen werden der besseren Haltbarkeit wegen etwa 1,5 cm überlappend geklebt.

4. Haben Sie auf der Reinzeichnung verzeichnet, daß die Überlappung bei

X. Produktion

341

82 Checkliste
Plakatanschlag

	entfällt	verfolgen	Anmerkungen/Daten/Hinweise

mehrteiligen Plakaten (1,5 bis 2 cm) voll ausgedruckt werden soll, damit bei Bedarf problemlos ein Teil ausgewechselt werden kann?

5. Entsprechen die von der Druckerei verwendeten Farben folgenden Anforderungen?

☐ hohe Lichtwerte

☐ wetterbeständig

☐ hohe Elastizität, damit sie nicht brechen

☐ gute Farbbindung (Achtung: Siebdruck!)

6. Haben Sie Bronzefarben vermieden, da diese oxidieren und häßliche Flekken bilden können?

7. Verwenden Sie keine Drucklackierungen, da dies Schwierigkeiten beim Kleben gibt.

8. Beachten Sie, daß Leuchtfarben im Plakatanschlag verboten sind, da Verkehrsteilnehmer dadurch irritiert werden können.

9. Achten Sie bei Großflächen darauf, daß die Reinzeichnung so angelegt ist, daß die Teilungsschnitte nicht durch empfindliche Bild- und/oder Schriftelemente gehen.

10. Haben Sie bei 18/1-Bogen-Plakaten eine Klebeanleitung erstellt und die einzelnen Bogen mit Nummern versehen?

▽ Geklebt wird von links nach rechts und von oben nach unten.

Checkliste **82**

Plakatanschlag

	entfällt	verfolgen	Anmerkungen/Daten/Hinweise

11. Bei politischen Plakaten das gesetzlich vorgeschriebene Impressum nicht vergessen.

12. Haben Sie bei der Auswahl des Papiermaterials folgende Kriterien beachtet?

   ☐ Reißfestigkeit auch bei Nässe (Wetterbeständigkeit)

   ☐ geringe Ausdehnung bei Nässe

   ☐ holzfreies Papier, damit kein Vergilbungsprozeß stattfinden kann

   ☐ hohe Opazität (Blickdichte)

   ☐ gute Konservierung bei eingefärbtem Papier (damit es in nassem Zustand nicht ausläuft)

   ☐ verwendetes Papier ist nicht aus Kunstfasern gestrichen oder gummiert

13. Ist eine Ersatzmenge beim Drucker von 10–15 % miteingeplant worden?

14. Haben Sie veranlaßt, daß die Plakate 10 Tage vor Klebetermin gefalzt und plan angeliefert werden?

   ☐ Gerollte Bögen müssen von Hand nachgefalzt werden und erzeugen Mehrkosten!

15. Beachten Sie, daß es zwei generelle „Faustregeln" für die Berechnung von Plakatanschlägen gibt:

   ☐ Allgemeine Anschlagstelle: Bogen-Tagpreis (1/1) x Anzahl der Bögen x Anzahl der belegten Stellen x Tage

X. Produktion

343

82 Checkliste
Plakatanschlag

	entfällt	verfolgen	Anmerkungen/Daten/Hinweise

- ☐ Ganzstellen und Großflächen: Preis für komplette Stelle x Anzahl der belegten Stellen x Tage

16. Denken Sie daran, daß die Lieferung „frei Haus" erfolgen muß – und das spätestens sieben Tage vor Anschlagtermin an die vorgegebene Versandadresse.

17. Haben Sie die Lieferscheine mit folgenden Daten versehen?

- ☐ Anschrift der Druckerei mit Telefon- und Faxnummer sowie Ansprechpartner
- ☐ Name des Kunden bzw. Auftraggebers
- ☐ Plakatmotiv (bitte eindeutig, keine Phantasienamen!)
- ☐ Format, Plakatart
- ☐ Stückzahl
- ☐ Anschlagort
- ☐ Anschlagtermin, Dekade

18. Lassen Sie sich vom Anschlagunternehmen die ordnungsgemäße Durchführung gleich mit folgenden Angaben bestätigen

- ☐ Ort
- ☐ Bezeichnung/Größe der Anschlagstelle
- ☐ Anschlagzeit, Dekade
- ☐ Anzahl der beklebten Anschlagstellen
- ☐ Kosten und evtl. Rabatte

/ *Checkliste* **82**

Plakatanschlag

	entfällt	verfolgen	Anmerkungen/Daten/Hinweise

19. Veranlassen Sie, daß während der Laufzeit stichprobenartig die gewünschte Anschlagstelle sowie die gebuchte Dekade überprüft wird.

20. Haben Sie beachtet, daß die normale Nutzungsdauer für den Plakatanschlag bei 10 Tagen liegt? (Wobei es auch Dekaden von 11 Tagen zum Anfang bzw. von 14 Tagen zum Ende des Jahres gibt.) Um eine durchgehende Plakatierung zu gewährleisten, ist der Plakatanschlag in drei A-, B- und C-Blöcke (Dekaden) eingeteilt.

21. Lassen Sie sich vor der Produktion von den Anschlagunternehmen die Dekaden-Pläne der Klebetermine und die allgemeinen Lieferbedingungen für den Plakatanschlag geben, und beziehen Sie diese Unterlagen in Ihre Arbeit ein.

X. Produktion

83 Checkliste
Verkehrsmittelwerbung

	entfällt	verfolgen	Anmerkungen/Daten/Hinweise

1. Arten der Verkehrsmittelwerbung

   Grundsätzlich ist zwischen Außen- und Innenwerbung an Verkehrsmitteln zu unterscheiden.

   ☐ Bemalung der seitlichen Rumpffläche, das Anbringen von Dachschildern auf den Wagendächern sowie Ganzbemalungen gehören zu den Möglichkeiten, außen an Fahrzeugen zu werben.

   ☐ Jegliche Anbringung von Plakaten und/oder Abziehbildern in den Fahrzeugen gehört zur Innenwerbung. Hierzu stehen verschiedene Flächen in Bussen und Bahnen zur Verfügung:

   ⇨ Heckscheibenplakat

   ⇨ Stirn- und Seitenwandplakat

   ⇨ Fahrersitzplakat

   ▽ Die Mindestlaufzeit für Verkehrsmittelwerbung beträgt einen Monat!

2. Werbeträger

   ☐ Taxen

   Informationen über Buchungskonditionen/Preise erhalten Sie bei der Deutschen Taxi Reklame GmbH in jeder größeren Stadt.

   ☐ Ferntransporter

   Informationen über Buchungskonditionen/Preise erhalten Sie bei den jeweils ortsansässigen Speditionen.

   ☐ Busse

   ⇨ Rumpfbemalung

   ⇨ Ganzwagenbemalung

Checkliste **83**

Verkehrsmittelwerbung

	entfällt	verfolgen	Anmerkungen/Daten/Hinweise

⇨ Halbwagenbemalung

⇨ Seitenscheibenplakate

⇨ Heckscheibenplakate

Informationen über Buchungskonditionen/Preise erhalten Sie bei der Deutschen Städte-Reklame GmbH DSR, Frankfurt.

☐ Fährschiffwerbung

Informationen über Buchungskonditionen/Preise erhalten Sie bei den Verkehrsvereinen der jeweiligen Stadt.

☐ Werbung am Telefonhäuschen

⇨ Plakate über dem Fernsprechapparat

⇨ Plakate neben dem Fernsprechapparat

⇨ Plakate an der Seitenwand 6/6

⇨ Außenplakate

Informationen über Buchungskonditionen/Preise erhalten Sie bei der Telekom-Information der jeweiligen Stadt.

X. Produktion

84 Checkliste
Allgemeine Grundsätze für die Mediaschaltung

		entfällt	verfolgen	Anmerkungen/Daten/Hinweise

1. Zeitungsanzeigen sind ein schnell und einfach zu handhabendes Werbemittel. Um Kosten und wertvolle Zeit zu sparen, sollte darauf geachtet werden, daß die Verlage formatgerechte Filme erhalten, die keine weitere Bearbeitung erfordern.

2. Bei Zeitungsanzeigen ist es wichtig, zwischen

    ☐ Anzeigen im Anzeigenteil und

    ☐ Anzeigen im redaktionellen Teil zu unterscheiden.

    Welche Plazierung ist für Sie sinnvoll?

3. Für die Berechnung des Anzeigenpreises bildet der Grundpreis die Ausgangsbasis. Er gibt den Preis für 1 mm Höhe über eine Spaltenbreite an. Die Spaltenbreite einer Anzeige liegt bei den meisten Zeitungen fest:

    ☐ redaktioneller Teil zwischen 52 und 70 mm

    ☐ Anzeigenteil zwischen 44 und 46 mm

4. Die Höhe der Anzeige kann der Kunde selbst bestimmen, soweit diese im Satzspiegel liegt. Haben Sie diesen berücksichtigt?

    ▽ Bei derselben Zeitung können für verschiedene Rubriken und/oder Ausgaben verschiedene Grundpreise gelten!

5. Rabatte: Bei der Rabattierung ist zwischen Mal- und Mengenstaffel zu unterscheiden. Die Malstaffel kommt dann zum Tragen, wenn ein Titel häu-

Checkliste **84**

Allgemeine Grundsätze für die Mediaschaltung

	entfällt	verfolgen	Anmerkungen/Daten/Hinweise

fig belegt wird. Die Mengenstaffel berücksichtigt die Anzeigengröße.

6. Welche Printmedien bieten sich für Ihre Anzeigenschaltungen an?

☐ Anzeigen in Anzeigenblättern

☐ Anzeigen in Regional- und Lokalzeitungen

☐ Anzeigen in konfessionellen Blättern

☐ Anzeigen in Zeitschriften

☐ Anzeigen in Publikumszeitschriften

☐ Anzeigen in Fachzeitschriften

☐ Anzeigen in IHK-Zeitschriften

☐ Anzeigen in Katalogen

☐ Anzeigen in Kundenzeitschriften

☐ Anzeigen in Stadtmagazinen/Stadtillustrierten etc.

☐ _____

☐ _____

7. In welcher Insertionsform möchten Sie die Anzeige gestalten?

☐ Standardanzeigen
s/w oder 2-, 3,- und 4farbig bzw. weitere Zusatz- oder Schmuckfarben
Plazierung: Text- oder Anzeigenteil
Grundformen: 1/1-, 1/3-, 1/4-Seite

☐ Angeschnittene Anzeigen
Sie laufen über den Satzspiegel hinaus bis zum Papierrand (Aufpreis ca. bis zu 20 %)

8. Zahlreiche Printmedien bieten Sonderformen von Anzeigen an. Folgende stehen zur Verfügung:

X. Produktion

Checkliste 84
Allgemeine Grundsätze für die Mediaschaltung

	entfällt	verfolgen	Anmerkungen/Daten/Hinweise
☐ Anzeigenstrecke mindestens drei ganzseitige Anzeigen auf hintereinanderfolgenden Seiten			
☐ Blattbreite Anzeigen laufen über maximale Höhe, Breite max. 4, 5 oder 6 Spalten, je nach Anzeigenformat.			
☐ Eckfeldanzeigen sind im Textteil von zwei Seiten von redaktionellem Text umgeben, stehen oft als einzige Anzeige auf der Seite.			
☐ Farbanzeigen Beim Einsatz von Schmuckfarben (Zusatzfarben) können alle Farbnuancen gedruckt werden; im Mehrfarbendruck wird die Euroskala eingesetzt. Kosten je Zusatzfarbe ca. 10 bis 20 % Aufpreis.			
☐ Inselanzeige Sie ist von vier Seiten von redaktionellem Text umgeben.			
☐ Couponanzeigen Anzeigen mit einem Gutschein, bei dem der Leser Informationsmaterial anfordern kann.			
☐ Panoramaanzeige (= Bunddurchdruck-Anzeigen) läuft auf 2/1-Seiten über den Bund, oft angeschnitten.			
☐ Prospektanzeigen eine zweiseitige Anzeige im Nordischen Format auf einem herausnehmbaren Zeitungsbogen			
☐ Rubrikanzeigen Kleinanzeigen, die bestimmten Rubriken zugeordnet werden			

Checkliste **84**

Allgemeine Grundsätze für die Mediaschaltung

	entfällt	*verfolgen*	*Anmerkungen/Daten/Hinweise*
☐ Streifenanzeigen stehen neben oder unter dem redaktionellen Text, laufen über die gesamte Höhe bzw. Breite.			
☐ Textteilanzeigen Sie sind von mindestens drei Seiten von redaktionellem Text umgeben.			
☐ Titelkopfanzeigen auf der ersten Seite, Höhe: 35 bis 50 mm, Breite einer Sondertextspalte			

X. Produktion

85 Checkliste
Ablaufplanung Mediaschaltung

	entfällt	verfolgen	Anmerkungen/Daten/Hinweise

1. Welche Druckvorlagen müssen dem Verlag zur Verfügung gestellt werden?

2. Übernimmt der Verlag die Produktion der Druckunterlagen selbst, und welche Unterlagen benötigt der Verlag dann von Ihnen?

   Datenmaterial auf Diskette oder Syquest? Sind die Systeme kompatibel?

3. Wann ist Druckunterlagen-Schlußtermin?

4. Wohin müssen die Druckunterlagen gesandt werden?

5. Wieviel Zeit muß man für den Versand miteinplanen?

6. Ist bei gegebener Druckvorlagenherstellung noch genügend Zeit für eventuelle Korrekturphasen eingeplant worden?

▽ Achten Sie darauf, daß die Druckunterlagen stets per Einschreiben mit der Post oder mit einem Kurier an den Verlag geschickt werden!

7. Haben die Verlage Ihre Aufträge schriftlich bestätigt?

8. Ist die Rechnungsstellung geklärt? Wird die Rechnung auf den Namen Ihrer Firma oder den Ihres Kunden ausgestellt?

9. Haben Sie bei Art und Umfang der Anzeige daran gedacht, mögliche Rabatte in Anspruch zu nehmen und ggf. Zuschläge zu beachten?

   ☐ Mal-/Mengenstaffel

   ☐ 2 % Skonto

Ablaufplanung Mediaschaltung

Checkliste 85

	entfällt	*verfolgen*	*Anmerkungen/Daten/Hinweise*
☐ Zuschläge für Anzeigen im Anschnitt			
☐ Zuschläge für Anzeigen mit Sonderfarben			
☐ Zuschläge für Anzeigen, die über Bund drucken			
☐ Zuschläge für Sonderplazierungen			
10. Wurde bei einer Couponanzeige die richtige Plazierung des Coupons (außen) beachtet?			
11. Haben Sie die Druckvorlagen vor Versand nochmals exakt auf Inhalt und Format geprüft?			
12. Haben Sie dem Verlag die Andrucke der Anzeige mitgeschickt? Bei farblichen Differenzen ist der Andruck rechtlich bindend.			
13. Ist die Anzeige farblich so aufwendig, daß beim Druck Farbdifferenzen entstehen können, sollten Sie unbedingt vor Ort eine Druckabnahme vornehmen.			
14. Haben Sie ein Belegexemplar angefordert und erhalten?			
15. Prüfen Sie die erschienene Anzeige im Belegexemplar sofort. Beanstanden und reklamieren Sie rechtzeitig.			

X. Produktion

86 Checkliste
Beilegen/Beiheften/Beikleben von Prospekten

	entfällt	verfolgen	Anmerkungen/Daten/Hinweise

1. In welcher Form sollen die Prospekte beigefügt werden?

   ☐ geklebt als Beikleber

   ☐ geheftet als Beihefter

   ☐ lose eingelegt als Beilagen

2. Um diese Werbemittel in Zeitungen und Zeitschriften verwenden zu dürfen, muß man sich an bestimmte Formate und Gewichte halten. Haben Sie diese abgefragt und bei Ihrer Produktion berücksichtigt?

3. Bei Zeitungen und Zeitschriften, die im Postzeitungsdienst verschickt werden, erhöht sich der Beilagenpreis pro 1000er Auflage. Haben Sie die aktuellen Preisinformationen dazu? Die Konditionen erhalten Sie bei jedem Postamt.

4. Bei der Belegung der Inlandsauflage können die erhöhten Postgebühren verringert werden, indem der Beihefter

   ☐ mindestens an drei Seiten mit dem Heftrand abschließt (Bund inkl.),

   ☐ keine eigene Paginierung besitzt, sondern in die Seitennumerierung des Trägerobjektes miteinbezogen wird.

   Haben Sie diesen Aspekt bei Ihrer Konzeption, Gestaltung und Produktion miteinbezogen?

5. Haben Sie abgeklärt, ob der Druck durch den Verlag möglich und kostengünstiger ist, als wenn Sie bei Ihrer Druckerei produzieren lassen?

Checkliste **86**

Beilegen/Beiheften/Beikleben von Prospekten

	entfällt	verfolgen	Anmerkungen/Daten/Hinweise

▽ In den meisten Fällen besteht der Verlag allerdings auf komplett angelieferte, fertig produzierte Werbemittel.

6. Haben Sie vor der Produktion Ihres Werbemittels bei den Verlagen folgende technische Einzelheiten geklärt?

☐ maximales und minimales Heftformat

☐ Papiergewicht

Das Papiergewicht bzw. die Papierqualität ist abhängig vom Umfang Ihres Werbemittels, mehr Seiten erzwingen geringeres Papiergewicht und dadurch bedingt eine geringere Opazität.

☐ Wieviel cm Klebekante?

☐ Umfang, Heftung, Falz

7. Stellen Sie den Verlagen bei Auftragserteilung mehrere Handmuster zur Überprüfung der technischen Verarbeitung zur Verfügung. Beilagenaufträge sind für Verlage erst bindend, wenn ein Muster der Beilage vorgelegt und gebilligt wurde.

8. Lassen Sie sich die Freigabe Ihrer/Ihres Beilage/Beihefters/Beiklebers durch den Verlag schriftlich geben.

9. Haben Sie bedacht, daß das Gewicht des beizuheftenden bzw. beizulegenden Werbemittels Berechnungsgrundlage für den Schaltpreis ist?

▽ Die Preise ändern sich häufiger. Achten Sie darum darauf, daß Sie stets die aktuellen Preislisten vorliegen haben!

X. Produktion 355

86 *Checkliste*
Beilegen/Beiheften/Beikleben von Prospekten

	entfällt	verfolgen	Anmerkungen/Daten/Hinweise
10. Liegt Ihr geplantes Werbemittel innerhalb der Gewichtsstaffel kostengünstig, oder läßt sich das Gewicht durch eine andere Papierwahl entsprechend verringern?			
11. Ist die Versandanschrift identisch mit der Verlagsanschrift, und mit welchen Transportzeiten müssen Sie bei der Auslieferung der Werbemittel rechnen? Haben Sie dies in die Produktionszeiten miteinkalkuliert?			
12. Ansonsten verfahren Sie bei der Produktion entsprechend den Checklisten für Drucksachen und Mediaschaltung.			

Checkliste **87**

Beikleben von Warenproben

	entfällt	verfolgen	Anmerkungen/Daten/Hinweise

1. Bei der Durchführung einer Beiklebe-Aktion müssen eine Vielzahl von technischen Voraussetzungen erfüllt werden. Es empfiehlt sich deshalb, bei der Planung einer solchen Aktion mit den Verlagen frühzeitig Kontakt aufzunehmen. Haben Sie dies getan?

2. Jede Warenprobe muß bestimmte technische Daten erfüllen hinsichtlich

   ☐ Format

   ☐ Gewicht

   ☐ Dicke

   ☐ Belastbarkeit

3. Ist das vorgeschriebene Format eingehalten worden?

4. Wurde das Maximalgewicht nicht überschritten?

5. Sind Musterbeutel und Inhalt in der vorgeschriebenen Dicke gehalten?

6. Wurde die Belastbarkeit der Muster im Sinne der Mindestanforderung überprüft?

7. Haben Sie mit den Verlagen den zur endgültigen Auftragsannahme erforderlichen Probeablauf durchgeführt, damit Sie anhand dieses Probedurchlaufes Ihre Produktionszeit kalkulieren können?

8. Haben Sie beachtet, daß Sie Muster mit folgenden Eigenschaften nicht in Zeitschriften einkleben dürfen?

   ☐ feuergefährlich

   ☐ explosiv

   ☐ ätzend

X. Produktion

87 *Checkliste*
Beikleben von Warenproben

	entfällt	verfolgen	Anmerkungen/Daten/Hinweise
☐ schnittgefährlich			
☐ Lebensmittel (Verderblichkeit)			

9. Prüfen Sie die Kosten-Nutzen-Relation nach Festlegung aller anfallenden Kosten nochmals.

Checkliste **88**

Beikleben von Postkarten

	entfällt	verfolgen	Anmerkungen/Daten/Hinweise

1. Bei dieser Art von Sondermöglichkeit wird auf eine Anzeige eine vorproduzierte, am Rand perforierte Postkarte im Endlosdruck mechanisch geklebt. Haben Sie die Perforierung in Gestaltung und Produktion berücksichtigt?

   Man nennt dieses Verfahren auch Add-a-card. Ganz im Gegensatz dazu gibt es noch eine weitere Form der Postkartenaufkleber, die See-and-write-Anzeige. Das Grundprinzip beider Postkartenaufkleber ist identisch, der wesentliche Unterschied besteht in der Produktion und Verarbeitung. Denn bei den See-and-write-Anzeigen wird die Postkarte manuell aufgeklebt.

2. Checken Sie, ob die ausgewählten Verlage nach dem Add-a-card- oder See-and-write-Verfahren arbeiten.

3. Überprüfen Sie, welches dieser beiden Verfahren unter Kosten-Nutzen-Aspekten für Sie zu bevorzugen ist.

4. Haben Sie die technischen Grundvorgaben mit den Verlagen besprochen und in Ihre Produktionsplanung einbezogen?

☐ Format

☐ Papiergewicht

☐ _____

☐ Ansonsten verfahren Sie bei der Produktion gemäß den Checklisten Drucksachen und Mediaschaltung.

X. Produktion

XI. Werbekonzept-Test

1. Tips & Tricks: Tests

Da ein Unternehmen in die Werbung in der Regel nicht unerhebliche Summen investiert, sollte sie – wie ein neu einzuführendes Produkt – vor ihrem Start getestet werden. Eine der wesentlichsten Testmethoden ist der Werbekonzept-Test. Hierbei werden verschiedene Werbekonzept-Alternativen miteinander verglichen, so daß letztendlich das erfolgversprechendste Konzept herausgefunden werden kann.

Unter einem Werbekonzept versteht man die konkrete Vorstellung darüber, wie, wann und wo für ein Produkt, eine Produktgruppe oder ein Unternehmen geworben werden soll. Im Konzept werden die Zielgruppe, die Form der werblichen Formulierung, die Werbemittel und die Werbeträger festgelegt. Der Werbekonzept-Test dient dazu, die werbliche Formulierung der Produktbeschreibung (des Produktnutzens) herauszufiltern, die die Zielgruppe am stärksten und am häufigsten anspricht.

Im folgenden sind Methoden des Werbekonzept-Tests als Entscheidungsgrundlage aufgeführt, die nach unserer Meinung objektive und unverfälschte Testergebnisse ermöglichen. Wie bei der Werbeerfolgskontrolle (siehe dazu Kapitel XII Werbeerfolgskontrolle) ist die Durchführung von Werbekonzept-Tests aufwendig und intensiv in der Vorbereitung, so daß es sinnvoll ist, mit einem Marktforschungsinstitut zusammenzuarbeiten.

2. Praxisgerechter Directmail-Test

Sie kennen das Problem der Werbung: Man kann kaum seine Möglichkeiten überprüfen, kontrollieren. Man ist auf Schätzungen allgemeiner Art angewiesen. In der Direktwerbung ist das jedoch anders: Hier benötigen wir keine Marktforschungsinstitute, keine Extrapolationen, keine Befragungen irgendwelcher Zielgruppen.

Machen Sie sich bei dieser Gelegenheit übrigens einmal klar: Die normale Werbung wird im sogenannten Anzeigentest oder aber in psychologischen Studien kontrolliert und abgefragt. In der Regel fragt man also vorher im Konjunktiv, also: „Würden Sie aufgrund dieser Anzeige das und das Produkt kaufen?" Oder: „Würden Sie, wenn diese Anzeige in der Zeitschrift XY steht, diese Anzeige als positiv empfinden?" Selbstverständlich sind diese Fragen in der Befragungspraxis psychologisch anders und differenzierter aufgebaut. Im Prinzip jedoch laufen sie genau darauf hinaus.

Verfeinerte Tests versuchen nun in sehr teuren und komplizierten Verfahren, diese Labormethode mit größerer Aussagekraft zu belegen. Man macht Assoziationstests, prüft, in welcher Geschwindigkeit der Leser bestimmte Informationsinhalte wahrgenommen hat, testet, ob die Anzeigeninhalte überhaupt verinnerlicht wurden, und freut sich bei Nachtests sogar, wenn der Befragte gestützt erklärt, daß er diese Anzeige, die ihm da vorgelegt wird, bestimmt schon mal gesehen hat. Sicherlich: Hier ist etwas schwarzweiß gemalt. Jedoch sollten wir nicht übersehen, daß eben die normale Werbeforschung doch in der Laborsituation steckengeblieben ist.

Anders in der Direktwerbung. Hier muß nicht im Konjunktiv gefragt werden, hier wird der Indikativ angewandt. Wir fragen nicht: „Würden Sie aufgrund unserer Werbung kaufen?", sondern Direktwerbung fragt: *„Kaufen Sie aufgrund dieser Werbung, und zwar jetzt und* *sofort?"* Wir können also abrufen, ob unsere Zielperson aufgrund der Werbung zum Feedback veranlaßt werden kann, den wir anstreben. Wir können genau messen, ob auf hundert ausgesandte Briefe keiner, einer oder zwei zurückkommen. Und wir können messen, ob diese Briefe nur eine Informationsanforderung beinhalten, ein Gimmick abfragen oder gar eine Bestellung aufgeben.

Bitte machen Sie sich klar, daß Sie jedes Marketing-Instrument im Rahmen Ihrer Aussendung überprüfen können, wenn Sie Direktwerbung und Direktmarketing betreiben.

Checkliste **89**

Werbekonzept-Test

	entfällt	verfolgen	Anmerkungen/Daten/Hinweise

1. Handelt es sich bei den zum Vergleich stehenden Konzepten auch wirklich nur um Werbekonzepte und nicht um Produkt- und Werbekonzepte?

▽ In diesem Zusammenhang möchten wir deutlich zwischen Produkt- und Werbekonzepten unterscheiden. In Produktkonzepten werden die Produktpositionierungen (Produktnutzen und Produkteigenschaften) erarbeitet, in den Werbekonzepten dagegen sind diese bereits werblich formuliert.

2. Ist gesichert, daß keine sich inhaltlich überschneidenden Werbekonzepte getestet werden?

3. Ist gesichert, daß nur Konzepte getestet werden, die *nur einen* Produktnutzen beinhalten?

▽ Bei Tests gewinnt sehr häufig das Konzept mit mehreren Versprechen, während sich in der Realität gezeigt hat, daß die Produkte kaum eine Chance haben, sich beim Verbraucher durchzusetzen, die sogenannten Alleskönner sind.

4. Wird vermieden, daß einige Werbekonzepte mit und einige ohne Reason-why getestet werden?

▽ Konzepte mit Reason-why sind Konzepten ohne Reason-why im Test häufig überlegen.

5. Haben die Werbekonzepte ein einheitliches Formulierungsniveau? Gibt es keine herausragenden Formulierungsstärken und -schwächen?

XI. Werbekonzept-Test

89 Checkliste
Werbekonzept-Test

	entfällt	verfolgen	Anmerkungen/Daten/Hinweise

6. Sind die alternativen Werbekonzepte formal gleich aufbereitet? (Gleiche Textlänge, keine Unterstreichungen, keine Versalien, keine verschiedenen Schrifttypen)

7. Ist eine Stichprobenauswahl der Testpersonen sichergestellt?

   Als typische Stichproben-Auswahlverfahren unterscheidet man:

   ☐ Random-Auswahl = einfache Zufallsauswahl. Jede Person der Gesamtbevölkerung kann mit der gleichen Wahrscheinlichkeit in die Auswahl gelangen.

   ☐ Quota-Auswahl = nicht zufälliges Auswahlverfahren. Die Repräsentanz der Stichprobe wird dadurch gewährleistet, daß die Verteilung bestimmter Merkmale in der Stichprobe und der Gesamtbevölkerung übereinstimmt.

8. Ist gewährleistet, daß die Versuchspersonen nicht überfordert werden?

   ▽ Hierbei gilt, daß eine Versuchsperson nicht mehr als sechs Werbekonzepte bewerten soll.

Checkliste **90**

Werbekonzept-Testmethoden

	entfällt	verfolgen	Anmerkungen/Daten/Hinweise

1. Kartenvorlagen-Test

   Dazu werden die verschiedenen Werbekonzepte auf einzelne Karten geschrieben. Die Testperson wird zuerst gefragt, ob ihr etwas positiv oder negativ auffällt. Dieses soll sie in einer Siebener-Skala bewerten. Danach soll die Testperson die Karten nach dem Aspekt der eigenen Relevanz in eine Rangreihe bringen. Die Vorlage der Konzepte erfolgt bei den Testpersonen in rotierender Reihenfolge.

2. Folder-Test

   Der Testperson wird hierzu ein Folder vorgelegt, der mehrere konkurrierende Werbemittel beinhaltet. Danach wird sie gefragt, an welche Werbeinhalte sie sich erinnern kann.

3. Pass-cash-Test

   Einer Zielgruppe von etwa 2000 Haushalten wird eine Doppelpostkarte mit dem Produktangebot zugeschickt. Die Zielpersonen sollen sich entscheiden, ob sie das Produkt kostenlos anfordern wollen oder lieber den Gegenwert in bar erhalten möchten. Gleichzeitig werden auf der Doppelkarte verschiedene Fragen zur Erfassung der soziodemographischen Struktur, der Verwendungshäufigkeit, der Einkaufshäufigkeit etc. gestellt.

4. Step-Test

   Der Step-Test ist ebenfalls eine über das Mailing erfolgende Methode. Die ausgewählten Haushalte erhalten hierzu ein mehrseitiges Heft. Auf

90 Checkliste
Werbekonzept-Testmethoden

	entfällt	verfolgen	Anmerkungen/Daten/Hinweise
jeder Seite ist eine Produktabbildung mit dem dazugehörigen Verkaufspreis und dem jeweiligen Werbekonzept als Bildunterschrift.			
Die Testpersonen sollen nun 10 Punkte an die Produkte verteilen, die sie kaufen würden. Dabei dürfen sie den ausgewählten Produkten auch mehrere Punkte geben und sogar einem Produkt alle. Die Testpersonen können aber auch äußern, daß sie keines der abgebildeten Produkte kaufen würden. Auch bei dieser Methode wird eine Befragung zur Erfassung der soziodemographischen Struktur, der Verwendungshäufigkeit, der Einkaufshäufigkeit etc. integriert.			
5. Newspaper-Clipping			
Bei dieser Methode wird das Werbekonzept in Form einer redaktionellen Meldung im Umfeld anderer redaktioneller Beiträge in eine Zeitung eingebaut. Die Leser werden im nachhinein zu diesen Meldungen befragt.			
6. Dummy-Test			
Der Dummy-Test ist eine Variante des Newspaper-Clipping. Hierbei werden die Werbekonzepte in Werbemittel umgesetzt. Zum Beispiel werden Anzeigen als Andrucke in Originalhefte von Zeitschriften integriert. Die Testpersonen können nicht erkennen, daß diese Hefte präpariert sind. Danach werden die Leser zu diesen Anzeigen befragt.			

Checkliste **90**

Werbekonzept-Testmethoden

	entfällt	verfolgen	Anmerkungen/Daten/Hinweise

☐ Split-Run-Coupon-Methode

Hierbei wird die Wirksamkeit von Werbekonzepten gemessen, indem die Auflage eines Werbeträgers gesplittet (halbiert, geviertelt oder regional aufgeteilt) wird. In jedem Auflagenteil wird eine andere, den Werbekonzepten entsprechende Produktanforderung mit Coupon plaziert. Anhand der Höhe der Rückläufe auf die verschiedenen Produktanforderungen läßt sich nun das Konzept mit der höchsten Relevanz herausfiltern.

91 *Checkliste*

Grundlegende Voraussetzungen für den Directmail-Test

	entfällt	verfolgen	Anmerkungen/Daten/Hinweise

1. Die Testaussendung muß völlig (!) *identisch* mit der Aussendung sein, die Sie später ebenfalls streuen wollen. Die Testaussendung muß also hochrechenbar sein.

▽ Sie können sich vorstellen, daß es völlig unsinnig ist, in der einen Version etwas anderes zu tun als in der anderen. Jedoch haben wir immer wieder feststellen können, daß in der Testaussendung ein Automaten- oder Computerbrief eingesetzt wurde; in der Gesamtstreuung sollte dagegen ein gedruckter Brief genommen werden.

2. Sie müssen die Kosten bei einem *Kosten-Nutzen-Vergleich* jeweils auf ihre *Gesamtstreuung* rechnen und nicht etwa auf die Teststreukosten.

▽ Selbstverständlich sind die Teststreukosten durch die geringe Auflage mit einem hohen Tausender-Kostensatz belegt. Allerdings werden diese hohen Kosten dann ausgeglichen, wenn bei Ihrer Großauflage die gleichen Druckvorlagen usw. verwendet werden können. Dieses geschieht immer dann, wenn der Test erfolgreich war. Sollte jedoch der Test nicht erfolgreich sein, so waren die hohen Tausender-Kosten trotzdem nicht umsonst: Immerhin haben sie vor einem Fehlschlag der Gesamtstreuung bewahrt!

3. Ein Test sollte in *sinnvollen Größenordnungen* erfolgen.

▽ So wie man in der Marktforschung im allgemeinen nicht davon ausgeht, daß bei der Befragung von 10 Kun-

Checkliste **91**

Grundlegende Voraussetzungen für den Directmail-Test

	entfällt	verfolgen	Anmerkungen/Daten/Hinweise

den ein repräsentatives und eindeutiges Ergebnis zustande kommt, so kann auch bei der Aussendung einer geringen Menge nicht ein ganzer Markt abgeklopft werden.

4. Ist Ihre Adressenzahl insgesamt zu niedrig, um sie überhaupt testen zu können (z.B. nur 1000 Kunden), so sollten Sie evtl. die Hauptstreuung in drei oder vier homogene Adressengruppen aufteilen und den Test jeweils als ein Drittel oder ein Viertel Ihrer Hauptstreuung ansehen.

5. Die Testaussendung als Pretest muß sich im Rahmen der von Ihnen vorab definierten *Zielgruppe* bewegen, um repräsentativ zu sein. Eine Selektion Ihrer Testpersonen können Sie also nur auf Basis des zielgruppenspezifischen Adressenmaterials vornehmen. Erst auf dieser Basis lassen sich Aussagen über den zu erwartenden Erfolg treffen.

6. Grundlagen, die es im Zusammenhang mit dem praxisgerechten Directmail-Test zu beantworten gilt, sind also:

☐ Sind Ihre Stichproben und damit auch Ergebnisse wirklich *repräsentativ* für die von Ihnen gewählte Grundgesamtheit (z.B. Haushalte mit einem Nettoeinkommen von 3000 bis 5000 DM)?

☐ In welchem Stichprobenumfang ist eine Testaussendung noch *praktikabel* hinsichtlich des Kosten-Nutzen-Aspektes?

XI. Werbekonzept-Test 369

91 Checkliste
Grundlegende Voraussetzungen für den Directmail-Test

	entfällt	verfolgen	Anmerkungen/Daten/Hinweise
☐ Bedenken Sie, daß Sie eine höhere Wahrscheinlichkeitssicherheit erzielen, je größer Ihr Stichprobenumfang ist!			
☐ Welche Elemente Ihres Testobjektes sollen geprüft werden?			
⇨ Verpackung			
⇨ Packungsnamen			
⇨ Farbe der Packung bzw. des Produktes			
⇨ Preis			
⇨ Konditionen			
⇨ Ansprache			
⇨ USP			
⇨ _____			
▽ Das Testen von mehreren Elementen gleichzeitig (z.B. Headline, Layout etc.) führt zu einer Verzerrung der Ergebnisse, weil Testpersonen häufig überlastet und irritiert werden. Chekken Sie darum immer nur einen einzelnen Aspekt oder aber die Gesamterscheinung.			
☐ Wie zulässig bzw. *reliabel* ist die Meßmethodik?			

Checkliste **92**

Einfacher Directmail-Test (Split-Run-Test)

| | *entfällt* | *verfolgen* | *Anmerkungen/Daten/Hinweise* |

Generelle Vorgehensweise

1. Der einfache Test, der bei jeder Aussendung gestartet werden sollte, ist der Split-Run-Test. Nehmen Sie die Hälfte Ihrer Aussendung, und verändern Sie ein Element Ihres Packages. Testen Sie also z.B.

☐ den Preis

☐ die Aussage bzw. Aussage gegen Aussage

☐ die Farbe des Umschlages

☐ die Ansprache auf dem Umschlag

☐ die Headline des Projektes

☐ die Farbe der Rückantwortkarte

☐ die Überschrift über Ihrem Anschreibebrief

☐ die Unterschrift in Blau oder Rot

☐ die Akzeptanz des Inhabers der Unterschrift (Funktion gegen Funktion, also z.B. Direktor gegen Geschäftsführer) etc.

☐ _____

2. Sie lassen genau bei der Hälfte Ihres Druckes die Maschine stoppen und tauschen ausschließlich dieses eine von Ihnen bestimmte und zu testende Element aus. Die Kosten hierfür sind minimal.

▽ Selbstverständlich müssen Sie nun auf Ihrer Rückantwortkarte ein entsprechend unterschiedliches Symbol anbringen, um beim Rücklauf feststellen zu können, aufgrund welcher

92 Checkliste
Einfacher Directmail-Test (Split-Run-Test)

	entfällt	verfolgen	Anmerkungen/Daten/Hinweise

Teilaussendung die Informationsanforderung usw. bewirkt wurde.

3. Normalerweise arbeitet man mit Kennziffern. Sie können aber auch einfach Ihre Karten an irgendeiner Stelle mit einem Merkmal versehen, das Ihnen die unterschiedliche Variante verdeutlicht. In der Praxis geschieht dies sehr häufig mit leicht veränderten Adressencodierungen.

▽ So heißt die Abteilung z.B. einmal „Abteilung Direktservice" und einmal „Abteilung Direktversand". Selbst wenn also jetzt eine persönliche Bestellung bei Ihnen eintrifft, können Sie diese jederzeit genau der entsprechenden Testaussendung zuordnen. Dieser Trick wird auch bei Couponanzeigen immer wieder angewandt, wobei man dort als Abteilungskürzel sehr häufig die Zeitschrift aufnimmt, in der diese Anzeige publiziert wird.

4. Wenn Sie den einfachen Split-Run-Test machen, so muß gewährleistet sein, daß die Adressen nach dem Prinzip des Zufalls gesplittet werden. Jede Adresse muß also die gleiche Chance haben, in die eine oder andere Stichprobe aufgenommen zu werden, das heißt, die Auswahl muß repräsentativ sein und darf nicht mit größeren Fehlwerten behaftet sein.

5. Dazu bietet sich die Sprungroutine an. Man wählt also jeweils die erste, dritte, fünfte, siebte usw. Adresse für den einen Teil des Splits aus, während der andere Teil jeweils mit den geraden Adressenzahlen bedient wird. Dies geschieht besonders dann,

Checkliste **92**

Einfacher Directmail-Test (Split-Run-Test)

	entfällt	verfolgen	Anmerkungen/Daten/Hinweise

wenn die Adressen elektronisch gespeichert sind. Dabei ist es auch egal, in welcher Form die Adressen aufgelistet wurden, z.B. nach niedrigen Adressennummern, nach der Bedeutung der Kunden, nach Postleitzahlgebieten etc. Durch die Sprungroutine werden diese Dinge aufgehoben, so daß beide Adressengruppen im einfachen Split-Run-Test gleich homogen sind.

▽ Die Sprungroutine wird auch dann angewandt, wenn man nur eine bestimmte Stichprobe ziehen will. Dann wird eben nur jede 10., 20. oder 100. Adresse ausgewählt. Auch dieses ist im Prinzip kein Problem.

Abweichungen im Standardtest

1. In der Praxis stellt man immer wieder fest, daß folgende Rechnung gemacht wird: Auf den ersten Teil der Aussendung erhält der Kontrolleur 100 Antworten, ist gleich 1 % Rücklauf. Auf die andere Aussendung von ebenfalls 10000 Stück erhält er 0,97 %, gleich 97 Stück. Daraus wird geschlossen, daß die erste Aussendung signifikant besser war.

▽ Das ist jedoch ein Trugschluß. Wir müssen davon ausgehen, daß bei 1 % Rücklauf und einem Sicherheitsgrad von 95 % die Schwankungsbreite bei einer Testaussendung von 10000 Stück noch 0,80 bis 1,20 % beträgt. Das heißt mit anderen Worten, daß innerhalb der Toleranz von 0,8 bis

XI. Werbekonzept-Test

92 Checkliste
Einfacher Directmail-Test (Split-Run-Test)

	entfällt	verfolgen	Anmerkungen/Daten/Hinweise

1,2 % mit der Sicherheit 95 zu 100 oder, anders gesagt, 19 zu 20 das Ergebnis zufallsbedingt ist.

2. Betrachten Sie also hierzu besonders unsere nachstehende Tabelle:

Ermittlung des Fehlbereichs bei vorgegebenem Stichprobenumfang[1]						
Stichproben-umfang N	Reagierer in %					
	0,4	0,6	0,8	1,0	1,2	1,5
1000	0,01-0,79	0,12-1,08	0,25-1,35	0,38-1,62	0,52-1,88	0,75-2,25
3000	0,17-0,63	0,32-0,88	0,48-1,12	0,64-1,36	0,81-1,59	1,06-1,94
5000	0,22-0,58	0,39-0,81	0,55-1,05	0,72-1,28	0,90-1,50	1,16-1,84
7000	0,25-0,55	0,42-0,78	0,59-1,01	0,77-1,23	0,95-1,45	1,22-1,78
10000	0,28-0,52	0,45-0,75	0,63-0,97	0,80-1,20	0,99-1,41	1,26-1,74
15000	0,30-0,50	0,48-0,72	0,66-0,94	0,84-1,16	1,03-1,37	1,30-1,70
20000	0,31-0,49	0,49-0,71	0,68-0,92	0,86-1,14	1,05-1,35	1,33-1,67
25000	0,32-0,48	0,50-0,70	0,69-0,91	0,88-1,12	1,07-1,33	1,35-1,65
30000	0,33-0,47	0,51-0,69	0,70-0,90	0,89-1,11	1,08-1,32	1,36-1,64
50000	0,35-0,45	0,53-0,67	0,72-0,88	0,91-1,09	1,11-1,29	1,39-1,61
Stichproben-umfang N	Reagierer in %					
	1,8	2,0	3,0	4,0	5,0	10,0
1000	0,98-2,62	1,14-2,86	1,94-4,06	2,80-5,20	3,60-6,40	8,10-11,90
3000	1,32-2,28	1,50-2,50	2,39-3,61	3,30-4,70	4,22-5,78	8,90-11,10
5000	1,43-2,17	1,60-2,40	2,53-3,47	3,46-4,54	4,40-5,60	9,17-10,83
7000	1,49-2,11	1,67-2,33	2,60-3,40	3,54-4,46	4,49-5,51	9,30-10,70
10000	1,54-2,06	1,72-2,28	2,67-3,33	3,62-4,38	4,57-5,43	9,41-10,59
15000	1,59-2,01	1,78-2,22	2,73-3,27	3,69-4,31	4,65-5,35	9,52-10,48
20000	1,62-1,98	1,81-2,19	2,76-3,24	3,73-4,27	4,70-5,30	9,58-10,42
25000	1,64-1,96	1,83-2,17	2,79-3,21	3,76-4,24	4,73-5,27	9,63-10,37
30000	1,65-1,95	1,84-2,16	2,81-3,19	3,78-4,22	4,75-5,25	9,66-10,34
50000	1,68-1,92	1,88-2,12	2,85-3,15	3,83-4,17	4,81-5,19	9,74-10,26

[1] Sicherheitsgrad 95%, S = 1,96

Checkliste 92

Einfacher Directmail-Test (Split-Run-Test)

	entfällt	verfolgen	Anmerkungen/Daten/Hinweise

▽ Wir haben in der vorangegangenen Tabelle nur die Zahlen für einen Sicherheitsgrad von 95 % angenommen, so wie er in der Marktforschung üblicherweise angenommen wird. Selbstverständlich können Sie aber auch Sicherheitsgrade von 97,5 % (oder anders 39 zu 40) oder gar 99 % annehmen.

3. Als Formel für die zu erwartende Fehlertoleranz können wir wie folgt umschreiben:

$$F = \frac{R(100-R)}{N} \cdot S^2$$

oder

$$F = \pm\sqrt{\frac{R(100-R)}{N} \cdot S^2}$$

In der Formel bedeuten die einzelnen Begriffe:

R = *Reagierer* (in %). Dies muß beim ersten Test unter Umständen nur geschätzt werden.
S = *Sicherheitsgrad*. Er wird nach Ihren Bedürfnissen festgelegt, wobei wir festgehalten haben, daß in der Regel 95 % Sicherheit reicht; damit beträgt S gleich 1,96. Will man in 99 von 100 Fällen ein derartiges Ergebnis erzielen d.h. also einen hohen Sicherheitsgrad erreichen, so muß man S mit 2,58 ansetzen.
F = *Fehlertoleranz*. Dieser Wert gibt an, mit welcher Testabweichung Sie bei dem Ergebnis der Streuung rechnen dürfen.
N = *Adressenanzahl*, die zu testen ist

XI. Werbekonzept-Test

Checkliste

Einfacher Directmail-Test (Split-Run-Test)

	entfällt	verfolgen	Anmerkungen/Daten/Hinweise
Ermittlung der Stichprobe			

1. Wollen Sie nun die Erfolgsquote vorgeben, so können Sie auch errechnen, wie hoch Ihre Stichprobe sein muß. Dazu nehmen Sie die Formel:

$$N = \frac{R(100-R)}{F^2} \cdot S^2$$

2. Auch diese Formel haben wir aufgelöst in die gängigsten Reagierer- und Toleranzdaten. Sie sind der nachfolgenden Tabelle zu entnehmen:

Ermittlung des Stichprobenumfangs[1]								
Reagierer in %	Fehlertoleranz							
	0,04	0,06	0,08	0,10	0,20	0,30	0,40	0,50
0,1	23.986	10.660	5.996	3.838	959	426	240	154
0,2	47.924	21.300	11.981	7.668	1.917	852	479	307
0,3	71.814	31.917	17.953	11.490	2.873	1.277	718	460
0,4	95.656	42.514	23.914	15.305	3.826	1.701	957	612
0,5	119.450	53.089	29.862	19.112	4.778	2.124	1.194	764
0,6	143.196	63.643	35.799	22.911	5.728	2.546	1.432	916
0,7	166.894	74.175	41.723	26.703	6.676	2.967	1.669	1.068
0,8	190.543	84.686	47.646	30.487	7.622	3.387	1 905	1.219
0,9	214.145	95.176	53.536	34.263	8.566	3.807	2.141	1.371
1,0	237.699	105.644	59.425	38.032	9.508	4.226	2.377	1.521
1,1	261.205	116.091	65.301	41.793	10.448	4.644	2.512	1.672
1,2	284.663	126.517	71.166	45.546	11.387	5.061	2.847	1,822
1,3	308.072	136.921	77.018	49.292	12.323	5.477	3.081	1.972
1,4	331.434	147.304	82.859	53.029	13.257	5.892	3.314	2.121
1,5	354.748	157.666	88.687	56.760	14.190	6.307	3.547	2.270
1,6	378.013	168.006	94.503	60.482	15.121	6.720	3.780	2.419
1,7	401.231	178.325	100.308	64.197	16.049	7.133	4.012	2.568
1,8	424.401	188.623	106.100	67.904	16.976	7.545	4.244	2.716
1,9	447.522	198.899	111.881	71.604	17.901	7.956	4.475	2.864
2,0	470.596	209.154	117.649	75.295	18.824	8.366	4.706	3.012
2,5	585.244	260.108	146.311	93.639	93.639	23.410	10.404	5.852
3,0	698.691	310.529	174.673	111.791	27.948	12.421	6.987	4.472
3,5	810.938	360.417	202.734	129.750	32.438	14.417	8.109	5.190
4,0	921.984	409.771	230.496	147.517	36.879	16.391	9.220	5.901

[1] Sicherheitsgrad 95%, S = 1,96

Checkliste **92**

Einfacher Directmail-Test (Split-Run-Test)

	entfällt	verfolgen	Anmerkungen/Daten/Hinweise

Homogene Adressengruppen

1. Sollte der Test kein eindeutiges Ergebnis zugunsten einer Testgruppe haben, steht eine Nachprüfung an. Ein Test funktioniert nämlich nur dann, wenn die Adressengruppe in sich homogen (!) ist.
   (Achtung bei Fremdadressen)

2. Sie unterteilen die Adressengruppe Ihrer Testgruppe 1 noch weiter (z.B. 20000 Testaussendungen nochmals in je 4 Testproben à 5000 Mailings). Die Schwankungsbreite um den errechneten Mittelwert wird relativ groß sein. In einem Rechengang läßt sich dies nachweisen.

3. Beim Rechengang (nach *Rieger* und *Schneider*) werden die Differenzen zwischen dem durchschnittlichen Rücklauf (gleich Rücklauf der Gesamtmenge) und dem jeweiligen tatsächlichen Rücklauf der Testprobe gebildet. Diese Differenzen werden mit sich selbst multipliziert (quadriert), diese Quadrate aller Testproben zusammengezählt und die Summe durch den durchschnittlichen Rücklauf geteilt. Als Tabelle dargestellt sieht das beispielhaft so aus:

	Anzahl	Rücklauf	tats. Rückl.	Diff.	Diff.^{2}
Probe 1	5000	1,5% = 75	1,2% = 60	15	225
Probe 2	5000	1,5% = 75	1,5% = 75	0	0
Probe 3	5000	1,5% = 75	1,6% = 80	5	25
Probe 4	5000	1,5% = 75	1,7% = 85	10	100
					350:75 = 4,67

XI. Werbekonzept-Test

92 Checkliste
Einfacher Directmail-Test (Split-Run-Test)

	entfällt	verfolgen	Anmerkungen/Daten/Hinweise

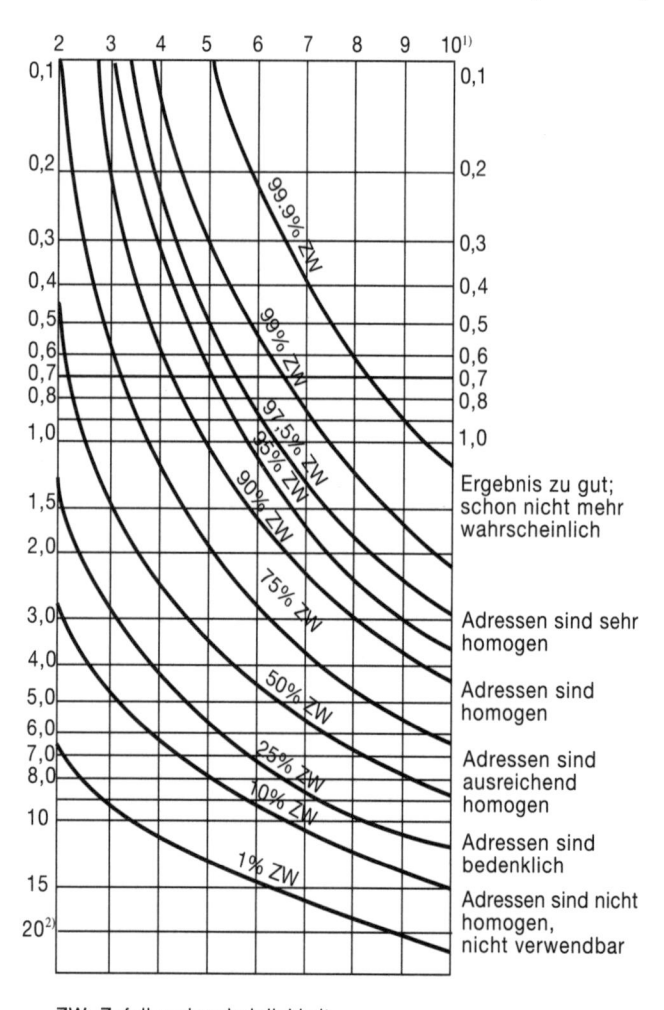

4. Den dort ermittelten Wert suchen Sie nun bei der folgenden Abbildung Zeile 4 „Testproben" auf und erhalten dadurch Ihre Wahrscheinlichkeit, in unserem Beispiel eine Wahrscheinlichkeit von weniger als 25 %.

Diagramm mit Kurven für Zufallswahrscheinlichkeiten (99,9% ZW, 99% ZW, 97,5% ZW, 95% ZW, 90% ZW, 75% ZW, 50% ZW, 25% ZW, 10% ZW, 1% ZW):

- Ergebnis zu gut; schon nicht mehr wahrscheinlich
- Adressen sind sehr homogen
- Adressen sind homogen
- Adressen sind ausreichend homogen
- Adressen sind bedenklich
- Adressen sind nicht homogen, nicht verwendbar

ZW = Zufallswahrscheinlichkeit
1) Anzahl der Testproben
2) Prüfwert zur Kontrolle der Adressenqualität

Checkliste **92**

Einfacher Directmail-Test (Split-Run-Test)

	entfällt	verfolgen	Anmerkungen/Daten/Hinweise

▽ Anders ausgedrückt: Mit einer Wahrscheinlichkeit von 75 % (3 zu 4) sind die getesteten Adressengruppen nicht homogen (nach der Zufallswahrscheinlichkeit). Damit hat sich ergeben, daß wir dem Ergebnis von durchschnittlich 1,5 % Rücklauf nicht trauen können. Das Ergebnis der Hauptstreuung kann weit mehr als erwartet vom Mittelwert 1,5 % abweichen.

Sollten Sie jedoch aus einer Testaussendung mit vier Proben eine Zahl von 0,15 als Prüfwert zur Kontrolle der Adressenqualität herausfinden bzw. herausrechnen, so können Sie mit fast 99%iger Wahrscheinlichkeit damit rechnen, daß Ihr Adressenmaterial homogen ist. Prüfen Sie auch diesen Wert der Grafik oben nach.

Testbaum

1. Bis jetzt haben wir nur von einem einfachen Split-Run-Test gesprochen bzw. von Einzeltests, die jeweils ein Kriterium abfragen. Als fortgeschrittener Direktwerbe-Praktiker kann man jedoch mit einer Aussendung gleichzeitig mehrere (!) Varianten abtesten.

2. Mit dem Testbaum können Sie Varianten auf der untersten Ebene prüfen. Dabei müssen Sie beachten, daß Sie für jede Variante noch eine aussagekräftige Stückzahl im Test haben. Das heißt, Sie müssen Ihre Stückzahlen von unten nach oben durchrechnen. Mit einem Testbaum können Sie

XI. Werbekonzept-Test

92 Checkliste
Einfacher Directmail-Test (Split-Run-Test)

	entfällt	verfolgen	Anmerkungen/Daten/Hinweise
mehrere Varianten gleichzeitig prüfen.			
▽ Stellen Sie sich vor, Sie wollen einen Brief bei zwei verschiedenen Zielgruppen testen. Dabei möchten Sie abfragen, ob der Brief in roter Farbe besser ankommt. Zudem möchten Sie wissen, ob eine Anrede oder keine Anrede größeren Erfolg zeigt. Und zum Schluß bleibt die Frage, ob Sie ein Gimmick abgeben sollen oder nicht. Diesen Fragenkomplex kann man graphisch gestalten wie exemplarisch dargestellt:			

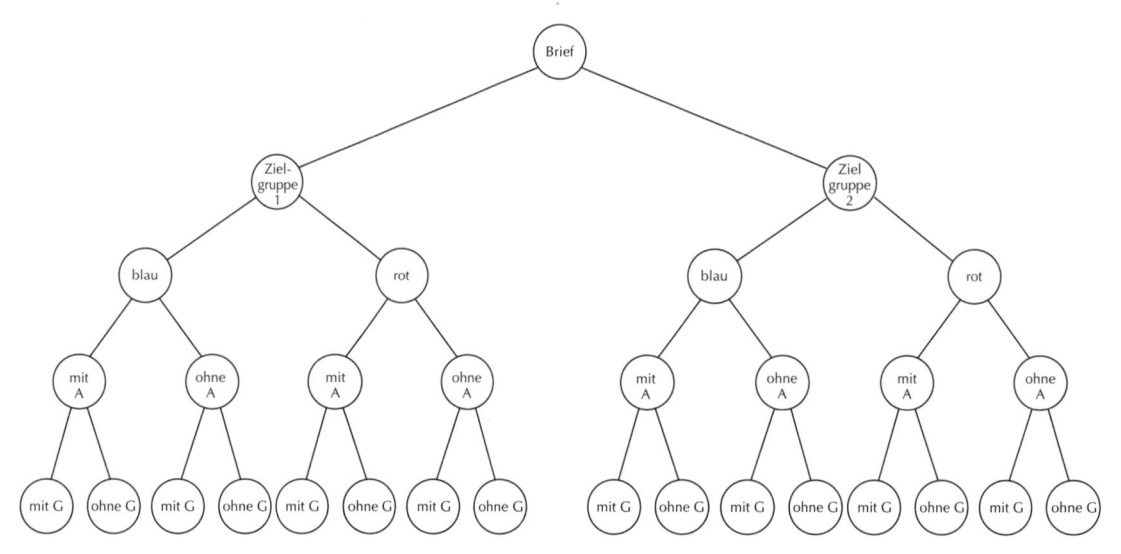

```
                                    Brief
                    ┌─────────────────┴─────────────────┐
              Zielgruppe 1                        Zielgruppe 2
            ┌─────┴─────┐                       ┌─────┴─────┐
          blau          rot                    blau         rot
         ┌─┴─┐        ┌─┴─┐                   ┌─┴─┐        ┌─┴─┐
       mit  ohne    mit  ohne               mit  ohne    mit  ohne
        A    A       A    A                  A    A       A    A
       ┌┴┐  ┌┴┐     ┌┴┐  ┌┴┐                ┌┴┐  ┌┴┐     ┌┴┐  ┌┴┐
     mit ohne mit ohne mit ohne mit ohne  mit ohne mit ohne mit ohne mit ohne
      G   G   G   G   G   G   G   G        G   G   G   G   G   G   G   G
```

| 3. Wenn ein Test zu umfangreich angelegt ist, kann es Ihnen passieren, daß die Teststückzahlen insgesamt mehr angeben, als die Hauptstreuung überhaupt ausmacht. Der fortgeschrittene und testgewandte Direktwerbe-Praktiker kann es sich dann auch mal erlauben, bestimmte Varianten zu streichen, und erhält so einen verkürzten Testbaum. | | | |

Einfacher Directmail-Test (Split-Run-Test)

Checkliste 92

	entfällt	verfolgen	Anmerkungen/Daten/Hinweise

▽ So könnte man sich vorstellen, daß in unserem Beispiel bei der Zielgruppe 1 der blaue Brief mit Anrede gestrichen wird, während bei der Zielgruppe 2 der rote Brief ohne Anrede nicht durchgeführt wird. Wir gehen einfach davon aus, daß auch in der Zielgruppe 2 das Ergebnis blau mit Anrede und ohne Anrede repräsentativ dafür ist, wie es in der Zielgruppe 1 blau mit Anrede und ohne Anrede wäre, wenn wir es getestet hätten. Das heißt, wir gehen von den gleichen Relationen aus.

4. Jetzt schließen wir einfach, daß das Verhältnis zu dem Brief Zielgruppe 1 blau mit Anrede genau so ist wie Zielgruppe 2 blau mit Anrede und ohne Anrede; also 1 zu 2. Doch zur Warnung: Dies kann nur der fortgeschrittene Tester wirklich wagen.

5. Es gibt noch viele Varianten und Vertiefungen des Tests sowie der Kontrolle. In der Praxis haben sie sicherlich ihre Bedeutung, werden dann aber zumeist nicht per Hand durchgeführt. Hier wird auch die Computerberechnung eingeschaltet.

▽ Es ist daher dem Direktwerber zu raten, daß er sich mit demjenigen zusammensetzt, der die Adressen liefert und die Auswertung computerisiert durchführt. Er wird ihm in der Regel diese differenzierten und vertiefenden Testmöglichkeiten sehr schnell vorspielen können.

6. Hier noch ein Tip: Zählen Sie bei einer Aussendung täglich Ihren Rücklauf und kumulieren Sie ihn. Sie werden feststellen, daß Sie z.B. am

XI. Werbekonzept-Test

92 Checkliste
Einfacher Directmail-Test (Split-Run-Test)

	entfällt	verfolgen	Anmerkungen/Daten/Hinweise

40. Tag bis zu 95 % Ihres Rücklaufes erhalten haben.

▽ Sie können daraus einen anderen Aspekt ableiten: Sie können nach etwa einer Woche genau sagen, wieviel Rücklauf Sie in etwa noch im nächsten Monat erwarten können. Sie haben also die Möglichkeit, über dieses Instrumentarium den Umsatz für diese Aussendung bereits im voraus einigermaßen *genau zu schätzen.*

7. Dabei bedarf es jedoch einer gewissen Vorsicht. Denn: Was Sie voraussagen, ist ja die Anzahl der Reagierer, nicht unbedingt Ihre Qualität, d.h. also z.B. bei Bestellungen nicht (!) die einzelne Bestellhöhe. Hier kann es besonders bei sehr komplizierten und umfangreichen Angeboten zu sehr großen Unterschieden kommen. Insofern können Sie also nur bei einem Monoproduktangebot mit einer einzigen Bestellgröße auch eine Umsatzaussage machen, ansonsten nur eine Reagieraussage.

▽ Aber auch die Reagierer können für Sie interessant sein, z.B. wenn Sie Broschüren abfordern lassen, die möglicherweise erst nach Durchführung der Aktion gedruckt werden sollen, um so eine genaue Auflage zu haben. Sie können also bereits nach einem Drittel der Rückläufe diese Auflage in etwa bestimmen.

8. Was Sie hier gelesen haben, bezieht sich zum großen Teil auf Wahrscheinlichkeitsrechnungen. Es wird also immer nur damit gerechnet, daß der Zufall immer im gleichen Maße eine Rolle spielt. Dabei müssen Sie

Checkliste **92**

Einfacher Directmail-Test (Split-Run-Test)

	entfällt	verfolgen	Anmerkungen/Daten/Hinweise

den Zeitfaktor immer mitkalkulieren, ohne ihn testen zu können. Ein besonderes Großereignis, eine Katastrophe, eine politische Bewegung werden auch Ihre Aussendungen beeinflussen. Eine absolute Sicherheit werden Sie also auf keinen Fall erreichen; auch nicht nach der Zufallswahrscheinlichkeit.

▽ Doch bedenken Sie: Durch Tests können Sie Ihr Risiko auf 1 zu 20 oder 1 zu 40 oder noch weiter senken.

Einige abschließende Anmerkungen

Bis jetzt haben wir nur immer darüber gesprochen, einzelne (!) Elemente des Mailings zu testen. Das heißt also, daß Ihre Aussendung identisch pro Testeinheit war, daß sie nur in einem einzelnen Element variierte. Selbstverständlich können Sie aber auch Mailing gegen Mailing testen, also z.B. rationale Ansprache gegen emotionale Ansprache, rationale Aufbereitung des Packages gegen emotionale Aufbereitung des Packages. Bei dem Elementtest sollten Sie genau und detailliert herausfiltern, warum ein Brief besser ankam als der andere. Bei den Testen Grundmailing gegen Grundmailing wissen Sie nur, daß das eine Mailing besser ist als das andere; Sie wissen aber nicht, aufgrund welcher Einzelelemente.

Wollten Sie z.B. noch erfahren, warum Ihr emotional gestaltetes Mailing besser ging als das rational gestaltete, dann

XI. Werbekonzept-Test

92 Checkliste
Einfacher Directmail-Test (Split-Run-Test)

	entfällt	verfolgen	Anmerkungen/Daten/Hinweise

müßten Sie jetzt weitere Tests fahren, die dieses Mailing in seine Elemente zerlegen. Dann könnten Sie auch sagen, daß das emotional gestaltete Mailing nicht nur besser ist, sondern aufgrund welcher Einzelelemente es so wirkt.

▽ Vergessen Sie dabei nicht: Nicht das Testen ist Ihre Aufgabe, sondern sicherlich das Werben und Verkaufen. Wir haben Direktwerber kennengelernt, die in einen Testrausch verfallen sind und dabei das Verkaufen und das Werben vergessen haben.

XII. Werbeerfolgskontrolle

Das Ziel der Werbeerfolgskontrolle ist es, festzustellen, ob und in welchem Ausmaß Werbeziele erreicht wurden. Dies wird durch den Vergleich der realisierten Zielgrößen (Ist-Werte) mit den geplanten Größen (Soll-Werte) angestrebt. Ohne Werbeziele (Soll-Werte) als Vergleichsgrößen ist demnach eine Kontrolle nicht möglich. Die detaillierte Werbezielformulierung ist also grundlegend für die Erfolgskontrolle.

Im Rahmen der Werbeerfolgskontrolle unterscheidet man heute zwei verschiedene Arten des Erfolgs, den ökonomischen oder auch quantitativen Erfolg und den außerökonomischen oder auch qualitativen Erfolg. Die Aussagefähigkeit der Kontrolle beider Erfolgsfaktoren ist begrenzt bzw. umstritten. Ökonomische Größen wie Umsatz, Gewinn, Absatz und Marktanteil können in der Regel nicht auf die Werbung allein zurückgeführt werden. Vielmehr wirken hier alle absatzpolitischen Instrumente eines Unternehmens zusammen (Spillover-Effekt). Hierdurch fehlt die Isolierbarkeit des Beitrages der Werbung zur Zielerreichung.

Erhebliche Probleme bei der Werbeerfolgskontrolle der ökonomischen Ziele und neue Erkenntnisse und Methoden im Bereich der Psychologie und Lernbiologie haben zur Einführung der außerökonomischen Ziele in der Werbung geführt.

Aber auch bei der Messung des außerökonomischen Erfolgs zeigen sich Mängel in bezug auf die Aussagefähigkeit. Ein Hauptproblem liegt darin, daß die entsprechenden Methoden immer nur verschiedene Teilerfolge (Berührungserfolg, Beeindruckungserfolg, Erinnerungserfolg, Interessenweckungserfolg, Aktionserfolg) messen. Sie lassen keinen Rückschluß über das Eintreten oder Nichteintreten der anderen Teilerfolge zu. Vor allem aber geben diese Methoden keine Auskunft darüber, ob und warum beim Umworbenen ein Kaufentscheid gefällt wurde oder nicht.

Der Ausspruch eines amerikanischen Unternehmers „Ich weiß zwar, daß die Hälfte meiner Werbeaufwendungen zum Fenster hinaus geworfen ist, nur weiß ich leider nicht, welche Hälfte" verdeutlicht in diesem Zusammenhang, wie problematisch und zugleich notwendig die Werbeerfolgskontrolle ist. Abschließend sei gesagt, daß es eine Vielzahl von Möglichkeiten zur Kontrolle des Werbeerfolgs gibt. Die effektivsten werden Sie im Rahmen der nachfolgenden Checklisten als Entscheidungsgrundlage kennenlernen.

Zu beachten ist, daß eine Methode allein nie in der Lage ist, sämtliche Aspekte des Werberfolgs zu erfassen, und daß die Kontrolle von Veränderungen des Verhaltens der Testpersonen als Werbewirkung darüber hinaus kaum möglich ist. Die Methoden und Meßverfahren sind in der Regel aufwendig und erfordern eine intensive Vorbereitung, so daß eine Zusammenarbeit mit einem Marktforschungsinstitut bei der Durchführung der Werbeerfolgskontrolle in der Regel unerläßlich ist.

93 *Checkliste*
Werbeerfolg

	entfällt	verfolgen	Anmerkungen/Daten/Hinweise

1. Wurde ein Etat für die Werbeerfolgskontrolle in Höhe von ca. 5% des Werbeetats eingeplant?

2. Ist das Werbeziel eindeutig definiert? Steht fest,
   - ☐ für welches Werbeobjekt (Produkt, Dienstleistung) geworben werden soll
   - ☐ welche Zielgruppe angesprochen werden soll
   - ☐ in welcher Zeit das Ziel erreicht werden soll und vor allem
   - ☐ was bei der Zielgruppe erreicht werden soll (Werbewirkung)?

3. Handelt es sich bei dem Werbeziel um ein
   - ☐ ökonomisches (quantitatives) Werbeziel oder um ein
   - ☐ außerökonomisches (qualitatives) Werbeziel?

   Ökonomische Zielvariablen sind Größen wie Umsatz, Absatzmenge, Gewinn und Marktanteil. Außerökonomische Werbeziele, auch kommunikative Werbeziele genannt, sind als Vorsteuergrößen für die ökonomischen Ziele zu bezeichnen. Sie beziehen sich auf aktivierende Prozesse (Emotionsauslösung, Aufbau, Festigung oder Veränderung von Einstellungen) und kognitive Prozesse (Auslösung von Wahrnehmungsprozessen, Vermittlung von Wissen über die Werbeobjekte).

4. Soll entsprechend der in der Werbezielformulierung definierten Werbewirkung ein

Checkliste **93**

Werbeerfolg

	entfällt	verfolgen	Anmerkungen/Daten/Hinweise

- ☐ ökonomischer Werbeerfolg oder ein
- ☐ außerökonomischer Werbeerfolg gemessen werden?

  Der ökonomische Werbeerfolg umfaßt Werbewirkungen, die sich bereits in einem Kaufentscheid beim Kunden niedergeschlagen haben. Erfolg bedeutet hierbei, daß eine geplante Umsatz-, Gewinn-, Marktanteils- oder Absatzgröße realisiert wurde. Der außerökonomische Werbeerfolg setzt bereits ein, wenn sich bei der Zielperson die gefühlsmäßige Haltung gegenüber dem Werbetreibenden bzw. seinem Produkt geändert hat. Der außerökonomische Erfolg wird als Vorstufe zum ökonomischen Erfolg betrachtet.

5. Ökonomischer Werbeerfolg: Hatte die Werbung einen direkten Einfluß auf

- ☐ Umsatz?
- ☐ Gewinn?
- ☐ Marktanteil?
- ☐ Absatzmenge?

6. Außerökonomischer Werbeerfolg

- ☐ Ist ein Kontakt zwischen dem Werbemittel und der Zielperson zustande gekommen (Berührungserfolg)?
- ☐ Ist darüber hinaus eine bewußte oder unbewußte Wahrnehmung erfolgt (Beeindruckungserfolg)?
- ☐ Kann sich die Zielperson noch nach einer bestimmten Zeit an die Werbebotschaft erinnern (Erinnerungserfolg)?

XII. Werbeerfolgskontrolle

93 Checkliste
Werbeerfolg

	entfällt	verfolgen	Anmerkungen/Daten/Hinweise
☐ Wirkt sich die Werbung auf die Gefühle der Zielperson aus (Gefühlserfolg)? Wie wirkt sie sich aus?			
☐ Konnte die Werbung bei den Zielpersonen die Aussage vermitteln, daß sie Nutzen bringt (Nutzenaussageerfolg)?			
☐ Hat die Werbung zu weiteren Interessenbekundungen geführt? Zieht die Zielperson den Kaufentschluß in Erwägung (Interessenweckungserfolg)?			
☐ Hat die Zielperson sich zum Kauf entschlossen (Aktionserfolg)?			

Checkliste **94**

Methoden zur Messung des Werbeerfolgs

	entfällt	verfolgen	*Anmerkungen/Daten/Hinweise*

1. Ökonomischer Werbeerfolg

   Hierbei ist die eingangs erläuterte Problematik der mangelnden Isolierbarkeit der Werbewirkung zu beachten. Die einzigen aussagefähigen Methoden sind die folgenden:

   ☐ Methode der direkten Beantwortung

   Diese Methode ist ein einfaches Verfahren. Sie wird oft von Versandhäusern eingesetzt. Die Zielpersonen können mit Hilfe einer direkten Rückantwortmöglichkeit (Coupons, Antwortkarten und Bestellscheine) auf die Werbung reagieren, indem sie bestellen.

   ⇨ Diese Bestellmöglichkeiten werden dem Werbemittel im Rahmen von Sonderwerbemöglichkeiten in Zeitungen und Zeitschriften beigefügt oder Katalogen und Prospekten im Sinne der Direktwerbung beigelegt.

   ⇨ Die Bestellmöglichkeiten sind mit Schlüsselzeichen versehen, damit sie dem entsprechenden Werbemittel oder Werbeträger direkt zugeordnet werden können. Durch Absenderangaben wie Alter, Beruf usw. kann die Werbewirkung nach Zielgruppenmerkmalen differenziert werden.

   ☐ Verkaufsgebietstest

   Bei diesem Test wird der Absatz bei repräsentativ ausgewählten Händlern in festgelegten Absatzmärkten kontrolliert. Dazu wird ein Absatzgebiet in Teilmärkte – einen Testmarkt und verschiedene Kontrollmärkte – aufgeteilt. Auf dem Testmarkt wird die Werbung für das Produkt forciert.

XII. Werbeerfolgskontrolle

94 *Checkliste*
Methoden zur Messung des Werbeerfolgs

	entfällt	verfolgen	Anmerkungen/Daten/Hinweise

Ansonsten sind die Bedingungen wie Homogenität der Zielgruppe, Zeitfaktoren und alle anderen absatzpolitischen Instrumente gleich. Nach dem Einsatz der Werbung wird verglichen, inwieweit sich der Absatz auf dem Testmarkt gegenüber den Kontrollmärkten verändert hat.

☐ Direktbefragungsmethode

Bei dieser Methode werden Konsumenten direkt nach der Anschaffung eines Produktes nach ihren Kaufmotivationen gefragt. Danach wird ermittelt, welche Werbemaßnahmen für den Kauf des Produktes verantwortlich waren.

2. Außerökonomischer Werbeerfolg

☐ Befragungsmethoden

Die Befragung ist Grundlage vieler Methoden zur Kontrolle des außerökonomischen Werbeerfolges. Für diese Methoden gilt eine Stichprobenauswahl als Grundvoraussetzung. (Vgl. dazu Checkliste Werbekonzept-Test)

⇨ Recall-Test (Erinnerungsverfahren)

Die ausgewählten Versuchspersonen sollen bei der Befragung alle Einzelheiten, an die sie sich in bezug auf die Werbung erinnern können, wiedergeben. Dabei kann dem Befragten mit vorgegebenen Stichworten und Fragen oder z.B. Anzeigenausschnitten geholfen werden. In diesem Fall spricht man vom gestützten (aided) Recall. Erhalten die Gefragten keine Gedächtnishilfe, spricht man vom ungestützten (unaided) Recall.

Checkliste **94**

Methoden zur Messung des Werbeerfolgs

	entfällt	verfolgen	Anmerkungen/Daten/Hinweise

⇨ Recognition-Test (Wiedererkennungsverfahren)

Einer Leserstichprobe der Auflage einer bestimmten Zeitschrift werden verschiedene Anzeigen dieser Ausgabe vorgelegt. Die Testpersonen werden gebeten anzugeben, welche der Anzeigen sie wiedererkennen. Aus den gewonnenen Daten werden Zuordnungen unter drei Gesichtspunkten vorgenommen:

- wahrgenommen

    Prozentsatz der Leser, die aussagen, die Anzeige schon einmal in einer Zeitschrift gesehen zu haben

- gesehen/assoziiert

    Prozentsatz der Leser, die aussagen, den Teil der Anzeige gesehen oder gelesen zu haben, der die Namen des Produktes und des Werbetreibenden angibt

- Großteil gelesen

    Prozentsatz der Leser, die nach eigener Aussage die Anzeige nicht nur angeschaut, sondern auch mindestens die Hälfte der schriftlichen Bestandteile gelesen haben

▽ Der Recognition-Test kann entweder unkontrolliert oder kontrolliert vorgenommen werden. Bei dem unkontrollierten Wiedererkennungstest werden die Aussagen der Befragten nicht überprüft. Beim kontrollierten Test werden den Testpersonen auch Anzeigen gezeigt, die nie geschaltet wurden. Die Befragten, die sich an diese Anzeigen angeblich erinnern,

XII. Werbeerfolgskontrolle

94 Checkliste
Methoden zur Messung des Werbeerfolgs

	entfällt	verfolgen	Anmerkungen/Daten/Hinweise

werden als „Nichterinnerer" eingestuft.

⇨ Image-Analyse

Während eines Interviews oder einer Gruppendiskussion erfragt der Interviewer einzelne Meinungen der Testpersonen zum Produkt- oder Unternehmensimage.

⇨ Ermittlung des Bekanntheitsgrades

Die Testpersonen werden hierbei nach dem Bekanntheitsgrad verschiedener Marken gefragt. Dabei unterscheidet man zwischen dem aktiven (ungestützten) und dem passiven (gestützten) Bekanntheitsgrad. Zur Ermittlung des aktiven Bekanntheitsgrades werden die Testpersonen nach Marken gefragt, die ihnen zu einer bestimmten (vorgegebenen) Branche einfallen. Der passive Bekanntheitsgrad wird ermittelt, indem den Testpersonen Listen mit Markennamen vorgelegt werden und sie angeben müssen, welche der aufgeführten Marken sie kennen.

⇨ Befragung mit Hilfe von Skalen

Bei der Skalen-Methode wird erfaßt, inwieweit sich eine Beziehung zwischen Anzeigengehalt und Lebensbereich des Betrachters herstellen läßt. Dabei werden folgende Faktoren ermittelt:

- Attraktivität = Appeal einer Anzeige
- Sinnhaftigkeit = Verständlichkeit und Akzeptierung der Botschaft
- Vitalität = Neuartigkeit und Lebendigkeit einer Anzeige

Checkliste **94**

Methoden zur Messung des Werbeerfolgs

	entfällt	verfolgen	Anmerkungen/Daten/Hinweise

⇨ Media-Analysen

Im Rahmen der Media-Analysen werden durch Befragung Angaben zur Verbreitung eines Werbeträgers ermittelt. Dies sind:

- Reichweite
- Nutzerschaft
- soziodemographische Merkmale
- _____

3. Technische Methoden

☐ Messung von Einschaltzeiten

In repräsentativ ausgewählten Haushalten werden Geräte an die Fernseh- oder Rundfunkgeräte angeschlossen, die messen, wann, wie lange und wie oft Programme eingeschaltet werden.

☐ Blickregistrierung

Hierbei wird durch Registrierung gemessen, in welcher Reihenfolge und wie lange das Auge des Betrachters auf einzelnen Stellen eines Werbemittels verweilt.

☐ Coupon-Test

Der Coupon-Test kann auch zur Kontrolle des außerökonomischen Erfolgs eingesetzt werden. Hierbei wird Werbewirkung nicht daran gemessen, ob die Zielpersonen ein Produkt bestellen, sondern daran, ob sie weitere Informationen abfordern.

4. Psychologische Methoden

☐ Bei den psychologischen Methoden werden Reaktionen des Nervensystems wie Augenbewegung, Atmung,

XII. Werbeerfolgskontrolle

94 Checkliste
Methoden zur Messung des Werbeerfolgs

	entfällt	verfolgen	Anmerkungen/Daten/Hinweise

Puls, Durchblutung bei den Testpersonen gemessen, während sie ein Werbemittel betrachten. Daraus werden Rangreihen gebildet, in die die Werbemittel nach der Stärke der ausgelösten Erregung eingeordnet werden. Das höchste Rangreihenergebnis zeigt die stärkste Aktivierung an.

5. Test-Checkpunkte

☐ Lassen sich verschiedene Methoden sinnvoll miteinander verknüpfen? (Siehe hierzu die o.b. Problematik der Messung von Teilerfolgen durch die einzelnen Methoden.)

☐ Wurde beachtet, daß Störfaktoren zu ungenauen Testergebnissen bei der Messung des außerökonomischen Erfolgs führen können?

⇨ unnatürliche Testbedingungen
Die Testpersonen sind sich der Testsituation bewußt und verhalten sich eventuell unnatürlich, z.B. bei der Blickregistrierung.

⇨ Ungenauigkeit in den Befragungen
Auch hier können durch die Testperson unnatürliche Antworten aufgrund der Testsituation gegeben werden.

⇨ ungenaue technische Messungen
Gemessen werden z.B. Einschalt-, nicht unbedingt Zuschauzeiten durch technische Meßapparate in Fernsehhaushalten.

⇨ Rub-off-Effekt
Es kommt zu abweichenden Wirkungen bei der Schaltung desselben Werbemittels in unterschiedlichen Werbeträgern.

Checkliste **94**

Methoden zur Messung des Werbeerfolgs

| | entfällt | verfolgen | Anmerkungen/Daten/Hinweise |

⇨ Time-lag
Häufig kommt es zu zeitlich verzögerten Wirkungen von Werbemaßnahmen, so daß die Ermittlung des gegenwärtigen Erfolgs nicht der aktuellen Werbung zuzuschreiben ist.

⇨ verfälschte Aussagen
Bei der Rückantwort-Methode kommt es zu verfälschten Aussagen, wenn ein Interessent z.B. telefonisch bestellt und so bei den Wirkungsmessungen nicht berücksichtigt wird oder aber auch „unechte" Interessenten miterfaßt werden, die einfach immer alle Informationen aus Sammellust anfordern.

▽ Die Auswahl der geeigneten Methoden zur Messung Ihres Werbeerfolgs hängt von verschiedenen Faktoren ab. Zur Durchführung und Ergebnisauswertung ist es sinnvoll, mit einem Marktforschungsinstitut zusammenzuarbeiten. Die vorangegangene Checkliste gibt Ihnen einen Überblick über die Vielzahl von Meßmethoden des ökonomischen und außerökonomischen Werbeerfolgs sowie über die Aspekte, die sich damit austesten lassen. Sie kann Ihnen helfen, mit den Marktforschungsinstituten in die Diskussion einzusteigen. Ein Tip noch: Jede Methode hat ihre spezifischen Vor- und Nachteile hinsichtlich der Praktikabilität, Validität und Reliabilität. Lassen Sie sich darüber aufklären, um sicherzugehen, verläßliche und repräsentative Ergebnisse zu erhalten, die Ihr Kostenbudget nicht übersteigen.

XII. Werbeerfolgskontrolle

XIII. Interne und externe Organisation

In diesem Kapitel sind sehr unterschiedliche Fragen der werblichen Aufbau- und Ablauforganisation zusammengefaßt. Im Grunde geht es jedoch um zwei wesentliche Bereiche:

☐ Wer plant im Unternehmen die Werbung, und wer führt sie durch?
☐ Wer macht die Werbung außerhalb des Unternehmens, wie findet man Ansprechpartner, und wie arrangiert man die Abwicklung?

Grundsätzlich sollte auch im Rahmen der werblichen Unternehmensdarstellung eine Make-or-Buy-Entscheidung getroffen werden. Make, dann unterhält das Unternehmen eine eigene Werbeabteilung – Buy, dann suche man sich eine geeignete Agentur.

Für die Werbeabteilung im eigenen Unternehmen spricht grundsätzlich, daß Sie über die eigenen Produkte und Dienstleistungen bestens unterrichtet sind und damit auch den Produktnutzen aus Herstellersicht optimal darstellen können.

Probleme treten jedoch regelmäßig auf, wenn es um den Produktnutzen aus Konsumentensicht geht. Hier werden häufig werbetaktische und werbepsychologische Fehler begangen. Für viele Unternehmen mag auch schon ein reiner Kostenvergleich den Ausschlag zur Zusammenarbeit mit einer rechtlich eigenständigen Agentur geben. Der Aufbau einer eigenen Werbeabteilung, die so leistungsfähig ausgebaut werden soll, daß sie die Vielfalt werblicher Möglichkeiten erfassen kann, ist zeitaufwendig und teuer.

Die allgemeine Erfahrung spricht heute für externe Werbeagenturen. Mit der folgenden Checkliste Make or Buy können Sie anhand verschiedener Kriterien eine Bewertung vornehmen und abschätzen, inwieweit sich eine Auslagerung für Sie rentiert, welche Vor- und Nachteile sie mit sich bringt etc. Da es in jedem Fall sinnvoll ist, einen Werbeverantwortlichen zu ernennen, finden Sie anschließend die Stellenbeschreibung eines Werbeleiters in Form einer Checkliste.

Gehen Sie jedoch davon aus, daß ein Werbeleiter unterschiedliche Aufgaben wahrnehmen kann. Er kann zum Beispiel Koordinierungsstelle sein, er kann Kreativstelle sein, er kann Konzeptstelle sein. Adaptieren Sie die nachfolgende Stellenbeschreibung entsprechend. Bedenken Sie dabei auch, daß der Marketingleiter, der Produktmanager sowie der Vertriebsleiter mittelbar und unmittelbar die Werbung beeinflussen.

Den Abschluß dieses Kapitels bilden Kriterien zur Agentursuche, zur Agenturauswahl und zur Agenturzusammenarbeit sowie zu allgemeinen Geschäftsbedingungen. Anhand dieser Kriterien können Sie genau selektieren, ohne Rücksicht auf Personen oder innerbetriebliche Faktoren nehmen zu müssen.

95 Checkliste
Make or Buy

	entfällt	verfolgen	Anmerkungen/Daten/Hinweise

1. Aufgabenvielfalt

☐ Zunächst ist die Frage zu klären, welche Aufgaben und Funktionen die Werbung in Ihrem Unternehmen heute übernimmt und zukünftig übernehmen soll.

▽ Hierbei muß man aus Organisations- und Kostengründen in Zeiträumen von mindestens 10 Jahren denken.

☐ Ist Ihr Unternehmen in der Lage, Spezialisten für bestimmte Bereiche und Fragestellungen (Konzeption, Kreation, Text, Gestaltung etc.) fest einzustellen?

☐ Wenn Sie über eine hauseigene Werbeabteilung verfügen: Sitzen dort kreative Mitarbeiter?

☐ Inwieweit besitzen Ihre Mitarbeiter ein breites Wissen über Markttrends, Werbetrends etc.?

☐ Inwieweit können Ihre Mitarbeiter auch Ungewöhnliches und Neues umsetzen?

▽ Die Erfahrung zeigt, daß sich bei einer langjährigen Mitarbeit in einem Unternehmen häufig so etwas wie „Betriebsblindheit" einschleicht. Damit schwindet zumeist auch die Offenheit für andersartige Werbeansätze.

☐ Läßt sich mit dem Potential Ihrer Mitarbeiter ein zeitgemäßes Werbe-Mix aufrechterhalten?

☐ Über welche Stufen läßt sich Ihre Werbung im Hause konzipieren und umsetzen?

⇨ Konzeption/Idee

Checkliste 95

Make or Buy

	entfällt	verfolgen	Anmerkungen/Daten/Hinweise

⇨ Text/Layout

⇨ Satz/Reinzeichnung

⇨ Lithographie

☐ Ist es vor diesem Hintergrund sinnvoll, eine externe Agentur einzuschalten?

2. Finanzen

☐ Wie teuer wäre eine Umsetzung der Werbemaßnahmen im Vergleich zu einer externen Agentur?

▽ In der Kosten- und Finanzfrage gibt es heute eindeutige Aussagen, daß die interne Werbeabteilung in der Wahrnehmung klassischer Aufgaben oft zu teuer ist.

☐ Läßt sich generell auf die Einbeziehung von Spezialisten verzichten (zusätzliche Kosten!)?

☐ Ist Ihre Werbeabteilung in der Lage, neuartige technische Entwicklungen (z.B. Multimedia) aufzugreifen?

☐ Wie hoch ist Ihr Fixkostenblock für die Werbeabteilung insgesamt, und in welcher Relation steht er zu den Leistungen?

3. Flexibilität

☐ Aus der Sicht des Unternehmens ist die Flexibilität um so höher, je kurzfristiger man etwas verändern kann. Verfügen Sie in diesem Sinne über eine ausreichende Flexibilität?

☐ In der Zusammenarbeit mit einer Agentur hat das Unternehmen zwei Möglichkeiten, flexibel zu reagieren:

XIII. Interne und externe Organisation

95 Checkliste
Make or Buy

	entfällt	verfolgen	Anmerkungen/Daten/Hinweise

⇨ Es kann vertragsgemäß jederzeit die Agentur wechseln.

⇨ Es kann das Beziehungsgeflecht der Agentur zu freien Mitarbeitern, Subunternehmen etc. jederzeit nutzen und durch spezielle Aufgabenstellungen ausbauen.

☐ Flexibilität bedeutet auf konzeptioneller Ebene auch ein Umdenken. Inwiefern sind Ihre Mitarbeiter dazu in der Lage?

4. Organisationspsychologie

☐ Wie sieht die Zusammenarbeit zwischen Werbeabteilung, Produktmanager und Marketingleiter aus innerhalb Ihres Unternehmens?

☐ Die moderne Organisationspsychologie fordert, daß im Unternehmen integrative, vernetzte Strukturen aufgebaut werden, um in kleinen flexiblen Teams arbeiten zu können. Haben Sie diesen Aspekt in Ihren Überlegungen berücksichtigt?

▽ Hierzu ist es notwendig, daß die Arbeit aller Mitarbeiter von allen anderen akzeptiert und verstanden wird. Die Werbung hat es in diesem Zusammenhang oftmals sehr schwer, weil ihr Wert verkannt wird.

☐ Die Auslagerung der Werbung in ihren wesentlichen Elementen baut die Konfrontation zwischen verschiedenen Abteilungen ab und führt zu einem reibungslosen Ablauf der Werbeplanung, -umsetzung und -durchführung, der das Werbeergebnis nicht unerheblich beeinflußt. Ist

Make or Buy

Checkliste 95

	entfällt	verfolgen	Anmerkungen/Daten/Hinweise

dies ein Pluspunkt für eine Buy-Entscheidung?

5. Werbezielsetzung

☐ Ein Außenstehender kann bei der Werbezielsetzung und bei der Grundkonzeption der Werbeplanung nicht der Entscheider sein. Konzeptionelle Entscheidungen über strategische und operative Maßnahmen müssen im Hause getroffen werden. Berücksichtigt?

☐ Das werbende Unternehmen muß das Problem der Werbezielsetzung und der Werbeplanung in ihrer Grundkonzeption selber lösen. Wer ist dafür zuständig?

☐ Inwieweit ist es sinnvoll, eine Unternehmensberatung hinsichtlich strategischer Planungen einzuschalten?

6. Produktwissen

☐ Bezüglich des Produktwissens ist die innerbetriebliche Werbeabteilung einer ausgelagerten Werbung fast immer überlegen.

☐ Bei einer Auslagerung der Werbumsetzung sollte dem umfassenden Briefing besondere Aufmerksamkeit gewidmet werden. Haben Sie alle für die Agentur notwendigen Informationen zusammengestellt? (Siehe auch Checkliste Werbe-Briefing)

7. Kreativität/Wissen

☐ Über welches Kreativitätspotential verfügt Ihre Werbeabteilung?

▽ Hier ist die externe Agentur der hauseigenen Werbeabteilung fast immer überlegen.

95 Checkliste
Make or Buy

	entfällt	verfolgen	Anmerkungen/Daten/Hinweise
☐ Welches Wissen haben Sie über neueste Erkenntnisse der Werbeforschung, Werbemethoden, Werbepsychologie, Kommunikationstheorien, neue Medien, Produktionstechniken etc.?			
☐ Wie sieht es mit der Fort- und Weiterbildung hinsichtlich werblicher Maßnahmen, technischer Möglichkeiten etc. aus?			
☐ Agenturen sind aufgrund ihrer Mitarbeiterstruktur eher in der Lage, neu zu denken. Sie werfen schneller Traditionen über Bord und konfrontieren sich und ihren Auftraggeber mit neuen Gedanken und Ideen. Dieser Mut, bestehende Konventionen aufzubrechen, fehlt häufig in hauseigenen Werbeabteilungen. Findet dieser Aspekt Eingang in Ihre Überlegungen?			

8. Mitarbeiter

	entfällt	verfolgen	Anmerkungen/Daten/Hinweise
☐ Wie viele Mitarbeiter sind bei Ihnen an der Konzeption und Umsetzung werblicher Maßnahmen beteiligt?			
☐ Wie ist der Informationsfluß zwischen den Mitarbeitern?			
☐ Lassen sich zwischen Ihren Mitarbeitern (Werbeabteilung/Produktmanagement) synergetische Effekte herstellen, die Ihr eigenes Werbepotential erheblich vergrößern?			
☐ Welches Sicherheitsbedürfnis haben Ihre Mitarbeiter?			
▽ Während der interne Mitarbeiter der Werbeabteilung vornehmlich die Sicherheit des Unternehmens schätzt, schätzt der Agenturmitarbei-			

Make or Buy

Checkliste 95

	entfällt	verfolgen	Anmerkungen/Daten/Hinweise

ter die Flexibilität im Denken sehr hoch ein. Seine persönliche Sicherheit ist aufgrund der heutigen Anforderungen sehr gering. Daraus leitet sich eine ganz andere Art der erfolgsorientierten Umsetzung ab.

Checkliste
Muster Stellenbeschreibung Werbeleiter

	entfällt	verfolgen	Anmerkungen/Daten/Hinweise

1. Stelleninhaber: N.N.

2. Vorgesetzte Stellen
Marketingleiter

3. Unterstellte Stellen
Sekretariat, Werbeplanung, Werberealisierung

4. Zielsetzung
Ausbau, Weiterentwicklung und Sicherung der produktbezogenen Kommunikation; Verbesserung der Wirtschaftlichkeit des Unternehmens und Unterstützung der Marketing-Zielsetzungen

5. Organisation der Stelle

5.1 Der Werbeleiter ist Vorsitzender der Werbekonferenzen.

5.2 Er ist ordentliches Mitglied von Marketing-Konferenzen.

5.3 Er ist fachbezogenes, sporadisches Mitglied des Produktplanungsausschusses.

5.4 Er ist offizieller Gesprächspartner für externe Kommunikationszulieferer (Werbeagenturen, Druckereien, Media-Spezialisten, Graphiker).

5.5 Er vertritt in Abwesenheit den Leiter Marktforschung.

5.6 Er wird in Abwesenheit vom Leiter Marktforschung sowie vom stellvertretenden Werbeleiter vertreten.

6. Aufgaben der Stelle

6.1 Der Werbeleiter meldet Informationsbedürfnisse der Werbung beim Marketing-Leiter, bei der Marktforschungsleitung sowie bei der Außendienstleitung an.

Checkliste **96**

Muster Stellenbeschreibung Werbeleiter

		entfällt	verfolgen	Anmerkungen/Daten/Hinweise
6.2	Er analysiert die Konkurrenzwerbung hinsichtlich der eigenen Zielsetzung.			
6.3	Er informiert sich kontinuierlich über Veränderungen auf dem Markt und behält immer den Aktualitätsaspekt im Auge.			
6.4	Er formuliert aufgrund der Marketing-Zielsetzung Werbeziele und legt sie zur Genehmigung vor.			
6.5	Er operationalisiert die Werbeziele in Abstimmung auf einzelne Produkte und werbliche Mitarbeiter.			
6.6	Er erarbeitet ein Rahmenkonzept für die gesamte Kommunikation des Unternehmens (Corporate Identity).			
6.7	Er erarbeitet eine Werbekonzeption mit genauer Budgetierung und Terminierung in Abstimmung mit dem Produktmanager und legt sie zur Genehmigung und Integration in das Marketing-Konzept dem Marketing-Leiter vor.			
6.8	Er stimmt das Werbeinstrument mit den anderen Marketing-Instrumenten ab.			
6.9	Er steht bei der Erstellung von Produkt- und Vertriebs-Marketing-Konzeptionen hinsichtlich der synergetischen Verzahnung der Ziele und Maßnahmen der Werbung beratend zur Seite.			
6.10	Er ist Gesprächspartner der Public-Relations-Abteilung und wirkt bei entsprechenden Aktivitäten beratend und koordinierend mit.			

XIII. Interne und externe Organisation

96 Checkliste
Muster Stellenbeschreibung Werbeleiter

	entfällt	verfolgen	Anmerkungen/Daten/Hinweise
6.11 Der Werbeleiter verabschiedet die Werbedetailpläne wie Mediaplan, Gestaltungsplan, Textplan etc.			
6.12 Er ist der verantwortliche Veranlasser aller Produktionen im werblichen Bereich.			
6.13 Er legt den Zeitplan für den Einsatz der einzelnen Maßnahmen fest und übernimmt die Überwachung.			
6.14 Er organisiert die Präsentationen von Werbeagenturen.			
6.15 Er beauftragt in Abstimmung mit dem Produktmanager unter Berichterstattung an die Marketing-Leitung die Werbeagentur.			
6.16 Er ist Gesprächspartner der Werbeagentur und erstellt das Umsetzungsbriefing, sofern diese Aufgabe nicht vom Produktmanager federführend übernommen worden ist.			
6.17 Er sorgt für eine konstruktive und effiziente Zusammenarbeit mit der Werbeagentur.			
6.18 Er beurteilt die verbale und visuelle Gestaltung sowie die Wirkung der einzelnen operativen Maßnahmen auf der Basis seines Fachwissens.			
6.19 Er holt in Zusammenarbeit mit der Beschaffungsabteilung bei wichtigen Großaufträgen drei unabhängige Angebote bei der Vergabe von Werbeaufträgen ein (Druck etc.) und bewertet sie kostenmäßig, qualitativ und zeitlich.			
6.20 Er vergibt über die Einkaufsabteilung eigenverantwortlich im Rahmen seines Budgets die Aufträge.			

Checkliste **96**

Muster Stellenbeschreibung Werbeleiter

	entfällt	verfolgen	Anmerkungen/Daten/Hinweise
6.21 Der Werbeleiter veranlaßt die juristische Überprüfung der werblichen Aktivitäten hinsichtlich der Wettbewerbsgesetze.			
6.22 Er sorgt unter Umständen für die Durchführung von Pretests hinsichtlich der Werbung, Packungsgestaltung, Texte etc.			
6.23 Er sorgt für eine detaillierte Effektivitätsanalyse im Poststadium der Werbemaßnahmen hinsichtlich der Faktoren Impact, Kosten, Umsatz und Image und legt sie der Marketing-Leitung vor.			
6.24 Er veranlaßt innerhalb seiner Abteilung die Vorbereitung der Präsentation von Konzepten und/oder Werbemaßnahmen gegenüber der Geschäftsleitung, dem Außendienst etc.			
6.25 Er berät alle Stellen des Hauses in kommunikationsspezifischen Fragen.			
6.26 Er ist zuständig für die Produktion und Entwicklung von Messeständen sowie die diesbezügliche Organisation.			
6.27 Der Werbeleiter übernimmt die Organisation von Werksbesichtigungen, Tagen der offenen Tür oder Sonderaktionen, sofern keine PR-Abteilung hierfür vorhanden ist.			
6.28 Er wirkt bei der Gestaltung und Durchführung von Außendiensttagungen mit.			
6.29 Er berät die Personalabteilung bei der Abfassung von Personalanzei-			

XIII. Interne und externe Organisation

96 Checkliste
Muster Stellenbeschreibung Werbeleiter

	entfällt	verfolgen	Anmerkungen/Daten/Hinweise
gen und veranlaßt die Mediaplanung und -beauftragung.			
6.30 Er verwaltet die Werbegeschenke und gibt sie nach einem Verteilerschlüssel an die Abteilungen oder direkt nach draußen weiter.			
6.31 Er gibt periodisch eine Kundenzeitschrift heraus.			
6.32 Er gibt periodisch eine Mitarbeiterzeitschrift heraus und leitet die Redaktion.			
6.33 Er ist zuständig für die Archivierung sämtlicher Werbematerialien und -konzepte und übernimmt die Aufsicht über die Lagerung.			
6.34 Der Werbeleiter koordiniert die Arbeit innerhalb seiner Abteilung und sorgt für effiziente und zielgerichtete Arbeitsprozesse.			
6.35 Er stellt qualifizierte Mitarbeiter in Zusammenarbeit mit der Personalabteilung ein.			
6.36 Er übermittelt selbstentwickelte Gehaltsvorschläge für seine Mitarbeiter an den Marketing-Leiter.			
6.37 Er sorgt für ein motivationsförderndes Arbeitsklima innerhalb seiner Abteilung.			
6.38 Er hält seine Mitarbeiter zur ständigen Weiterbildung an.			
6.39 Er pflegt den persönlichen Kontakt zu anderen Werbeleitern, Kommunikationsfachverbänden sowie den näheren Werbefachschulen.			
6.40 Er macht in Abstimmung mit dem Außendienstleiter sporadische In-			

Checkliste **96**

Muster Stellenbeschreibung Werbeleiter

	entfällt	verfolgen	Anmerkungen/Daten/Hinweise

formationsbesuche bei Kunden und in Handelszentren.

6.41 Er sichert seine persönliche Weiterbildung durch Belegung entsprechender Seminare nach Budgetvorgabe.

6.42 Er repräsentiert das Unternehmen nach außen.

7. Verantwortlichkeit der Stelle:

7.1 Der Werbeleiter trägt Ergebnisverantwortung für die Erreichung der Kommunikationsziele mit den verabschiedeten Mitteln. Er trägt Mitverantwortung für das Image von Unternehmen und Produkt.

7.2 Der Werbeleiter trägt Realisierungsverantwortung für die Einhaltung der Führungsgrundsätze sowie die Umsetzung der Werbekonzeption nach Genehmigung.

7.3 Der Werbeleiter trägt Führungsverantwortung gegenüber seinen Mitarbeitern.

8. Befugnisse der Stelle:

Der Werbeleiter hat Handlungsvollmacht.

97 Checkliste
Agentur- und Beraterauswahl

	entfällt	verfolgen	Anmerkungen/Daten/Hinweise
1. Name und Anschrift der Agentur			
2. Allgemeine Informationen			
☐ Anzahl Mitarbeiter			
☐ davon Berater			
3. Umsatz der letzten 3 Jahre			
☐ Honorarumsatz			
☐ Streuumsatz			
4. Hauptkunden			
☐ _____			
☐ _____			
☐ _____			
5. Etats der Hauptkunden			
☐ _____			
☐ _____			
☐ _____			
6. Etatgliederung			
☐ prozentual nach Branchen			
⇨ _____			
⇨ _____			
☐ prozentual nach Medien			
⇨ _____			
⇨ _____			
7. Organisationsstruktur			
8. Personalstruktur			
9. Personalfluktuation in den letzten 3 Jahren			

Checkliste **97**

Agentur- und Beraterauswahl

	entfällt	verfolgen	Anmerkungen/Daten/Hinweise
10. Zusätzliche Etats des vorgesehenen Kontakters			
11. Möglichkeit des Konkurrenzausschlusses			
12. Angebots- und Honorarstruktur			
13. Qualität der Beratung			
☐ Beratungsstrategie			
Vorgehensweise, Phasen, Schritte etc.			
☐ berufsmäßiges Standing			
Charisma, Vision, Beratungsphilosophie			
☐ fachliches Standing			
fachliches Wissen, Wissensvorsprung			
☐ Mindeststandards			
Richtlinien, Projektmanagement, Budget			
☐ Qualitätssicherung			
TQM, Orga-HB, Zertifizierung			
14. Gesamtbeurteilung			
☐ fachliche Kompetenz (1–6)			
☐ Seriosität und Effektivität (1–6)			
☐ Objektivität und Neutralität (1–6)			
☐ Eigenverantwortlichkeit (1–6)			
☐ Vertraulichkeit			
☐ Kooperationsfähigkeit			
☐ Engagement			
☐ Kreativität			

XIII. Interne und externe Organisation

98 Checkliste

Muster Agenturvertrag
(gemäß den Richtlinien des ZAW, Bonn)

	entfällt	verfolgen	Anmerkungen/Daten/Hinweise

I. Auftragserteilung

1. Auftrag

Der Kunde beauftragt die Agentur mit der umfassenden werblichen Betreuung von

_____

im Gebiet der Bundesrepublik Deutschland.

Die Agentur nimmt diesen Auftrag an und sichert engste Zusammenarbeit mit dem Kunden zu.

2. Zusammenarbeit

Die Agentur wird die Interessen des Kunden nach besten Kräften wahrnehmen. Der Kunde seinerseits wird im Sinne einer vertrauensvollen Zusammenarbeit alle benötigten Markt-, Produktions- und Verkaufszahlen und sonstige für die Leistung der Agentur wesentliche Daten zur streng vertraulichen Behandlung zur Verfügung stellen.

II. Leistungen der Agentur

1. Werbevorbereitung

1.1 Analyse der Marktposition und der Konkurrenzsituation der zu betreuenden Produkte

1.2 Untersuchung der Verbraucherstruktur und der Konsumgewohnheiten auf der Grundlage vorhandener Studien oder sonstiger, allgemein zugänglicher Sekundärmaterialien

Checkliste **98**

Muster Agenturvertrag (gemäß den Richtlinien des ZAW, Bonn)

	entfällt	verfolgen	Anmerkungen/Daten/Hinweise
1.3 Erarbeitung von Vorschlägen für ergänzende Markt-, Produkt- und Verbraucheruntersuchungen und Empfehlungen geeigneter Marktforschungsinstitute für ihre Durchführung			
2. Werbeberatung			
2.1 Formulierung der Werbeziele auf der Grundlage der mit dem Kunden abgestimmten Marketingziele			
2.2 Entwicklung der Kommunikationsstrategien und Werbekonzeption			
2.3 Auswertung der Werbemittel- und Werbeträgerforschung zur Optimierung des Werbeeinsatzes			
3. Werbegestaltung			
3.1 Gestaltung von Werbetexten für Anzeigen, TV und Kinofilme, Funk und Fernsehen.			
3.2 Gestaltung von Entwürfen (in Scribbleform) für Anzeigen und Plakate sowie Storyboards und Drehbücher für Film-, Funk- und Fernsehwerbung			
4. Werbeplanung und -einschaltung			
4.1 Erstellung der Mediastrategie und Ausarbeitung von Einschaltplänen für den Einsatz in tariflich gebundenen und sonstigen Werbeträgern inkl. entsprechender Kostenvoranschläge			
4.2 Vergabe der Einschaltaufträge zu den für den Kunden günstigsten Bedingungen entsprechend den Tarif- und Geschäftsbedingungen der Medien			
4.3 Abschluß der Einschaltverträge; Weisungen an und Verkehr mit den			

98 *Checkliste*

Muster Agenturvertrag
(gemäß den Richtlinien des ZAW, Bonn)

	entfällt	verfolgen	Anmerkungen/Daten/Hinweise
Werbeträgern werden nur über die Agentur abgewickelt.			
4.4 Termingerechte Auslieferung der einschaltfähigen Vorlagen und Werbemittel an die Werbeträger			
4.5 Überwachung und Kontrolle der Auftragsabwicklung			
4.6 Finanztechnische Abwicklung der Aufträge mit den Werbeträgern in eigenem Namen und für eigene Rechnung der Agentur auf der Grundlage der vom Kunden genehmigten Mediapläne			
5. Werbemittelherstellung (Produktion)			
5.1 Ermittlung der kostengünstigsten Methoden unter Berücksichtigung qualitativer Aspekte für die Herstellung der Werbemittel			
5.2 Auswahl der erforderlichen Spezialisten bzw. Lieferanten wie Graphiker, Retuscheure, Druckereien und Reproanstalten, Filmproduzenten, Tonstudios, Sprecher, Modelle usw.			
5.3 Einholen von Lieferantenangeboten, deren Auswahl und Überwachung			
5.4 Auftragserteilung nach Genehmigung durch den Kunden, Überwachung der sachgerechten und termingerechten Ausführung bzw. der Regie und Herstellung bei den Dreh- und Aufnahmearbeiten im FFF-Sektor einschließlich der Rechnungs- und Zahlungsabwicklung sowie Kontrolle			
5.5 Klärung der KSV-Pflicht und Überwachung ausländischer Lieferanten gem. § 50a Abs. 4 EStG und zoll-			

Checkliste **98**

Muster Agenturvertrag
(gemäß den Richtlinien des ZAW, Bonn)

	entfällt	verfolgen	Anmerkungen/Daten/Hinweise

rechtlicher Fragen. Abgaben, die nachträglich entstehen, werden ebenfalls vom Kunden übernommen.

III. Sonstige Leistungen der Agentur

Auf besonderen Wunsch des Kunden kann die Agentur neben den Leistungen nach Abschnitt II die folgenden Aufgaben gegen ein gesondert zu vereinbarendes Honorar übernehmen:

1. **Research**

   Durchführung aller Research-Maßnahmen, wie z.B. Copytest, Pre-und Posttest, Recall-Untersuchungen

2. **Corporate Design**

   Entwicklung von Packungen, Markensignets und Firmenzeichen

3. **Spezialkarte**

   Erarbeitung von Fachtexten und Fremdsprachentexten

4. **Direktmarketing/Directmail**

   Gestaltung von Texten und Layouts für Prospekte, Werbebriefe, Gebrauchsanweisungen u.ä., Vorschläge für Werbeaktionen und Musterverteilung

5. **Sales Promotion**

   Beratungs-, Planungs- und Durchführungsarbeiten im Bereich Verkaufsförderung, Außendiensttagungen, Fachveranstaltungen, Symposien, Messen etc. sowie die

98 Checkliste

Muster Agenturvertrag (gemäß den Richtlinien des ZAW, Bonn)

	entfällt	verfolgen	Anmerkungen/Daten/Hinweise
Gestaltung von Display-Material, Prospekten und sonstigen Verkaufshilfen			
6. Public Relations			
Planung, Kontrolle und Durchführung von Public-Relations-Aktionen			
7. Produktentwicklung/Product Development			
Beratung und Mitwirkung bei der Entwicklung neuer oder verbesserter Produkte			
8. Laufende Wettbewerbsbeobachtung			
Store-Checks, Interpretation von Handels- und Verbraucher-Panel-Daten sowie Werbeaufwandserhebungen entsprechender Institute			
9. Internationale Koordination der Werbemaßnahmen			
10. Sonstiges			
– Beschaffung rechtlicher Absicherung durch rechtliche und/oder wirtschaftswissenschaftliche Fachgutachten			
– die Produktion von audiovisuellem und sonstigem Material (Filme, Videos, Bildplatten, Multivisionen, Btx etc.)			

IV. Leistungen des Kunden

1. Angaben zum Werbebudget

Der Kunde wird der Agentur für das Geschäftsjahr die geplanten Maß-

Checkliste **98**

Muster Agenturvertrag
(gemäß den Richtlinien des ZAW, Bonn)

	entfällt	*verfolgen*	*Anmerkungen/Daten/Hinweise*

nahmen und das zur Verfügung stehende Budget mitteilen.

2. Auftragserteilung über die Agentur

Der Kunde leitet Aufträge für die Einschaltung in tarifgebundenen und nicht tarifgebundenen Medien für das betreute Produkt ausschließlich über die Agentur. Er überträgt der Agentur außerdem die Herstellung (Produktion) der für die Durchführung der Werbemaßnahmen notwendigen Unterlagen.

3. Genehmigungen

Der Kunde verpflichtet sich, Genehmigungen rechtzeitig zu erteilen, damit der Arbeitsablauf der Agentur nicht beeinträchtigt wird und die Agentur in der Lage ist, die Folgearbeiten ohne Mehrkosten und Qualitätsrisiko zu erbringen.

V. Vergütung der Agentur

Die Basis der Agenturvergütung bildet ein Entgelt von … % des Werbeetats des Kunden.

1. Agenturprovision

Für die Leistungen im Rahmen des Abschnitts II 1–4 berechnet die Agentur ein Honorar von:
… % (+ MwSt.) auf das Kundennetto der über tarifgebundene und nicht tarifgebundene Werbeträger abgewickelten Media-Umsätze. (Das Kundennetto ist der Rechnungsbetrag der Werbeträgerunternehmen exklusiv Mehrwertsteuer nach

98 Checkliste
Muster Agenturvertrag (gemäß den Richtlinien des ZAW, Bonn)

	entfällt	verfolgen	Anmerkungen/Daten/Hinweise

Berücksichtigung von möglichen Rabattkonditionen, jedoch vor Abzug von Kassenskonto.)

Für alle Leistungen im Rahmen des Abschnitts II 5 berechnet die Agentur ein Honorar von:
… % auf Rechnungen Dritter.

2. Reinzeichnungen

Werden Reinzeichnungen in der Agentur hergestellt, berechnet die Agentur ihre jeweils geltenden Vergütungssätze nach Preislisten bzw. Stundensätzen.

3. Honorar für sonstige Leistungen

Für alle Leistungen im Rahmen des Abschnitts III wird das Honorar von Fall zu Fall im voraus zwischen Kunde und Agentur vereinbart. Falls im voraus keine Vereinbarung getroffen ist, gelten die aktuellen Vergütungssätze der Agentur. Rechnungen Dritter im Rahmen des Abschnitts III werden mit einem Honorar von … % auf den Nettopreis an den Kunden weiterberechnet.

4. Änderungen oder Abbruch der Arbeiten

Wenn der Kunde Aufträge, Arbeiten, umfangreiche Planungen und dergleichen außerhalb der laufenden Betreuung ändert und/oder abbricht, wird er der Agentur alle angefallenen Kosten ersetzen (einschließlich eventuell anfallender Provisionen, Honorare und angefallener Zeitkosten) und sie von allen Verbindlichkeiten gegenüber Dritten freistellen.

Checkliste **98**

Muster Agenturvertrag
(gemäß den Richtlinien des ZAW, Bonn)

	entfällt	*verfolgen*	*Anmerkungen/Daten/Hinweise*

5. Werbung im Ausland

Falls die von der Agentur entwickelte und gestaltete Werbung im Ausland geschaltet wird, erhält die Agentur ein Honorar von … % für Schaltung und Abrechnung auf das Kundennetto.

6. Sonstige Kosten

Barauslagen und besondere Kosten, die der Agentur auf ausdrücklichen Wunsch des Kunden entstehen, werden zum Selbstkostenpreis berechnet. Hierzu zählen z.B. außergewöhnliche Kommunikations-, Versand- und Vervielfältigungskosten. GEMA-Gebühren und sonstige nutzungsrechtliche Abgeltungen, Künstlersozialversicherungsabgaben und Zollkosten werden dem Kunden netto in Rechnung gestellt. Nachträglich anfallende Kosten werden ebenfalls dem Kunden in Rechnung gestellt.

7. Reisekosten

Kosten für Reisen zum Firmensitz des Kunden im Rahmen der normalen Betreuung werden nicht berechnet. Alle sonstigen Reisen, z. B. zur Überwachung von Film-, Funk- und Fernseharbeiten, Drucküberwachung und Druckabnahmen, Reisen im besonderen Auftrag des Kunden usw., werden dem Kunden berechnet.

8. Mehrwertsteuer

Sämtliche Leistungen der Werbeagentur verstehen sich zuzüglich der gesetzlich gültigen Mehrwertsteuer.

XIII. Interne und externe Organisation

98 Checkliste

Muster Agenturvertrag
(gemäß den Richtlinien des ZAW, Bonn)

	entfällt	verfolgen	Anmerkungen/Daten/Hinweise
9. Zahlungsweise und Skonti			

Die von der Agentur dem Kunden ausgestellten Rechnungen sind nach Erhalt ohne Abzüge fällig. Bei Vorauszahlung werden dem Kunden alle erreichbaren Skontiabzüge vergütet.

Es gilt folgende Rechnungserstellung:

a) Werbeeinschaltung
Die Agentur fordert zu den auf den Media-Rechnungen angegebenen Zahlungsterminen Zahlungen so rechtzeitig und vollständig an, daß alle erreichbaren Vorauszahlungs-Skonti an den Kunden weitergegeben werden können.

b) Werbemittelherstellung
Im Bereich der Werbemittelherstellung erstellt die Agentur nach Abschluß eines Auftrages die Abrechnung. Bei größeren Aufträgen oder solchen, die sich über einen längeren Zeitraum erstrecken, ist die Agentur berechtigt, Zwischenabrechnungen bzw. Vorausrechnungen zu erstellen oder Akonto-Zahlungen abzurufen.

Skonti auf Agenturvergütungen werden nicht gewährt.

Ort, Datum

**Unterschrift der Agentur
und des Kunden**

Checkliste **99**

Muster Allgemeine Geschäftsbedingungen (gemäß den Richtlinien des ZAW, Bonn)

	entfällt	verfolgen	Anmerkungen/Daten/Hinweise

1. Geltungsbereich

1.1 Die allgemeinen Geschäftsbedingungen gelten für alle Verträge, deren Gegenstand die Erteilung von Rat und Auskünften bei der Planung, Vorbereitung und Durchführung werblicher Maßnahmen ist.

1.2 Die Geschäftsbedingungen des Auftraggebers finden nur Anwendung, wenn dies ausdrücklich schriftlich vereinbart wurde.

2. Vertragsgegenstand/ Leistungsumfang

Gegenstand des Auftrages ist nur die im Angebot/Auftrag beschriebene Tätigkeit.

3. Briefing

Basis der Agenturarbeit bildet das Briefing des Kunden. Wird das Briefing mündlich erteilt, wird der entsprechende Kontaktbericht zur verbindlichen Arbeitsunterlage.

4. Kostenvoranschläge und Auftragsvergabe

In der Regel sind dem Kunden vor Beginn jeder kostenverursachenden Arbeit Kostenvoranschläge in schriftlicher Form zu unterbreiten.

Die Agentur vergibt Aufträge an Dritte im eigenen Namen und für eigene Rechnung nach Genehmigung durch den Kunden. Film- und Fotoaufträge werden im Namen und für Rechnung des Kunden erteilt.

Kleinere Einzelaufträge bis zu max. DM… sowie Aufträge im Rahmen laufender Arbeiten, wie z.B. Zwi-

XIII. Interne und externe Organisation

99 *Checkliste*

Muster Allgemeine Geschäftsbedingungen (gemäß den Richtlinien des ZAW, Bonn)

	entfällt	verfolgen	Anmerkungen/Daten/Hinweise
schenaufnahmen, Satzkosten, Retuschen und dergleichen, bedürfen nicht der Einholung von Kostenvoranschlägen und keiner vorherigen Genehmigung.			
5. Kontaktberichte Die Agentur übergibt innerhalb von … Arbeitstagen nach jeder Besprechung mit dem Kunden Kontaktberichte. Diese Kontaktberichte sind für die weitere Bearbeitung von Projekten bindend, sofern ihnen nicht innerhalb einer Frist von weiteren … Arbeitstagen widersprochen wird.			
6. Vertraulichkeit Die Agentur wird alle zu ihrer Kenntnis gelangenden Geschäftsvorgänge des Kunden, wie überhaupt dessen Interna, streng vertraulich behandeln.			
7. Aufbewahrung Die Agentur wird alle Unterlagen (Reinzeichnungen, Filmkopien, Tonbänder, Andrucke usw.) für die Dauer von zwei Jahren aufbewahren und anschließend dem Kunden zur Verfügung stellen. Die entsprechenden Lizenzrechte verbleiben bei der Agentur.			
8. Haftung Die Haftung der Agentur beschränkt sich auf grobe Fahrlässigkeit und auf den Ausgleich typischer und voraussehbarer Schäden. Die Agentur verpflichtet sich, die ihr übertragenen Arbeiten mit fachlicher und kaufmännischer Sorgfalt nach			

Checkliste **99**

Muster Allgemeine Geschäftsbedingungen (gemäß den Richtlinien des ZAW, Bonn)

	entfällt	verfolgen	Anmerkungen/Daten/Hinweise
bestem Wissen und unter Beachtung der allgemein anerkannten Grundsätze des Werbewesens durchzuführen. Sie wird den Kunden rechtzeitig auf für einen ordentlichen Werbekaufmann erkennbare gewichtige Risiken hinweisen.			
Der Kunde stellt die Agentur von Ansprüchen Dritter frei, wenn die Agentur auf ausdrücklichen Wunsch des Kunden gehandelt hat, obwohl sie dem Kunden ihre Bedenken im Hinblick auf die Zulässigkeit der Werbemaßnahmen mitgeteilt hat.			
Erachtet die Agentur für die durchzuführenden Maßnahmen eine wettbewerbsrechtliche Prüfung durch eine besonders sachkundige Person oder Institution für erforderlich, so trägt der Kunde nach Abstimmung die Kosten.			

9. Urhebernutzungsrecht

Der Kunde erwirbt mit der vollständigen Zahlung für die Dauer und im Umfang des Vertrages die Urhebernutzungsrechte an allen von der Agentur im Rahmen dieses Auftrags gefertigten Arbeiten, soweit die Übertragung nach deutschem Recht oder den tatsächlichen Verhältnissen (besonders für Musik-, Film- und Fotorechte) möglich ist, für die Nutzung im Gebiet der Bundesrepublik Deutschland.

Zieht die Agentur zur Vertragserfüllung Dritte (Erfüllungsgehilfen) heran, wird sie deren Urhebernutzungsrechte erwerben und im glei-

99 Checkliste

Muster Allgemeine Geschäftsbedingungen (gemäß den Richtlinien des ZAW, Bonn)

	entfällt	verfolgen	Anmerkungen/Daten/Hinweise
chen Umfang an den Kunden übertragen.			
Die Agentur wird den Kunden jeweils vorher über etwaige Beschränkungen der Urhebernutzungsrechte informieren. Auf bestehende GEMA-Rechte oder solche anderer Verwertungsgesellschaften wird die Agentur hinweisen.			

10. Lizenzhonorar

Die Agentur erbringt eine über die rein technische Arbeit hinausgehende geistig-kreative Gesamtleistung.			
Wenn der Kunde Agenturarbeiten außerhalb des Vertragsumfanges nutzt, wie: – außerhalb des genannten Gebietes (räumliche Ausdehnung) – nach Beendigung des Vertrages (zeitliche Ausdehnung) – in abgeänderter, erweiterter oder umgestellter Form (inhaltliche Änderung) – beim Einsatz in anderen Werbeträgern			
tritt eine besondere Vereinbarung über das Lizenzhonorar in Kraft. Das Lizenzhonorar beträgt … % des Agenturhonorars.			
Kommt eine Einigung über das Lizenzhonorar nicht zustande, gilt ein Mindesthonorar von … des Autorentgeltes des letzten Vertragsjahres.			

11. Laufzeit

Dieser Vertrag tritt nach Unterzeichnung in Kraft. Er wird auf unbe-			

Muster Allgemeine Geschäftsbedingungen (gemäß den Richtlinien des ZAW, Bonn)

Checkliste **99**

	entfällt	verfolgen	Anmerkungen/Daten/Hinweise

stimmte Zeit geschlossen und kann mit einer Frist von sechs Monaten zum Jahresende gekündigt werden, erstmals zum … Die Kündigung hat schriftlich zu erfolgen.

12. Festaufträge

Soweit die Agentur Verpflichtungen gegenüber Dritten gemäß diesem Vertrag eingegangen ist (Festaufträge), erklärt sich der Kunde bereit, diese Verpflichtungen auch nach Vertragsende unter Einschaltung der Agentur zu erfüllen.

Die Agentur ist bereit, Reservierungen in tarifgebundenen Werbeträgern für die Zeit nach Vertragsende auf den Kunden oder Dritte dann zu übertragen, wenn der Kunde oder der Dritte die bei der Agentur bereits entstandenen Kosten übernimmt. Die Übertragung hat zur Voraussetzung, daß die Agentur aus jeglicher Haftung, auch von Dritten, entlassen wird.

13. Schiedsgericht

Über Streitigkeiten aus diesem Vertrag soll unter Ausschluß des ordentlichen Rechtswegs ein Schiedsgericht entscheiden. Schiedsgericht ist das „Schiedsgericht der Werbung" in Frankfurt am Main. Zusammensetzung und Verfahren richten sich nach der Schiedsordnung dieses vorgenannten Schiedsgerichts.

14. Vertragsänderung

Änderungen und Ergänzungen dieses Vertrages bedürfen der Schriftform.

99 Checkliste
Muster Allgemeine Geschäftsbedingungen (gemäß den Richtlinien des ZAW, Bonn)

	entfällt	verfolgen	Anmerkungen/Daten/Hinweise
Sollte eine Bestimmung dieses Vertrages unwirksam sein oder werden, so wird die Gültigkeit des Vertrages im übrigen hiervon nicht berührt. Anstelle der unwirksamen Bestimmung soll eine Regelung treten, die im Rahmen des rechtlich Möglichen dem Willen der Parteien am nächsten kommt.			

Ort, Datum

Unterschrift der Agentur und des Kunden

▽ Diese Aufstellung der allgemeinen Geschäftsbedingungen ist beispielhaft. Es ist unbedingt notwendig, daß Sie die allgemeinen Geschäftsbedingungen auf Ihre Belange spezifizieren und die rechtlichen Fragen mit einem Fachmann klären.

Literatur- und Quellenverzeichnis

Baumgart, Manuela: Die Sprache der Anzeigenwerbung. Eine linguistische Analyse aktueller Werbeslogans. Heidelberg, 1992.

Bechmann, Arnim: Grundlagen der Planungstheorie und Planungsmethodik. Bern/Stuttgart, 1981.

Becker, Jochen: Marketing-Konzeption. München, 5. Auflage, 1993.

Behrens, Gerold: Werbewirkungsanalysen. Opladen, 1976.

Behrens, Gerold: Konsumentenverhalten – Entwicklung, Abhängigkeiten, Möglichkeiten. Heidelberg, 1988.

Belz, Christian: Konstruktives Marketing. Ritter Crocifisso, 1989.

Bergler, Reinhold: Psychologie des Marken- und Firmenbildes. Göttingen, 1963.

Bergler, Reinhold: Werbung zwischen Glaubwürdigkeit und Klischee. In: Bergler, Reinhold: Psychologie in Wirtschaft und Gesellschaft. Köln, 1986.

Bergler, Reinhold: Kulturfaktor Werbung. Werbung im Spiegel der Gesellschaft. (Hrsg. ZAW, Bonn). Bonn, 1989.

Birkenbihl, Vera F.: Fragetechnik schnell trainiert. Das Trainingsprogramm für Ihre erfolgreiche Gesprächsführung. Landsberg, 1996.

Blana, Hubert: Die Herstellung. Ein Handbuch für die Gestaltung, Technik und Kalkulation von Buch, Zeitschrift und Zeitung. München, 1993.

Böhme-Köst, Peter: Tagungen, Incentives, Events gekonnt inszenieren – mehr erreichen. Hamburg, 1992.

Bollmann, Stefan (Hrsg.): Kursbuch Neue Medien. Trends in Wirtschaft und Politik, Wissenschaft und Kultur. Mannheim, 1995.

Bolz, Norbert/Bosshart, David: Kult-Marketing. Die neuen Götter des Marktes. Düsseldorf, 1995.

Braem, Harald: Brainfloating. Neue Methoden der Problemlösung und Ideenfindung. München, 1986.

Brand, Horst W.: Unterschwellige Werbung – Neun Thesen. (Hrsg. ZAW, Bonn). Bonn, o. J.

Bristot, Rolf: Geschäftspartner Werbeagentur. Handbuch für die praktische Zusammenarbeit. Essen, 1995.

Brose, C.-D.: Werbung mit Test-Ergebnissen der „Stiftung Warentest". In: Marketing Journal 3/92.

Bruhn, Manfred (Hrsg.): Handbuch des Marketing, München 1989.

Bruhn, Manfred: Sponsoring. Frankfurt, 2. Auflage, 1991.

Bruhn, Manfred: Integrierte Unternehmenskommunikation. Ansatzpunkte für eine strategische und operative Umsetzung integrierter Kommunikationsarbeit. Stuttgart, 1995.

Buchner, Dietrich (Hrsg.): Team-Coaching. Gemeinsam zum Erfolg. Wiesbaden, 1994.

Bürger, Joachim: Arbeitshandbuch Presse und PR (Hrsg. Malte W. Wilkes u. Helma Richter-Sjöö). Essen, 1985.

Bürger, Joachim: Public Promotions. Essen, 1986.

Dallmer, Heinz: Erfolgsbedingungen der Kommunikation im Direct-Marketing. Wiesbaden, 1979.

Dallmer, H./Thedens, R.: Handbuch Directmarketing. Wiesbaden, 6. Auflage, 1991.

Derieth, Anke: Unternehmenskommunikation. Eine Analyse zur Kommunikationsqualität von Wirtschaftsorganisationen. Opladen, 1995.

Dichtl, Erwin: Der Weg zum Käufer. Das strategische Labyrinth. München, 2. Auflage, 1991.

Dichtl, Erwin/Eggers, Walter: Marke und Markenartikel als Instrumente des Wettbewerbs. München, 1992.

Disch, Wolfgang K. A./Meier-Maletz, Max: Handbuch Verkaufsförderung, Hamburg 1981.

Disch, Wolfgang K. A./Wilkes, Malte W.: Alternatives Marketing. Ideen – Erkenntnisse – preisgekrönte Beispiele. Landsberg, 1993.

Eichborn, Reinhart von: Public Relations. Schlüssel zum Erfolg. München, 1977.

Flögel, Herbert: Farbpsychologie und Farbenblindheit in der Werbung. In: Interview und Analysen, 1982.

Flusser, Vilém: Die Revolution der Bilder. Der Flusser Reader zu Kommunikation, Medien und Design. Mannheim, 1995.

Franke, Götz/Müller-Scholz, Wolfgang: So toll wird Fernsehen. In: Capital 6/94.

Frieling, Heinrich: Farben können täuschen. In: Marketing + Kommunikation 1/84.

Frieling, Heinrich: Farbe hilft verkaufen. Farbenlehre und Farbenpsychologie für Handel und Werbung. Göttingen, 1980.

Frieling, Heinrich: Das Gesetz der Farbe. Göttingen, 1984.

Fritz, Wolfgang: Warentest und Konsumgüter-Marketing. Forschungskonzepte und Ergebnisse einer empirischen Untersuchung. Wiesbaden, 1984.

Gerken, Gerd: Der neue Manager. Freiburg, 1986.

Gerken, Gerd: Abschied vom Marketing. Interfusion statt Marketing. Düsseldorf/Wien/New York, 1991.

Göttsching, Lothar (Hrsg.): Papier in unserer Welt. Ein Handbuch. Düsseldorf, 1990.

Gordon, Thomas: Managerkonferenz. Effektives Führungstraining. Reinbek bei Hamburg, 1982.

Gottschling, Stefan/Rechenauer, Hannes O.: Direktmarketing. Kunden finden – Kunden binden. München, 1994.

Grapentin, R.: Anzeigen. Elf Regeln für den Werbeerfolg. In: Werben und Verkaufen vom 21. Oktober 1994.

Grapentin, R.: Anzeigen. Drei Basisfaktoren. In: Werben und Verkaufen vom 21. Oktober 1994.

Grewenig, Adi (Hrsg.): Inszenierte Information. Politik und strategische Kommunikation in den Medien. Opladen, 1993.

Großklaus, Rainer H. G.: Arbeitshandbuch Werbestrategie und -konzeption. (Hrsg. Malte W. Wilkes u. Helma Richter-Sjöö). Essen, 1990.

Hammann, Peter/Erichson, Bernd: Marktforschung. Stuttgart/ New York, 2. Auflage, 1990.

Hartmann, Hans A./Haubl, Rolf (Hrsg.): Bilderflut und Sprachmagie. Fallstudien zur Kultur der Werbung. Opladen, 1992.

Haug, Wolfgang Fritz: Kritik der Warenästhetik. Frankfurt, 1971.

Hehenberger, Christian: Die Zukunft fest im Griff. Trends, die unser Leben und die Wirtschaft verändern. Wien, 1995.

Heinrich, Jürgen: Medienökonomie. Band 1: Mediensystem, Zeitung, Zeitschrift, Anzeigenblatt. Opladen, 1994.

Heller, Eva: Wie Werbung wirkt: Theorien und Tatsachen. Frankfurt, 1985.

Heller, Eva: Wie Farben wirken. Farbpsychologie, Farbsymbolik, kreative Farbgestaltung. Reinbek bei Hamburg, 1989.

Herzog, Ulrich: Text in der Praxis. Essen, 1991.

Heyk, Horst E.: Netzplantechnik für Werbung und Messebau. Karlsruhe, 1976.

Hörschgen, Hans: Der zeitliche Einsatz der Werbung. Stuttgart, 1967.

Hofbauer, Johanna/Prabitz, Gerald/Wallmannsberger, Josef (Hrsg.): Bilder – Symbole – Metaphern. Visualisierung und Informierung in der Moderne. Wien, 1995.

Hofe, Klaus G.: Praktisches Werbe- und Marketing-ABC. Freiburg, 1993.

Hoffmann, Hans-Joachim: Psychologie der Werbekommunikation. Berlin, 2. Auflage, 1981.

Horx, Matthias/Wippermann, Peter: Markenkult. Wie Waren zu Ikonen werden. Düsseldorf, 1995.

Hubel, Walter: Der Einsatz von Conjoint Measurement bei Unternehmensimageanalysen. In: Planung und Analyse 1/88.

Huhn, Wolfgang/Koszyk, Kurt: Kommunikation und Neue Medien. Düsseldorf, 1985.

Huth, Rupert/Bäuerle, Ferdinand: Lexikon der Werbung. Landsberg, 1986.

Huth, Rupert/Pflaum, Dieter: Einführung in die Werbelehre. Stuttgart, 6. Auflage, 1996.

Imlau, Achim/Orth, Dirk-Peter/Ring, Udo: Überzeugen durch Farbe. Präsentationstechnik im neuen Gewand. Essen, 1991.

Immergut, Jörg: Regeln und Training der Ideenfindung. Neue Kreativitätstechniken für Fortgeschrittene. München, 1975.

Kapferer, Clodwig/Disch, Wolfgang: Kapferer's Marketing-Wörterbuch. Hamburg, 1979.

Kleinert, Horst: Festsetzung des Werbe-Etats. Hamburg, 1981.

Kloepfer, Rolf/Landbeck, Hanne: Ästhetik der Werbung. Frankfurt, 1991.

Koestner, Wolfgang: Wie führe ich Direktwerbe-Aktionen erfolgreich durch. Das ABC des schriftlichen Verkaufs. Bonn, 1989.

Koschnick, Wolfgang J.: Standard-Lexikon für Marketing, Marktkommunikation, Markt- und Media-Forschung. München, 1987.

Kotler, Philip/Bliemel, Friedhelm: Marketing-Management. Stuttgart, 7. Auflage 1992.

Kroeber-Riel, Werner: Konsumentenverhalten. München, 5. Auflage, 1992.

Kroeber-Riel, Werner: Strategie und Technik der Werbung. Verhaltenswissenschaftliche Ansätze. Stuttgart, 2. Auflage, 1990.

Kroeber-Riel, Werner: Bildkommunikation. Imagerystrategien für die Werbung. München, 1993.

Kroeber-Riel, Werner/Meyer-Hentschel, Gundolf: Werbung – Steuerung des Konsumentenverhaltens, München 1982.

Kröter, Hannelore: Firmenereignisse richtig organisieren und werbewirksam umsetzen. Kissing, 1980.

Küppers, U./Tributsch, H.: Verpackungsstrategien in der Natur – Vorbild für eine ganzheitliche vernetzte Materialwirtschaft, 1993.

Kulich, Claus: Erfolgreich präsentieren. Vorschläge, Ideen, Konzeptionen. Stuttgart, 2. Auflage 1991.

Kunczik, Michael: Public Relations. Konzepte und Theorien. Köln/Weimar/Wien, 1993.

Lackner, Robert: Spontane Gefühle „aus dem Bauch" in der Werbeforschung. In: Werbeforschung & Praxis 4/92.

Lay, Rupert: Moralische und ethische Grenzen von Unternehmen. In: Handbuch Unternehmensführung, Band II. (Hrsg. Malte W. Wilkes u. Günter W. Wilkes), Gernsbach 1979.

Lay, Rupert: Ethik für Manager. Düsseldorf, 1989.

Lay, Rupert: Die Macht der Moral. Düsseldorf, 1990.

Mänken, Ernst-Wilhelm: Begegnung mit der Presse. Köln, 1973.

Mayer, Hans/Däumer, Ute/Rühle, Hermann: Werbepsychologie. Stuttgart, 1982.

Mayer, Hans: Werbewirkung und Kaufverhalten unter ökonomischen und psychologischen Aspekten. Stuttgart, 1990.

Meffert, Heribert (Hrsg.): Marketing im Wandel. Anforderungen an das Marketing-Management der 80er Jahre. Wiesbaden, 1980.

Meffert, Heribert/Bruhn, Manfred: Markenstrategien im Wettbewerb. Wiesbaden, 1984.

Meffert, Heribert: Strategische Unternehmensführung und Marketing. Wiesbaden, 1988.

Meffert, Heribert: Marketingforschung und Käuferverhalten. Wiesbaden, 2. Auflage, 1992.

Meyer, J.: Die kritisierende vergleichende Werbung. Regensburg, 1991.

Meyer-Hentschel, Gundolf: Erfolgreiche Anzeigen. Kriterien und Beispiele zur Beurteilung und Gestaltung, 1988.

Möckelmann, J./Zander, S.: Form und Funktion von Werbeslogans. Untersuchung der Sprache und werbepsychologischen Methoden in den Slogans. Göttingen, 4. Auflage, 1978.

Moser, Klaus: Werbepsychologie. Eine Einführung. München, 1990.

Mühlbacher, Hans: Selektive Werbung. Linz, 1982.

Müller-Hagedorn, Lothar: Einführung in das Marketing. Darmstadt, 1986.

Müller-Hagedorn, Lothar: Das Konsumentenverhalten. Grundlagen für die Marktforschung. Wiesbaden, 1986.

Nebel, Klaus Peter: PR in der Praxis. Essen, 1992.

Neske, Fritz: PR-Management. Gernsbach, 1977.

Nickel, Volker: Thema Werbung. (Hrsg. ZAW, Bonn). Bonn, 1989.

Nieschlag, Robert/Dichtl, Erwin/Hörschgen, Hans: Marketing. Berlin, 16. Auflage, 1991.

Nitsch, Harry: Dynamische Public Relations. Stuttgart, 1975.

Nusser, Peter (Hrsg.): Anzeigenwerbung. München, 1975.

Oeckl, Alfred: Handbuch der Public Relations – Theorie und Praxis der Öffentlichkeitsarbeit in Deutschland und in der Welt. München, 1964.

Ogilvy, David: Ogilvy über Werbung. Düsseldorf, 1984.

Ogilvy, David: Was mir wichtig ist. Provokative Ansichten eines Werbemannes. Düsseldorf/Wien/New York, 1988.

Parkinson/Rowe: Schweigen ist Schwäche. Düsseldorf, 1981.

Pflaum, Dieter/Bäuerle, Ferdinand (Hrsg.): Lexikon der Werbung. Landsberg, 2. Auflage, 1986.

Pflaum, Dieter: Werbung. Grundlagen, Planung, Umsetzung. Landsberg, 1993.

Prochazka, Klaus: Direkt zum Käufer. München, 1978.

Püschel, Heinz: Urheberrecht im Überblick. Eine Einführung in das Urhebergesetz – mit der Richtlinie der EG über den Rechtsschutz von Computerprogrammen. Freiburg, 1991.

Literatur- und Quellenverzeichnis

Quittnat, Joachim: Rechtsprobleme des Wettbewerbs. In: Handbuch Unternehmensführung, Band II. (Hrsg. Malte W. Wilkes u. Günter W. Wilkes). Gernsbach, 1979.

Raffée, Hans: Marketing und Umwelt. Stuttgart, 1979.

Rasche, Hans O.: Wie man Messe-Erfolge programmiert. Heiligenhaus, 2. Auflage, 1980.

Rehorn, Jörg: Trotz Pre-Tests immer noch/ wieder Werbe-Flops. In: Marketing Journal 6/82.

Rehorn, Jörg: Werbetests. Neuwied, 1988.

Reinhardt, Dirk: Von der Reklame zum Marketing. Geschichte der Wirtschaftswerbung in Deutschland. Berlin, 1993.

Rosenberger, Günther (Hrsg.): Konsum 2000. Veränderungen im Verbraucheralltag. Frankfurt/New York, 1992.

Rosenstiel, Lutz von/Neumann, Peter: Einführung in die Markt- und Werbepsychologie. Darmstadt, 1982.

Ruf, Winfried (Hrsg.): Rechtslexikon für Verkauf und Werbung. Kissing, 1978.

Rutschmann, Marc: Werbeplanung. Ein entscheidungsorientierter Ansatz. Bern/Stuttgart, 1976.

Sautter, Dieter E.: Arbeitshandbuch Bildschirmtext. (Hrsg. Malte W. Wilkes u. Helma Richter-Sjöö). Essen, 1983.

Schenk, Michael/Donnerstag, Joachim/Höflich, Joachim: Wirkungen der Werbekommunikation. Köln, 1990.

Schmalen, Helmut: Kommunikationspolitik – Werbeplanung. Stuttgart/Berlin/Köln/ Mainz, 1985.

Schmidbauer, Rudolf: Elektronische Text- und Bildverarbeitung. Fachbegriffe. Itzehoe, 1986.

Schmidt, Siegfried J./Spiess, Brigitte: Die Geburt der schönen Bilder. Fernsehwerbung aus Sicht der Kreativen. Opladen, 1994.

Schmidt, Siegfried J./Spiess, Brigitte: Werbung, Medien und Kultur. Opladen, 1995.

Schmidt, Stephan: Werbung und Recht von A – Z. Berlin, 1993.

Schneider, Karl (Hrsg.): Werbung in Theorie und Praxis. Waiblingen, 1993.

Schneider, Manfred: Erfolgreiches Direkt-Marketing. Band 4: Angewandtes Marketing. (Hrsg. Malte W. Wilkes u. Günter W. Wilkes). Gernsbach, 1980.

Schub von Bossziazky, Gerhard: Psychologische Marketingforschung. München, 1992.

Schulze, Gerhard: Die Erlebnisgesellschaft. Kultursoziologie der Gegenwart. Frankfurt/ New York, 1992.

Stiebner, Erhardt D. (Hrsg.): Bruckmann's Handbuch der Drucktechnik. München, 1992.

Stiebner, Erhardt D./Leonhard, Walter: Bruckmann's Handbuch der Schrift. München, 1992.

Stiebner, Erhardt D./Huber, Helmut/Zahn, Heribert: Schriften + Zeichen. Ein Schriftmusterbuch. München, 1993.

Stiebner, Erhardt D./Zahn, Heribert/Blana, Hubert: Drucktechnik heute. Ein Leitfaden. München, 2. Auflage 1994.

Szallies, Rüdiger/Wiswede, Günter (Hrsg.): Wertewandel und Konsum. Landsberg, 1990.

Tietz, Bruno (Hrsg.): Die Werbung. Handbuch der Kommunikations- und Werbewirtschaft. Band 1 – 3. Landsberg, 1982.

Tietz, Bruno/Zentes, Joachim: Die Werbung der Unternehmung. Reinbek, 1980.

Trommsdorff, Volker: Konsumentenverhalten. Stuttgart/Berlin/Köln, 1989.

Unger, Fritz: Werbemanagement. Heidelberg/Berlin, 1989.

Vögele, Siegfried: Dialogmethode. Das Verkaufsgespräch per Brief und Antwortkarte. Landsberg, 1994.

Vögele, Siegfried: 99 Erfolgsregeln für Direktmarketing. Der Praxisratgeber für alle Branchen. Landsberg, 1995.

Vörckel, Ulrich/Prochazka, Klaus: Direktwerbeerfolg leicht gemacht. Freiburg, 1980.

Walenski, Wolfgang: Lexikon des Offsetdrucks. Itzehoe, 1993.

Wehner, Christa: Überzeugungsstrategien in der Werbung. Eine Längsschnittanalyse von Zeitschriftenanzeigen des 20. Jahrhunderts. Opladen, 1996.

Weichler, Kurt: Arbeitsfeld Medien. Der Schlüssel zu kommunikativen Berufen. Reinbek bei Hamburg, 1988.

Weinhold-Stünzi, Heinz: Marketing in 20 Lektionen. Zürich, 1988.

Weis, Hans Christian: Marketing. Ludwigshafen, 9. Auflage 1995.

Wilkens, Rainer: Werbewirkung in der Praxis. Essen, 1994.

Wilkes, Malte W.: Farbe kann verkaufen helfen. In: MARKETING JOURNAL, 2/77.

Wilkes, Malte W.: Die Kunst, kreativ zu denken. München, 1988.

Wilkes, Malte W.: Die Idee des sanften Marketing. Hamburg, 1988.

Wilkes, Malte W.: Die Idee vom Selbst im Marketing, Hamburg 1990.

Wilkes, Malte W.: „Quality of Life" in Management & Marketing. Hamburg, 1992.

Wilkes, Malte W./McEwen, William L.: Zusätzliche Marktchancen durch gezielte Direktwerbung. Kissing, 1979.

Wilkes, Malte W./Wilkes, Günter W.: Produkte neu planen – mehr erreichen. Hamburg, 1983.

Winterling, Klaus: Werbung aktuell. Farbpsychologie. Offenbach, 1981.

Literatur- und Quellenverzeichnis

Wiswede, Günter/Kutsch, Thomas: Wertewandel und Konsum. Fakten, Perspektiven und Szenarien für Markt und Marketing. Landsberg, 2. Auflage 1991.

Wohlleben, Hans-Dietrich: Techniken der Präsentation. Wettenberg, 1988.

Wolf, Jakob: Werbung und Public Relations. München, 1992.

Zankl. H. L.: Werbeleiter-Handbuch. München, 1966.

Zankl, H. L.: PR Public Relations. Wiesbaden, 1975.

ZAW Zentralverband der deutschen Werbewirtschaft (Hrsg.): Werbung in Grenzen. Bonn, 1989.

ZAW Zentralverband der deutschen Werbewirtschaft (Hrsg.): Spruchpraxis Deutscher Werberat. Bonn, 1990.

ZAW Zentralverband der deutschen Werbewirtschaft (Hrsg.): Irreführende Werbung in Europa. Bonn, 1990.

ZAW Zentralverband der deutschen Werbewirtschaft (Hrsg.): Werbung in Deutschland 1993. Bonn, 1993.

Zedlitz-Arnim, Georg-Volkmar Graf von: Tue Gutes und rede darüber. München, 1981.

Zentes, Joachim: Grundbegriffe des Marketing. Stuttgart, 3. Auflage 1992.

Zimmermann, Victor: Praktische Winke für den Umgang mit Satz und Schrift. (Hrsg. Stempel AG, Frankfurt), Frankfurt, o. J.

Praxiswissen für Ihren Erfolg

Amerikas erfolgreichster Manager lüftet seine Geheimnisse!

„Kein anderer Manager hat eine vergleichbare Erfolgsbilanz vorgelegt wie Jack Welch. Seit 15 Jahren trimmt er General Electric auf Wachstum"

Manager Magazin

Jack Welch's Erfahrungen reduzieren die Machbarkeitsillusionen populärer Managementphilosophien auf eine handhabbare Menge einfacher und damit wirksamer Aktionen. In einer lesenswerten Sammlung von Einsichten bietet Jack Welch modeunabhängige und vernünftige Ansätze. Ihre Beherzigung verspricht Erfolg."

Jürgen E. Schrempp

Business is simple
Robert Slater, 2. Auflage, 210 Seiten, 49,– DM
ISBN 3-478-35602-4

Das Strategiebuch für persönlichen Erfolg!

„Bei aller Vorsicht vor Superlativen: Beruflich Profi, privat Amateur? ist eines der wichtigsten Bücher der letzten Jahre und ein Muß für jeden Manager."

Management Wissen

Weltweit über 100.000 mal verkauft. Übersetzt ins Englische, Italienische, Spanische, Portugiesische, Russische, Indonesische!

Beruflich Profi, privat Amateur?
Günter F. Gross, 14. Auflage, 302 Seiten, 49,– DM
ISBN 3-478-31054-7

Erfolgreich durch die ersten 100 Tage!

„Dieses Buch ist jedem zu empfehlen, der vor einem Positionswechsel steht, und auch denjenigen, die über neu zu besetzende Positionen entscheiden."

VBU BuchTrends

„Mit dieser (Führungs-)Wechsler-Bibel im Samsonite kann man dem großen Sprung getrost entgegensehen."

Personal Potential

Neu auf dem Chefsessel
Peter Fischer, 2. Auflage, 194 Seiten, 78,– DM
3-478-34552-9

mi verlag moderne industrie

Ihre Fachbuchhandlung berät Sie gerne!